博瑞森图书
BRACE

企业阅读 本土实践

管理・人文・生活

从10亿到100亿的企业顶层设计

刘建兆◎著

天津出版传媒集团
天津人民出版社

图书在版编目（CIP）数据

从10亿到100亿的企业顶层设计/刘建兆著．—天津：天津人民出版社，2019.11

ISBN 978－7－201－15302－5

Ⅰ．①从…　Ⅱ．①刘…　Ⅲ．①企业管理—研究　Ⅳ．①F272

中国版本图书馆CIP数据核字（2019）第203824号

从10亿到100亿的企业顶层设计
CONG 10YI DAO 100YI DE QIYE DINGCENGSHEJI
刘建兆　著

出　　版　天津人民出版社
出 版 人　刘　庆
地　　址　天津市和平区西康路35号康岳大厦
邮政编码　300051
邮购电话　（022）23332469
网　　址　http://www.tjrmcbs.com
电子邮箱　reader@tjrmcbs.com

责任编辑　王昊静
策划编辑　李俊丽
装帧设计　仙　境

印　　刷　河北宝昌佳彩印刷有限公司
经　　销　新华书店
开　　本　710×1000毫米　1/16
印　　张　18
字　　数　266千字
版次印次　2019年11月第1版　2019年11月第1次印刷
定　　价　168.00元

版权所有　侵权必究
图书如出现印装质量问题，请致电联系调换（010－84645015）

导读

笔者从国企“三班倒”员工、民企中层技术管理人员、合资企业高层管理者，直至“误打误撞”成为管理咨询顾问，秉承“精于此道、以此为生”的工匠精神，扎根一线管理咨询实践，为各类企业成长“献计献策”，迄今积累二十余年管理实践心得，终于写出这本书。

为什么要写这本书

站在昨天看今天，在改革开放的机会红利时代，企业如在碗底的玻璃球，无论向哪个方向都叫向上。“时势造英雄”的时代，企业管理“顶层设计”是很难设计出“英雄”的。当然，机会时代也产生了“劣币驱逐良币”的市场失灵现象，比如落后产能积累、恶性价格战上演、增产不增收、僵尸企业增多、生态破坏等现象。

站在未来看今天，数量增长时代将切换到新技术、新价值、高品质、核心能力等新动能驱动时代。可以预见，落后企业与落后产能出清之后，就会出现“良币驱逐劣币”的好趋势，争做“良币”的企业才有成长空间，这就需要依靠管理顶层设计决胜企业未来成长。

本书内容是什么

顶层设计需要重新定义企业成长方式，追求有效益、有效率、有效能、有效果、有品质的良性成长（本书第一章）。

顶层设计不是面面俱到，要明晰与聚焦企业成长中的现实难题与困惑、未来关键矛盾，由此寻求顶层解决方案（本书第二章）。

顶层设计的“顶层”是以“理念、战略、专业”为上层建筑，并以此构建企业管理“十定”体系大厦（本书第三章）。

顶层设计是自上而下且要落地见效，这就需要顶层组织、企业家精神、变革领导力、外脑智力等驱动要素（本书第四章）。同时，企业顶层设计还需要变革管理工具支持落地（本书第五章）。

顶层设计基于“良性的文化基因”（本书第六章）、“大致正确的战略”（本书第七章），助力企业培育组织能力（本书第八章）、形成生生不息的人才供应链（本书第九章），促进人均效能持续提升（本书第十章），实现这三大目标，则需要好的人才生态（本书第十一章）。

本书能给读者带来什么

企业不需要生产理论，本书以实战为纲，避免就管理本身论管理，做到具体与抽象相结合，分析问题的本质，并指出具体的改进意见，笔者为此开发出137张图表工具，方便读者能够“拿来就用”。

结构决定功能，管理模块要按照一定的颗粒度来切割，才可能获得精准的解决方案。本书以顶层设计与模块分类相结合，立足全方位而不是面面俱到，区分核心模块、重点模块与一般模块，在同一模块区分核心问题、重点问题与一般问题，抓住企业成长的痛点，便于读者聚焦关键命题进行针对性改善。

真理向前多走一步就是谬误，任何企业发展中所面临的问题与解决方案与其所处阶段是相适应的。本书遵循企业成长规律，避免“成功学”陷阱，既关注成功，也研究失败，深挖典型企业在成长阶段所犯的错误与教训，对标领先企业跨越成长门槛阶段的新鲜经验，让读者从中精准对标借鉴。同时，对企业成长中迟早都会遇到的问题进行预判，从而帮助读者、企业做到未雨绸缪。

目录

第一章

定义企业成长方式

一、企业成长演变

1. 企业成长的策略

企业成长目标是“做大、做强、做精、做久”的组合，这也是企业成长中所面临的“门槛”。跨过去任何一个都可能叫“门”，一个也跨不过去就叫“槛”。下面以企业成长策略矩阵来分析，如表1－1所示。

表1－1　市场繁荣期对应的企业成长策略矩阵

高速成长	A3	B3	C3
中速成长	A2	B2	C2
低速成长	A1	B1	C1
	能力弱	能力中	能力强

在市场繁荣期，企业成长的正常路径是由A1到B2，再到C3，规模与能力一起成长。实践中，不同企业选择了不同的成长策略。

进取策略：挑战能力极限，尽可能多签单，抢占市场机会，早期华为就是这个策略，先签单，交付不了，外部购买产品交付客户。

保守策略：按能力接单，市场需求再好也宁愿放弃，比如部分国企因为体制原因倾向于采取保守策略，在市场后繁荣期才开始采取进取策略，结果规模扩张，导致产能过剩、行业微利，甚至亏损。

稳健策略：积极接纳生产订单，同步解决能力缺口，表现为员工加班加点，设备“带病”作业，这些企业中的一部分变成中等规模企业。

理想策略：提前布局，有足够的能力满足市场的旺盛需求，这种企业少之又少，“机会成长”后期的华为接近这个状况。

企业处在市场繁荣期，企业战略SWOT分析中，机会多、挑战少，企业最大的战略就是抓住市场机会，先抢占市场再补能力短板，一个巨大的市场蛋糕摆在大家的面前，先下手才能“三分天下，必有自己”。因此，在“机会成长”时代，胜利是属于那些有进取心的企业，大部分企业在“机会成长”时代就被淘汰出局。

2016年中国企业500强排名门槛是100亿元，2017年为120亿元。中国注册7000多万家企业，过百亿的为500多家，部分“中间”企业冲刺百亿目标，“头部”大企业冲刺千亿目标，但很多企业不存在了，如当年华为一样的企业，仅深圳市就有18家跟华为做一样的代理业务，现在这些企业都没有了，失去了成长机会。(来源华夏e洞察)

2. 企业成长方式的分化

“机会成长”时代的企业，接下来在“做大、做强、做精、做久”的成长目标组合中出现了分化。

(1) 追求做大“规模”，但“能力”滞后，资产扩张并没有带来核心能力积累，没有形成规模优势，表现出“大而不强”。盲目贪大者，可能由于管理薄弱、滞后、混沌，能力不足，产生扩张风险。

(2) 追求“规模”与“能力”同步发展，通过有效管理形成规模优势，企业目标“大而强”，领先者进入了“数一数二”阵营。

(3) 不追求“规模”，而追求“能力”发展，聚焦特定领域、特定地区，做“精品”，企业目标“小而美”，领先者成为隐形冠军。

(4) 不追求“规模”，也不追求“能力”发展，靠天吃饭，其实就是战略意图不清晰，企业发展处于混沌状态，或者退出市场。

二、企业成长方式

1. 企业成长方式定义

企业抓住“市场机会”是成功的第一步，接下来就要进行“能力”建设，然后再去“扩张”，这种成长模式，有专家学者定义为“体系成长”

“战略成长”“文明成长”“有效成长”“裂变成长”等。本书套用稻盛和夫先生“做人何为正确”的提法，思考“做企业何为正确”，通俗地定义为“良性成长”，这也契合了美国学者拉姆在《持续增长》中定义的企业成长方式：良性成长、恶性成长。

2. 企业良性成长

良性成长是指具有“好的经营结果”，并且随着时间的推移，仍具有可持续性。良性成长主要是随着企业业务和运营水平的不断发展而在组织内部逐渐产生，并且基于那些差异化的，能够满足顾客之前未被满足的，或者是新的需求的产品与服务。

因此，良性成长是以营利性、渐进性、基于差异化并可持续性的增长。良币驱逐劣币，企业有好的市盈率水平，才能在合并大潮中赢得资源整合机会，取得领先优势。

3. 企业恶性成长

恶性成长，根据良性成长定义进行反推，是指缺乏能力支撑、盈利差、冒进性且缺乏差异化的成长。恶性成长具体表现有：缺乏战略的盲目扩张，牺牲品质的产能扩张，不是基于全过程成本削减，增产不增收等。对于重资产的行业，固定成本高昂，产品卖不出去不仅仅带来现金流的枯竭，还意味着企业利润的萎缩。

三、追求良性成长

基于企业良性成长，对企业成长可以按照七大里程碑来定义：选择有前途的行业、构建业务竞争优势、打造管理优势、打造文化优势（物质转化为精神、高出利润之上的追求）、实现创新优势（知识经济，组织经验保鲜期越来越短，唯有创新，才能保证领先优势）、进化优势（全要素重构与动态优化，实现有效率、有效果、有效益的系统集成优势）、品牌优势（承担社会责任，备受外界尊重）。

大道至简，企业成长无非就是企业处理好“人与事”的关系，先人后事，建立具有“好制度、好员工、好产品、好客户”的良性成长。为此，企业要做到“三正确”的顶层设计。

“做正确的事”，要找到对的“事业”，正业正道，通过“良性文化基因植入”与“大致正确的战略指引”，为企业成长正确“定位”，形成业务领先优势、文化竞争力优势。

“正确地做事”，在正确“定位”的前提下，企业通过“正确的组织分工”与“正确的组织协同”，为企业成长正确“定编、定岗、定责、定权、定规、定利”，形成组织能力优势。

“做正确的人”，在企业良性成长正确“定位”的前提下，通过“具有人文生态的土壤”“基于打造生生不息的人才供应链”“基于人均效能的人力资源配置”，为企业成长正确“定额、定员、定人”，形成人才优势、创新优势、进化优势、品牌优势。

顶层设计：要跨越企业成长七大里程碑，在竞争中取胜，只有通过顶层设计与全面落地，才能真正实现企业“良性成长”。

第二章 顶层设计打破成长瓶颈

一、走出成功经验陷阱

人性天然具有成功经验依赖症。对企业来说，则表现为“成功路径”依赖。比如企业按照十亿元级规模的“套路”来规划未来百亿元级规模的运营模式，或者面临新市场、新技术、新模式，企业成功经验可能失效甚至阻碍成长，企业就会陷入成功经验的陷阱。

对此，美的也持有同样的观点。“一个企业最重要的就是转折点，你必须要知道什么时候企业该转折，这条路一开始是金光大道，可能越走就越是死胡同，而过去的成功往往成了陷阱。”

企业“成功经验陷阱”形成的机理，是基于过去的做法取得了多次成功，久而久之形成了企业心智模式，如表2－1所示。

表2－1　“成功经验陷阱”演绎

场景假设： 在关键时期采用某种经营管理策略的前提	**策略或行为：** 员工依据场景执行某种策略行动	**取得成果或经验：** 该策略在过去很长一段时间是有效的，并且带来收益	**成功依赖（陷阱）：** 该策略变成经营信条或企业经典故事，现在已经失效，但继续坚持
公司收入下降	增加广告	销售额提升	坚信“销售额下降，一定要做广告”
上级命令不合理	无条件执行，不问对错	得到上级多次表扬甚至提拔	坚信“无条件服从领导就是对的”

以苏宁为例，苏宁2015年进行文化变革，源于苏宁过去成功的连锁经营模式是否存在“成功陷阱”的命题展开，关键结论如下：

员工管理方式转变

随着苏宁多元产业的出现，知识型员工、创意型工作日趋增多，这种工作已经不适宜过去连锁电器的“计划导向、过程管控”的强制模式，需要“目标导向”来牵引，需要“成就驱动”来推动，需要每名员工都要有追求、有雄心、有事业心。

组织模式的转变

新十年苏宁在组织转型中提出从“高速列车”向“联合舰队”的转变，苏宁的每一名员工都能够直面不同的用户、竞争对手和行业，更加灵活地开展经营。因此，苏宁突出“小团队作战”的服务模式。

体系由管控型向平台服务化转变

苏宁原来是公司部门化、大团队协同，现在每个事业部、门店都是一个小团队，强调小团队之间的协同，就必须立足于构建坚实的后台体系。苏宁过去靠一整套完善的连锁模式的体系支撑，而要想实现未来长期健康的发展，需要依赖于强大的支持体系，这种体系更多是服务于一线经营，而不是为了片面的“管控”。

取得效果

因为使用小团队作战模式，苏宁红孩子在奶粉品类上也取得了意想不到的成功，在红孩子原有团队没有大变的情形下，经过一年的磨合，红孩子业绩由亏损逆转为高速增长。

解决方向：站在未来看今天，对过去成功经验要进行系统梳理与识别。哪些成功经验对未来的成长是有用的？哪些对企业未来成长是有阻碍的？

二、为板结的文化松土

任何企业组织都可能存在“小企业病”（如经验主义）、“大企业病”（如官僚主义），如果得不到有效根除，组织会处于不健康状态，组织效率低下、组织活力不足，最好的战略也很难取得成功。大家熟悉的稻盛和夫

“重振日航案例”也印证了这个观点，他上任后提出了12条哲学，并亲自带领团队进行学习与感悟，通过彻底的文化松土工程，让企业向死而生取得成就，如表2-2所示。

表2-2 日航向死而生/文化松土前后对比

日航破产重组前现状	稻盛和夫的12条哲学
√ 本身就是一个官僚机构 √ 有九个工会组织 √ 尽管破产，但大家还是没有危机感 √ 管理干部没有经营意识，核算意识，盈亏意识非常淡薄：不知道航线的经营情况，不知道经营数据，财务数据要几个月之后才能出来，而且都是笼统的数据 √ 谁对部门损益负什么责任不明确 √ 大家保护自己，规避责任，不敢决策，不敢承担，徘徊不前 √ 各行其是，关系松散 √ 稻盛和夫是一个外行	√ 明确事业的目的和意义 √ 设立具体的目标 √ 胸中怀有强烈的愿望 √ 付出不亚于任何人的努力 √ 销售最大化，费用最小化 √ 定价及经营 √ 经营取决于坚强的意志 √ 燃烧的斗魂 √ 临事有勇 √ 不断从事创造性工作 √ 以关怀之心诚实处事 √ 保持乐观向上的态度，抱着梦想和希望，以坦诚之心处事

解决方向：根深蒂固的文化惯性可能阻碍企业的发展，企业需要从文化变革的角度进行文化松土工程，以良性文化“活化”组织，减少或避免组织与生俱来的两大病灶。

三、唤醒再次创业精神

无论是国企还是民企，在创业期基本都是白手起家，中国企业发展史毫不夸张地说就是奋斗史，如东风汽车的“马灯精神”、宁波港的“蚂蚁精神”、珀莱雅的“睡地板精神”、宁波金田铜业“省下饭票买书籍的学习精神”、华为早期的“床垫文化”。但是，企业高速成长后，创业精神开始弱化，如表2-3所示。

表 2－3　创业精神弱化及特征

现状	典型特征
创业懈怠	价值目标缺失，业余时间学习不太情愿，故步自封，能力退化，由创业打江山向守城转变，丧失了事业激情和斗志
以伪加班代替创业精神	公司学习互联网 996 做法，大家都在加班，有一部分人是在敬业，“因为工作没有做完，或者我的工作做完了，我在想下一步该怎么去做”。但是，更多的人在耗时间，领导都没走，自己走不合适
小富即安	安于现状，享受生活，业绩目标完成就不愿意挑战了，公司出台相关激励政策，也没有好的效果
创业精神被稀释	新员工比较多，公司发展较快，创业精神没有系统梳理与传承，创业精神随着新员工加盟不断被稀释，奋斗者越来越少

苏宁 2015 年文化变革中强调创业精神，董事长以公开信的方式告诉全体员工：“我们必须时时牢记，苏宁事业来之不易，是靠点点滴滴的努力打拼出来的。零售服务业是没有终点的马拉松赛跑。只有深刻地理解创业之艰难，守业之不易，只有继续秉承‘执着拼搏、永不言败’的精神，苏宁才可能在未来高度不确定的环境中赢得未来。”

解决方向：创业精神上升为文化传承，同时出台劳动者、普通奋斗者、奋斗者识别标准，并配套差异化激励机制。

四、突破单要素式成长

企业成长的目标“做大、做强、做久”。其中，“做大”是很多企业最喜欢的方式，但是实际上很多企业通过单一规模扩张将企业做大，在产品研发与设计、技术管理创新、大供应链构建上无所作为，结果资产扩张并没有带来企业全要素、核心能力的成长。

大家习惯“业务导向”，而不是“战略导向”，绩效考核依旧是“底薪+高提成”模式，企业中高层干部不按战略地图做事，以“短期业绩论英雄”，没有时间也不愿意为企业长期发展多考虑。

因此，未来企业要在竞争中取胜，必须以品质为本，追求超越竞争对手的效率、效果、效益；聚焦核心能力与核心业务的领先，追求整体品牌的领先，不是片面追求规模的领先，不是脱离全局的单点突进。这就要求企业成长由“单一要素驱动”向“多要素驱动”，丢掉“一招鲜吃遍天”的幻想，这就要从全局和长远出发，通过战略制定、战略实施及战略控制，把握市场等外部经营环境，整合优化内部资源和能力，不断实现企业与外部环境动态平衡。

为实现“做大、做强、做久”多维目标，企业基于战略组合（战略组合形成战略群）求发展，但是每一种战略（如多元化、专业化）都将遇到不同的困难，需要调动不同的资源、运用不同的工具。

解决方向：编制战略地图解决企业全要素成长问题，以“平衡计分卡”的四个层面目标（财务层面、客户层面、内部层面、学习与增长层面）为核心，通过分析这四个层面目标，通过层层解码，形成企业成长的驱动关键要素组合。

五、解决组织能力恐慌

战略决定组织，组织支持战略。企业在成长过程中，战略不能落地的部分原因是组织能力不足。部分企业还出现“组织能力不足，频繁调整企业组织架构，又导致组织能力不能积累，加重了组织能力不足”。一般来说，成长企业在扩张中的风险往往是组织能力不足导致的。为此，华为在成长期专门制定了《华为基本法》。

依靠组织扩张不能有效地提高组织的效率和增强效果时，公司将放缓对外扩张的步伐，转而致力于组织管理能力的提高。

高层领导必须警惕长期高速增长有可能给公司组织造成的脆弱和隐藏的缺点，必须对成长进行有效的管理。在促进公司迅速成为一个大规模企业的同时，必须以更大的管理努力，促使公司更加灵活和更为有效，始终保持造势与做实的协调发展。

再举例说明，深圳某企业提出百亿目标，但配套供应链的能力跟不上，“花钱买不到东西”，有订单但不能及时交付，导致老客户流失，新客户开发难，采购部门的领导也频繁更换，但没有人能做得好，因为这不是个人能力问题，而是基于战略的组织能力不足。

在需求导向的经济时代，对组织的快速应变能力提出更高的要求，比如某3C企业，人力资源部昨天还为招聘员工发愁，今天就因为客户取消一个大订单，现有人员由不足变冗余，就要“优化”掉。

解决方向：企业组织能力支撑规模效益的同时，还要保持足够的弹性活力，“像大企业一样思考”，具有基于战略的组织能力。同时，“像小企业一样运作”，具有基于市场的快速应变能力。

六、体系建设不再折腾

随着企业业务规模扩张，出现“业务超前，体系滞后”，体系不能支持业务进一步扩张，甚至老客户开始投诉产品与服务质量问题，企业意识到管理的重要性，启动体系建设工作，企业制度流程越来越多，形式上越来越规范。但是，企业体系缺乏顶层设计，以单个的问题为导向，依赖点问题与点对标，缺乏战略与价值观牵引，各自为政，碎片化进行体系建设，导致制度缺乏兼容性、全局性、整体性，相互之间打架，制度不断打补丁，不断推倒重来，难以形成系统。

基于“问题导向”的体系建设，制度越来越多，员工却抱怨不如以前效率高，华为初期也遇到过类似的“纠结”，在1999年之前，华为开始出现“增产不增收”的现象，请咨询机构进行了全面诊断。

缺乏前瞻的客户需求关注，反复做无用功，浪费资源，造成成本高。

没有跨部门的结构化流程，各部门都有自己的流程，但部门流程之间是靠人工衔接，运作过程割裂，沟通成本非常高。

组织上存在本位主义，沉重部门墙，各自为政，造成内耗。

专业技能不足，作业不规范，依赖英雄，英雄的成功难以复制。

项目计划无效，项目实施混乱，无变更控制，版本泛滥。

故步自封，以自我为中心。

面对这些情况，华为引进IBM做集成产品开发IPD变革。

解决方向：基于顶层诊断与设计，企业需要从整体角度建立体系大厦，实现企业由“经验成长”到“体系可复制的成长”。

七、打破企业人才瓶颈

企业事业扩张成败根本上是人才队伍决定的，所以很多专家认为人才战略是第一战略，对此，《华为基本法》指出：

组织的成长和经营的多元化必然要求向外扩张。组织的扩张要抓住机遇，而我们能否抓住机遇和组织能够扩张到什么程度，取决于公司的干部队伍素质和管理控制能力。

企业在成长阶段普遍“缺人”，比如国际化进程中，因为没有国际化人才受阻；公司新业务板块做不起来，是因为缺少事业经理人；公司新产品迟迟打不开市场，是因为缺技术领军人物等。更糟糕的是，没有成功引进新的领军人物，连一些自己培养的人才也流失了，正确的企业战略缺乏正确的人，导致战略失败的风险。

人才瓶颈产生的根本原因是缺乏人力资源顶层规划，很多企业在五年前就喊“缺人才”，五年后还在喊“缺人才”。

比如某机械企业，基于战略核心能力的人力资源规划不足，人才分类管理策略欠缺，未能处理好“学历与能力”之间的辩证关系，造成高学历人才缺乏价值认同感；存在“业绩导向”的短期理念，对中高端人才的开放性、包容性不够，吸引与留住人才的文化吸引力不足。基于智能制造时代的到来，员工年龄与学历结构明显不适应未来发展，同时，现有学习培训模式不足以给员工快速赋能、全面赋能。

解决方向：丰田汽车曾经发展过快导致人才跟不上，出现大面积召回事件。因此，丰田多年来一直坚守“先造人，后造车”的理念。基于丰田经验，把人才驱动与市场驱动列为企业成长双引擎。

八、避免低绩效型循环

根据效率工资理论，“最贵的劳动力也是最便宜的劳动力”，很多企业提出类似的“薪酬 123 理论”，即 1 个人获得 2 倍的薪酬，有 3 倍的产出。比如华为的人力导向是用给 3 个人的钱请 2 个人干 5 个人的活儿，2016 年，华为人均薪酬费用已经是 2015 年中兴的 3. 6 倍。这样做的目的，是力求打破低绩效循环（低工资带来了低素质，低素质产生了低绩效，低绩效导致更低的工资）。

按照三者关系进行分类，当下中国企业实际的薪酬绩效模式大致可以分为四种。

A. 高工资、高素质/高压力、高绩效（A 级企业，奋斗型企业）。

B. 低工资、低素质/高压力、低绩效（B 级企业，待转型企业）。

C. 高工资、低压力、低绩效（C 级企业，除了垄断，没有前途）。

D. 低工资、低能力、低绩效（D 级企业，退出市场或改制）。

事实上，企业进行分配变革，具体的分配内容与形式在技术层面都不是很困难。比如企业要搞股权激励，或者是获得分享制，在技术层面是很容易设计的。但是，真正的难点在于，分配的前提是企业的战略模式必须能够真正为客户创造价值，为企业创造利润，这个时候才能形成一种很有竞争力的分配水平和分配机制，从而使企业价值分配机制取得明显的效果。

解决方向：走出低绩效循环，实际上是解决“价值创造、价值评估、价值分配”的价值循环问题，可以通俗地比喻为“做大蛋糕——切分蛋糕——分配蛋糕”，这需要顶层设计。

第三章

编制顶层设计地图

一、顶层设计逻辑

1. 顶层设计三大导向

企业顶层设计破解成长中的八大命题，构成企业顶层设计的基本任务。那么，什么是顶层设计？顾名思义，站在“山顶”才能看得远，这需要全局思维、目标思维；其次，站在未来看今天，才有未来，这需要长期思维、创造思维。如果要满足这“四大思维”的需要，只有坚持“理念导向（企业文化）、战略导向”，才能做得到。顶层设计有了“理念导向（企业文化）、战略导向”，还需要有个“望远镜”，才能看得准（检验理念与战略的科学性），这就是“专业导向”，利用专业工具提供科学化的解决方案。

理念导向：正确的价值观胜过任何商业模式，以价值观的力量驱动企业良性成长，消除不良文化基因，培育好的文化土壤，促进基业长青。通俗地说，企业成长需要走什么“道”，正如德鲁克指出任何企业都需要事业理论。它一般包括三个问题：我们从哪里来（企业使命）？我们要到哪里去（企业愿景）？我们如何去（核心价值观）？明确企业反对什么、提倡什么，比如客户为先、崇尚创新等理念，这就从根本上决定了企业的价值取向、成长方向，也决定了企业战略是否落地。否则，这种理念可能是虚假无用的，也不会长久。

战略导向：“战略报告不代表战略意图”，好战略是执行出来的，不是设计出来的，坚持战略定力，打破发展瓶颈，拓展事业发展空间。通俗地说，企业成长需要走什么“路”，基于企业事业理论与战略的一致性，选择合适的战略路径去实现。基于战略意图，对企业资源与能力进行盘点，寻找差距并找到解决措施，在企业经营管理活动中处处体现战略意图，比如基于战略设定组织、识别核心人才、设定绩效目标等。

专业导向：依靠专业理论与专业实践来判断与决策，依靠专业工具落地（本书第五章专门介绍）。另外，“专业导向”也是对“长官导向”的替代，如上海复星集团一直倡导“专业的人做专业的事”，其多元化做得不错，也归功于其有一大批专业参谋甚至院士级专家。因此，企业成长中涉及专业决策，要尊重专业，多听听专业人士的意见，少一点长官意识，少一点“成功者说话才是对的”意识。

基于三个导向，确保了企业大致正确的成长方向与路径，企业成长就有了一张“蓝图”，接下来要把“一张蓝图绘到底”，这就需要基于现实，聚焦重点命题进行“重点突破、循序渐进”，把这些“突破的成果”进行“系统集成”，因为只有“系统集成”才有结构功能，才能复制；基于顶层设计具有远大目标的特点，要有“循序渐进”的持续动作，能够死磕到底，摈弃“毕其功于一役”的思维方式。

这里特别说明，部分企业偏好“问题导向”而丢掉战略与理念。问题背后的问题是“归因”，理念是“因”，问题是“果”，因此顶层设计是由“因”到“果”，二者关系不可颠倒。因此，顶层设计是对企业偏好“问题导向”思维方式的纠偏。

综上所述，“理念、战略、专业”三大导向确保顶层方案正确，“重点突破、系统集成、循序渐进”三大原则确保方案落地见效。

2. 案例演示

对顶层设计三大导向解读更加实战化，这里给出具体案例进行演示，如图 3 –1 所示。

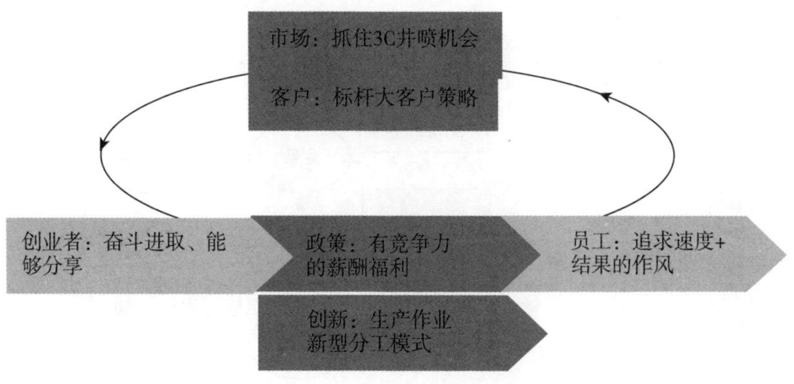

图 3 –1 某 3C 企业顶层设计

（1）专业导向

面对订单多、产能跟不上、员工招聘来不及这一问题，该企业按照工序专业难度进行分解，让老员工做一些难的工序，新员工做一些简单的工序，突破员工技能瓶颈，实现产能迅速提升。

（2）理念导向

坚持“市场导向”，抓住市场机会，快速做大；坚持“客户导向”，营销政策采取分阶段付款、先试用后付款、先使用后付款等模式，与客户共赢；对员工坚持推行有竞争力的薪酬，激发全员的积极性。

（3）战略导向

该企业没有战略规划报告，但战略意图比较清晰，一直聚焦3C产品，首先以“大单品”实现规模优势，再拓展新产品；定位中高端市场，避开低端、同质化、无前景的市场。

二、顶层设计“十定”方案

1. 顶层设计的基本逻辑

基于顶层设计“六大原则”“六大任务”，解码形成顶层设计“十定”方案，该方案给出的是逻辑化、结构化的体系，突出特点是彼此之间前后一致、相互衔接、相互支撑，具体如图3－2所示。

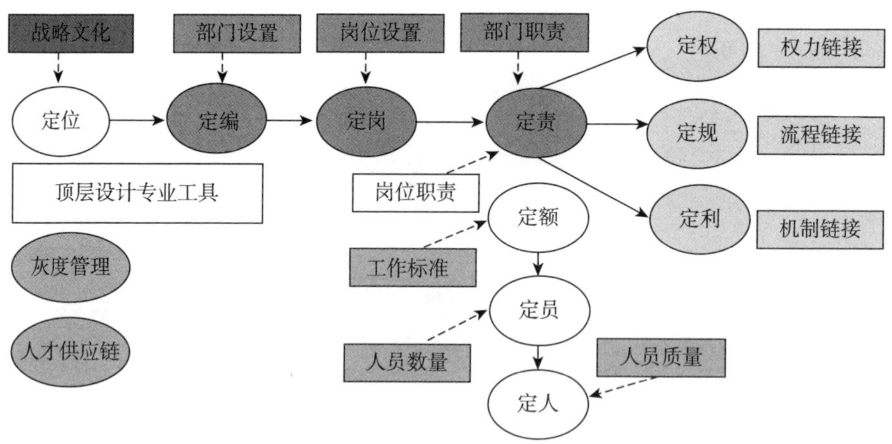

图3－2　企业成长“十定”框架

根据图3－2所示，战略受文化约束，文化决定战略是否正确。战略与文化同步设计，构成企业“定位”。

在顶层设计三大导向的前提下，进行企业组织分工体系（定编、定岗、定责）与协同体系（定权、定规、定利）建设，再基于顶层定位并结合组织体系的要求，打造基于人均效能提升的人力资源体系（定额、定员、定人）。

最后，为了保障“十定”方案能够顺利落地，必须在做好知识员工灰度管理基础上打造人才供应链。

2. 顶层设计成果清单

基于顶层设计的“十定”方案，其对应的整体成果清单如表3－1所示（仅供参考）。

表3－1　企业“十定”方案参考清单

维度	核心成果	辅助成果
定位	《企业文化理念大纲》 《企业文化建设五年规划》 《企业五年战略规划》 《企业顶层推进实施方案》 《企业顶层组织管理》	《企业顶层诊断与分析》 《企业顶层设计方法论》 《企业顶层变革框架与研讨》 《文化与战略一致性分析》 《企业顶层组织人员测评》
定编	《企业一二级组织架构》 《企业事业部管理方案》 《企业虚拟组织管理方案》	《组织架构诊断与分析》 《基于战略的业务单元分析》 《基于组织管控模式分析》
定岗	《企业岗位及职务设置》 《企业岗位异动管理方案》	《现有岗位盘点分析》 《基于价值链的岗位分析》
定责	《企业部门职责分析》 《企业岗位职责手册》	《基于战略的职能地图》 《基于客户导向的职责分析》
定权	《企业组织权限管理手册》 《企业组织决策管理方案》	《现有权限表盘点分析》 《基于组织活力与效率分析》
定规	《企业流程制度管理体系》 《企业基础管理标准体系》	《现有流程梳理与分析》 《基于流程风险与效率分析》
定利	《企业薪酬绩效管理方案》 《企业激励机制设计》	《现有利益分配制度分析》 《基于顶层定位的利益机制分析》

续表

维度	核心成果	辅助成果
定额	《岗位劳动定额标准》	《基于现行劳动定额的分析》 《基于劳动定额对标分析》
定员	《企业岗位定员方案》	《基于人均效能的分析》
定人	《企业任职资格及素质管理》 《企业大学管理方案》	《基于人才供应链的分析》 《基于战略的人力资源分析》

三、顶层变革七大保障

1. 树立变革目标

企业不能为了变革而变革，一定是基于利益相关方的价值创造进行的变革，提高创造价值的效率。也就是说，变革后企业更应该关注事业价值、经营绩效，追求具有更高价值的良性成长。

比如百度文化变革的目标，是注重搜索“结果”的质量，而不是只注重搜索“手段”便捷，打破竞价排名逐利而误导欺骗消费者。

苏宁2015年文化变革目标是“引领产业生态，共创品质生活”的使命追求，以“输出能力，链接资源，构筑平台，合作共赢”实现“百年苏宁，全球共享”，以“目标导向的个人成就驱动，体系支持的小团队作战”打造“平台化、创客化”组织，以“敬业、专业、事业”的人才观，打造事业经理人的干部团队、做事负责的员工队伍。

2. 坚持变革与自我超越意识

“最非凡的成功，不是超越别人，而是战胜自己；最可贵的坚持，不是久经磨难，而是永葆初心。”打铁需要自身硬，变革者带头实现自我净化、自我完善、自我革新、自我提高，才能延长组织寿命。英国管理史学家斯图尔特说：“管理上没有最终的答案，只有永恒的追问。”海尔坚持“永远要自以为非，而不要自以为是”，阿里巴巴坚持“拥抱变化”的价值观，华为坚持自我批判与持续变革。任正非指出：

“危机的到来是不知不觉的，我认为所有的员工都不能站在自己的角度、立场想问题。如果你们没有宽广的胸怀，就不可能正确对待变革。如果你不能正确对待变革，抵制变革，公司就会死亡。”

3. 抓住变革时机

企业局部变革可以常态化，但顶层变革时机有两种：一种是在发展好的时期进行的主动变革；另一种是在挫折时候的被动变革。一般来说，主动变革的阻力小，容易取得成功。比如华为与苏宁的变革都是在发展不错的情况下主动开展的变革。华为成长初期是各部门借助外部咨询机构全面推动改善工作，后期则为内部主导的持续改善。

华为每年要拿出总销售收入的3%用于企业变革。每年都会找出企业不适应未来发展的地方，并针对性地做出改变。早期，它的投入多数用于请咨询公司等，通过“外脑”的介入，利用外部力量帮助企业推动变革。现在，华为从内部寻找变革的力量就成了主流。它每年都会从各个领域找出最优秀的业务管理人员，让他们从现有的岗位上跳出来，去寻找企业内部的不适应之处，并推动一些变革的发生。

因此，企业要变革，要在企业顶峰的时候主动变革，千万不要等到低谷的时候。要在阳光灿烂的日子修屋顶，不要到下大雨的时候再去修屋顶，公司业绩好与发展好的时候，一定要想有什么事情没看到，否则危机到来时变革代价太高，下面以 IBM 为例来说明。

20 世纪 80 年代初期，IBM 处在盈利的顶峰，是世界上有史以来盈利最大的公司。但是，13 年后，由于长期处于胜利状态，造成冗员，官僚主义，想法太多不聚焦，产品线又多又长，集中不了投资优势，管理混乱，几乎令 IBM 解体，于是 IBM 才痛下决心，实行改革，在 1992 年开始大裁员，从41万人裁到26万人，付出了80亿美元的行政改革费用。

4. 正确选择变革方式

按照变革边界来划分，企业变革分为全面变革、局部变革。全面变革更侧重于未来发展战略，局部变革更侧重于现实问题。

全面变革按照变革的重点又分为文化变革、战略变革、组织变革、体系变革等。一般来说，企业成长转型阶段都要进行战略与文化变革，因为企业文化与战略变革涉及方方面面。

当企业环境发生变化，包括客户需求的变化、市场竞争压力的增加，或者企业需要多业态扩张等，企业的业务模式就需要进行相应的调整，管理模式也要跟随调整，因此战略转型的背后，“战略决定组织”一定会牵引出组织机制与流程、人力资源变革，如果企业文化不能配套战略，企业文化也需要变革。

企业局部变革更多是“小改小革”的改善活动，企业变革成了改善文化，持续改善活动成为日本企业文化，以丰田为代表。

丰田日积月累的变革被称为持续改善，工人和各层级的干部都有着及时反思的行为习惯。每过一段时间，大家就会反思自己有哪些地方存在浪费？哪些方面的绩效不足？可以通过哪些途径入手来提高品质等。在丰田公司内部，从企业到个人，大家总是在不断寻找自身的不足，并着力去改正。这些其实都是变革的文化。

因此，对成长企业更应该把变革管理常态化，企业外部环境不断变化，企业持续改善是适应外部环境的一个重要抓手，通过改善活动不仅仅改善企业经营管理品质，还激活了组织与个人，让员工不断树立进取意识、创造意识、精益求精意识。

5. 化解变革阻力

企业变革都会带来一些利益调整，“动了别人的奶酪”；打破旧的心智模式，肯定让一部分人走出“舒适区”。所以变革需要领导者带头示范，激发危机意识、自我批判意识，营造变革氛围。

在企业变革中，要采取“三三制”做法，对那些支持企业变革者要积极给予变革任务，对那些中立者则采取教育与动员手段，让他们从理念上接受变革，对那些反对者要采取“三三制”的做法。

比如华为，坚持不让那些自以为比专家还聪明的人进入变革的执行团队，要削足适履，而不是向反对变革的人妥协；然后把那些很有能力但反对变革的人，坚决果断地调离与变革相关的部门。

营造变革氛围，传播变革的紧迫感，通过开放的渠道让员工对变革提出自己的意见甚至发“牢骚”，帮助员工“泄愤泄压”。一般以变革宣传取得员工的认同与支持，如表3－2所示。

表3－2　企业变革宣传案例

珀莱雅流程变革宣传	阳光保险文化变革宣传
一、上周项目完成情况评价	**心智工程** （企业哲学、企业智慧、企业心智新道/同道） ——阳光企业文化系统提升项目 战略发展部 2015年1月10日
二、上周项目配合及遗留问题	
三、下周安排重要事项	
四、项目主要活动剪影及记录	
五、珀莱雅管理者语录摘编	
六、华夏基石专家视点	

6. 管控变革风险

企业变革有收益，就有风险，特别是全面变革，其变革风险更大，所以强调企业家的冒险精神，强调企业家在变革中的决策力与敢于担当的精神。企业变革风险管理任务主要集中在：

- 企业变革中能否妥善处理好“改革、发展与稳定”三者的关系。
- 企业家及其核心团队是否能够自我批判与自我超越，干部思维方式与行为方式是否能够适应变革的要求。

● 员工的素质与能力能否适应变革后的标准。

● 新旧标准能否做到平稳过渡。

针对上述变革风险，相应对策建议如下：

● 各级干部是顶层变革的第一责任人，强化干部变革领导力的形成，加强人才储备，赋能组织、激活组织、凝聚组织。

● 严格贯彻“说了算、定了办”，维护变革的严肃性和权威性；加强宣传引导，统一思想与行动。

● 在变革方案设计上系统思考、精心设计、渐进推进，确保方案平稳过渡，可以采取“先行先试”的做法，成功后大面积推广。

● 变革方向不妥协，但也要认识到变革并不是一条直线，变革太激进、太教条会造成“破坏”，要改革，但少搞“革命”。

● 在变革过程中充分征求意见，变革设计组与评审组要分开，确保方案在碰撞中达成真正的共识。

● 可以达成一部分共识就开始试运行，通过一定时间消化、适应甚至试错，针对可能出现的问题采取应急预案。

7. 变革方案执行

企业变革方案实施过程中，要有毅力，不要动不动就去打补丁，正如一个刚做完手术的人，不要再进行二次手术，需要观察与保养，遇到变革短期后遗症，要逐步改良。

企业变革成果，要先僵化，后优化，再固化，不能乱折腾，避免变革方案实施不彻底或者走样。

华为在IBM顾问撤走了以后，任总最担心的就是在IBM的体系上，自己人在上面随意改动，所以他先后提出了7个反对：反对完美主义；反对烦琐哲学；反对盲目的创新；反对没有全局效益提升的局部优化；反对没有全局观的干部主导变革；反对没有业务实践经验的人参加变革；反对没有充分论证的流程进行实用。

所以，在企业变革方案形成以后，在执行中必须有一定的定力，特别是在变革方案实施中遭遇的种种阵痛，需要有“阳光总在风雨后”的心态。同时，按照“学习曲线”的理论，一项变革在初期因为大家不适应、不熟练，可能导致短期的绩效下降。比如刚学骑自行车的时候，估计还没有平时步行速度快，但学会了肯定效率高，所以任何一项变革最终结果都是提升企业绩效，否则这种变革是没有意义的。

同时，企业变革管理全过程都需要配套的支持工具，通过这些专业工具组合支持变革落地见效。其次，要建立变革项目管理体系，基于变革项目的全生命周期跟踪管理，建立一整套规范的项目管理制度，完善项目的立项审批和项目变更审批、预算控制、进度控制和文档建设。

第四章

打造顶层设计与变革组织

一、成立企业“发改委”

1. 顶层设计需要高层组织主导

（1）顶层设计不能授权

高层管理者由于业绩压力，在顶层设计中可能分身乏术，常常授权下属代劳，但由于下属了解的高度及宽度不够，对战略制定多半基于自己领域存在的短期现实问题，没有办法甚至也不情愿构思企业长期发展战略，大部分都是根据会议上提到的一些内容进行文件整理，或者拷贝粘贴，理论比较多，战略可操作性不强。同时，授权下属顶层设计，让大家感觉到公司高层不把顶层设计当回事儿。

顶层设计也有企业授权外脑进行设计，但是有“战略规划报告”不代表有战略意图，不代表战略共识，不代表战略执行效果。

（2）高层组织不能空心化

顶层设计不能授权，但也不能极端理解为顶层设计是老板一个人的事情，各级管理者甚至员工都必须扮演一定的角色。但糟糕的是，不要说全员参与，就是企业高层组织也没有充分参与：大部分企业在组织架构上有“高层委员会”，但问题出在缺乏相应的功能发挥，比如某企业为了上市，成立三大委员会（战略委员会、薪酬提名委员会、审计委员会），但委员会很少一起“议事”，开会也是一言堂或者流于形式，没有实质性效果。同时，三大委员会成员专业判断能力较弱，缺少相应的学习与赋能，导致决策议政能力弱，高层组织“空心化”，企业顶层设计质量就很难保证。

（3）职能部门干不了顶层设计

有些企业设置了企业战略部，当然也有只设立一个岗位或者兼职岗位，甚至没有。实践中，因为这个部门是新部门，没有专业能力积累，加上缺乏高层决策支持及相关部门配合，结果推动吃力。久而久之，其角色定位与职责定位分离，自然就不伦不类并边缘化了。

顶层设计牵涉很多部门，又牵涉核心资源配置、重大事项决策。从实践上来看，即使配备庞大的专职部门也不一定能做成，如华为 2001 年才成立战略市场部，先后多次与外部咨询机构合作，直到 2009 年引入 BLM 战略模型，其战略职能才真正发育出来。

因此，对于大多数成长企业来说，企业战略部短期很难建立战略规划能力，这也解释了企业战略部变成“尴尬部”的原因。

（4）顶层设计离不开集体意志

顶层设计不是纸上谈兵，好的顶层设计是干出来的，西方基于核心竞争力、核心资源等战略理论往往解释不了中国本土企业成功的成长之路，关键一点是教科书无法解决“执行”问题。马云曾经说过“三流战略遇上一流的执行力，胜过一流战略遇上三流的执行力”，华为也是坚持战略执行力是第一位的。

如何保证战略执行力的实施？首先从达成共识开始，如果战略是老板或外部人员设计出来的，中高层对战略理解不一致或者持消极态度，即使明星团队也不一定能成功实施这个战略，这也解释了很多企业创业团队并不是高人，甚至是一群平凡的团队干成一家伟大的企业；相反，有些企业依靠“天兵天将”，反而企业战略执行一半就夭折了。

2. 解决方案要点

（1）顶层组织事业化

高层组织主导顶层设计不仅仅是责任所在，更是角色定位所需，还能传递重视顶层设计的积极信号。企业老板属于领袖层或总设计师，企业高管属于事业领军层，二者形成“党中央”，他们具有强烈的战略意图，确保大政方针落地不走样、不拐弯。

中层组织是战略解码落地的重要推手，在大企业的金字塔组织的结构下，中层不仅仅是上传下达，更是战略执行的代言人，也是战略举措的制定者、实施者、组织者。一般来说，高层相对容易达成战略共识，如果不能达成共识，可以退出变革队伍，再用高薪挖新人。但中层队伍数量大，需要专才，往往不太好“挖”。因此，在顶层解码阶段要重视中层组织的战略执行力，他们是企业资源配置的直接操作者，他们实施高层战略的意图是最直接的力量。

基层组织是听到炮声的一线战士，他们要为战略设计提供一线的信息。在顶层设计研讨阶段要有基层代表列席，他们往往能激发高层组织对客户痛点、创新焦点的思考，让顶层“宣贯工作”能够提前介入，避免基层组织“妄议”高层决策或抱怨高层偏离现实的现象。华为通过在线平台听取员工的意见，也是出于这个目的。

因此，顶层组织不是功能化、职能化组织，是项目式组织，兼顾法人治理结构要求，顶层组织包括新三会组织成员，还包括各层级代表。顶层组织不在于有多少明星，而在于是否有“为有牺牲多壮志，敢教日月换新天”的事业合伙人。

（2）成立顶层设计“发改委”

鉴于顶层设计工作很难“职能化”，同时，企业顶层设计不能授权，又不是老板一个人的事情，最好的办法就是成立“发改委”。

由公司高层团队成员、核心部门负责人及外部专家顾问、一线的中低层管理者与员工代表组成，按照层次分为不同小组，比如高层领导小组、业务战略推进小组、职能战略推进小组，明确各小组责任分工，按照程序有条不紊地开展工作。

基于顶层设计开展工作，其重要职能不是编制战略报告，而是对战略进行思考与决策并达成共识，让企业大大小小的“火车头”不偏离战略主航道，让企业日常经营管理行为都具有战略意图。

（3）一把手做好“发改委”主任

顶层设计相当重要，其需要的“权力资源”相当大，又不能完全授权他人，也就是经常提及的“企业文化与战略都是一把手工程”的观点。老板是企业的船长，是首席战略官、首席文化官、顶层总设计师，这是角色定位，更是不可推卸的责任。

因此，老板角色定位比职位定位更重要，老板角色是企业的“思想家与战略家”，与各类高人交流碰撞，除了跑市场与拜访大客户外，至少50%的精力来构思企业未来蓝图。在外部调研学习回来后，关掉手机，静下心来，站在“山顶”，系统思考事关企业前途的三大命题（我在哪里？我要到哪里去？我如何去?）明确公司发展定位、核心价值观，这样才能发自内心讲故事，老板自信，才能让大家相信老板所讲的事业故事，才会跟着老板谋划未来。

（4）打造顶层变革“黄埔军校”

“发改委”组织要发育“黄埔军校”，这不仅仅保证了变革方案强有力的推进，同时也培养了事业继任者、支持者、奋斗者。为此，企业要安排有足够的能力、影响力和理解力的人，同时也是变革愿望最强的一群人来推动这个变革，并且他们要有一定的业务经验，最好既懂经营又懂管理，有高度、宽度、深度。

顶层设计小组的成员要精挑细选，可以说，顶层设计质量取决于小组成员的素质能力，比如平庸的小组倾向于保守、中庸的战略。在变革小组中，实行组长负责制，组长要尽可能稳定外，还要定期优化小组成员，吸收一些优秀员工，对于不敢说、不肯干的组员进行淘汰，在关键子课题上尽量安排 AB 角，确保新战略落地后继有人。

（5）顶层组织与事业机制挂钩

前面提及一群平凡的人干成了大事，相反一个好机会遇到一个临时组建的明星团队，往往一无所成。

因此，顶层变革团队要把战略目标领回去，同时对他们给予长期激励机制、跟投机制（你相信这个事业，你就应该投钱），而不是把股份福利化，去搞全员持股制，应该是事业合伙人持股。

二、塑造企业家精神

1. 企业家精神是竞争取胜之根本

德鲁克说过：“一个企业只能在企业家的思维空间内成长，一个企业的成长被其经营者所能达到的思维空间所限制。”同样的资源要素在企业家手中就会产生不一样的效果，产生最大的价值。比如日航在人、财、物没有变化的情况下，企业领导换成稻盛和夫，让企业起死回生；早年海尔收购黄山电视，仅仅换了一个总经理，企业扭亏为盈，出现员工最初抵触该总经理到不肯让其调离的故事。

顶层设计方案无论如何保密，竞争对手都会逐步知晓，甚至通过“挖人”获取对方的战略举措，瓦解对方的战略进攻效果，反过来也一样。因此，顶层设计是否能成为企业竞争中的取胜之道取决于顶层变革的自觉性、彻底性。这就需要有一批具有事业心、企业家精神的团队，积极承担起战略全过程管理的责任。

企业成长需要价值观的力量、事业机会的力量、利益分享的力量、制度规范的力量、机制驱动的力量、集体奋斗的力量。这些力量的背后是企业家精神的力量，没有企业家精神，价值观坚守不了、战略落地不了、利益分享做不到、制度规范不了、机制形成不了，更谈不上集体奋斗。企业没有企业家，企业就缺乏“灵魂”，很难持续成长。

与此不谋而合，2017年9月25日，《中共中央国务院关于营造企业家健康成长环境弘扬优秀企业家精神更好发挥企业家作用的意见》公布。这是中央首次以专门文件明确企业家精神的地位和价值，提出保护企业家精神的要求和举措。

2. 企业家精神定义

熊彼特认为企业家是从事“创造性破坏”，任何一个卓越的企业，都铭刻着卓越企业家的身影。笔者认为，所谓企业家精神，是指企业家组织建立和经营管理企业的综合才能的表述方式，它是一种重要而特殊的无形生产要素。创新无疑是企业家精神的核心，敬业是企业家精神的动力，专注是企业家精神的底蕴，诚信是企业家精神的基石。当然，学习、合作、冒险等，也是企业家精神的重要内容。

3. 企业家精神再造

企业变革中，比员工疲劳症更可怕的是企业家疲劳症，所有人都可以被“开除”，所有不合适的制度都可以被废止，只有企业家“难换”。因此，企业家变革意志与示范最关键。

美的何老板对企业变革是彻底的态度，为了国际化，何老板主动学习普通话，所有高管必须学外语，甚至是那些不会用电脑的元老必须限期学会，否则就退居二线。

企业家团队要保持激情与活力，持续奋斗的企业家精神，并且能够点燃其他人的事业激情，为此需要做到：

① 企业家需要自我批判与超越，走出过去的成功陷阱，建立依靠规则而不是个人的成长模式。

② 企业家不断持续学习与对标先进，提出鲜明的事业价值主张、清晰的战略蓝图，并有“一张蓝图绘到底”的事业坚持。

③“专家可以牛，企业家只能忍”，企业家要敢于示弱，尊重知识、尊重人才，以个人的胸怀境界吸引更多的人才。

三、打造变革领导力

1. 领导力的意义

企业顶层规划报告不是一发布，就意味着大家全力以赴，必须有领导者带头示范、有说服力地讲出鼓舞人心的故事、激励变革与建立变革文化、培育核心能力与培养人才队伍等。企业当前和持久的成功，都取决于是否拥有足够多的领导人才，而且需要不断培养和发展组织内的领导力。

卓越顶层设计容易，但落地最难。顶层变革是基于未来假设，不可能有成熟套路可遵循，必须依靠各级领导者卓越的管理艺术、杰出的领导才能、执着的敬业精神等，才能取得好的落地效果。

2. 领导力的要素

领导力，首先是一种心智模式（比如境界、胸怀），其次是激发团队成员的热情、共同完成明确目标的能力，并非只有顶着经理头衔的领导才需要具备领导力。领导力是每个员工通过日常工作与生活经验培养积累而得的，目的是让每个人都是主动者，是自己的领导。

一个具有高度竞争力的企业，其领导力应是由下而上，而非传统人为的只是由上而下，唯有持续地在各阶层培养出领导者的企业，才能适应改变、生存竞争。

战略BLM模型（业务领先模型，具体介绍见第七章），该模型强调领导力是根本，该模型将领导力描述为：

战略思维能力是高层管理者需要具备的基本能力和必备能力，通过积极的实践得以发展。**（战略思维能力）**

高层管理者的领导力培养是通过他们的高层团队进行战略问题和机会的洞察与设计，以及项目的执行来实现。**（领导力培养）**

高层管理者对业务结果负责，因此高层管理者必须亲自领导战略设计与执行，通过对外部市场的持续洞察、识别新的机会、开发业务设计，确保这些设计是切实可行的。**（洞察力）**

作为业务和战略管理首要责任人的总经理，要确保公司价值观反映在公司的战略上，各级领导者要确保价值观是日常执行中的一部分。价值观是企业决策与行动的基本准则。**（基于价值的领导力）**

德鲁克认为领导力是把握组织的使命及动员人们围绕这个使命奋斗的一种能力，它是有关怎样做人的艺术，而不是怎样做事的艺术。宝洁公司领导力为5个E，它们是Envision（高瞻远瞩）、Engage（全情投入）、Energize（鼓舞士气）、Enable（授人以渔）、Execute（卓越执行），彭剑锋教授提出基于价值观的领导力（使命驱动、责任担当、战略执行、持续奋斗）；李开复提出三维领导力概念。

（1）宏观决策：前瞻与规划的艺术

“愿景比管控更重要，信念比指标更重要，人才比战略更重要。”

（2）管理行为：沟通与协调的艺术

“团队比个人更重要，授权比命令更重要，平等比权威更重要。”

（3）个人品质：真诚与均衡的艺术

“均衡比魄力更重要，理智比激情更重要，真诚比体面更重要。”

通过以上有关领导力的观点，对变革领导力更简单直接的解释，就是要能够鼓舞大家一起把企业顶层变革干成的能力。

① 企业管理者必须具有影响他人或鼓舞他人的能力，自己有对事业使命的矢志不渝的追求，通过讲故事、战略解码、价值观传播，让全员知悉并备受感染与鼓舞。

② 必须有洞察力与决策力，能够在顶层变革重大事件中快速决策，能够做到企业家的直觉与理性决策的均衡，同时任何决策都有风险，要具备敢于担当的能力。

③ 必须有资源融合能力，能够调动内外资源的能力，对外有建立客户与伙伴关系的能力，对内能够获取各事业领军人才资源的能力，能够培养事业继任者的能力。

④ 能够带头示范持续奋斗，摒弃短期利益思维，坚持“一张蓝图绘到底”的战略定力。

⑤ 有一定的战略解码能力，能够基于战略与文化，完成组织变革与流程变革，能够带有战略意图地开展工作。同时，了解并大力推行顶层变革的管理工具，如问题管理、对标管理、学习管理、创新管理、闭环管理、复盘管理等。

⑥ 卓越的领导者与领导力，不找借口、把握现状的务实精神、现场实地深入一线接地气，对员工强调正向激励而不是负向激励，主动工作而不是被动工作，担负人才培养的责任。

3. 领导力开发

要打造基于顶层变革的领导力，管理者不再是埋头干活，必须理解公司的战略与价值观，要有战略风险承担的责任，不是简单地执行，要敢于拍板，敢于担责，敢于发动群众。

要在整个组织范围内培养“领导者”，打破传统按照职务进行权责分工的弊端，各级管理者工作要基于职责出发，更多要进行角色转换，做领导，而不是做传统的管理者。

基于顶层变革而需具备的最合适的行为要素和领导能力模式，开发领导力模型（领导胜任要素的综合，是素质、能力、态度和行为的统一体），全面推行领导力培养计划。

① 从提升组织效率、干部培养、激励等方面入手，既要有系统的各级

干部素质模型，也要有明确的战略导向与客户导向。

② 围绕“管理自我、管理团队、管理文化、管理协作、管理业务”进行领导力训练，开展“企业变革领导力发展项目”，为战略变革与扩张培养“黄埔将军”。

③ 在干部的个人领导力培养计划中，不同层级的干部培养目标要有侧重，高级干部要侧重培养决断力，提升其战略规划的能力；中级干部要提高理解力、执行力和人际连接能力，把战略规划进行精准的解码和分配，并监督执行效果；基层干部则注重执行力培养和开发，可以结合不同的业务类型和岗位类型，提供对应的培训，努力让其承担的任务被准确甚至超额完成。

④ 对标借鉴集成领先企业的领导力开发系统，按照继任者计划、90天干部转身计划、经理人反馈计划、管理者发展计划、高层个人发展计划、个人绩效承诺等手段开发领导力。

⑤ 企业变革不是短时间就有效果，因此企业变革领导力的训练工作，要常态化、专业化、全过程闭环管理。

四、善于借助外脑

1. 相互信任是前提

企业成长中借助外脑驱动企业变革是走捷径的常用办法，但是如何借助外脑取得好的咨询效果则是最要紧的。华为在发展中成功地借助15家咨询外脑，得益于华为对咨询公司有正确定位与互信合作之道，根据公开的资料，值得借鉴地方有：

选中机构： 华为根据自己的实际情况，选择最合适的咨询机构，并且实地考察，确信自己选择咨询机构是适合华为的。

尊重顾问： 任正非对团队的指示是：一切听顾问的！不服从、不听话，耍小聪明的，开除出项目组，降职、降薪处理。

信任顾问： 任正非放手由外部咨询顾问主导做顶层设计，华为请咨询机构前重考察，合作后就没有甲乙方的概念。

善待顾问：在华为，顾问有最好的办公位置，车接车送，毫不怠慢。任正非亲自监督住房装修，让顾问感觉到宾至如归。

尊重知识：不让价格限制价值最大化，咨询项目报价4800万美金。华为负责财务的总裁说："相当于华为一年的利润了，我们砍砍价吧！"任正非说："你负责砍价，你能否负责承担项目风险？"

榨干顾问：不求人才所有，但求人才所用，与咨询机构长期合作。

相比而言，中国大部分企业不善于借助外脑，比如大部分企业进行咨询招标，折腾半天是为了比价格，结果常常是"劣币驱逐良币"，甚至有些企业是采购部主导咨询招标，按照采购原材料的思维去选择咨询服务、设置质量保证金等。

正确做法是：咨询招标至少要七比，即比顾问、比见解高度、比专业深度、比成功案例、比咨询方法、比服务范围，最后是比价格。比顾问排首位，咨询是否成功至少80%是顾问因素，比价格排在末位，因为一旦咨询失败，再便宜的咨询费也是最贵的。

选择优秀顾问标准，主要看顾问是否有专业素养、职业操守、责任心，另外是不是敢讲真话，因为咨询质量不太好量化，是良心活，所以一个有良心的顾问，一定是坚持以专业为客户创造价值。

2. 无缝合作是关键

项目过程中企业方要积极学习并全程参与项目，但部分企业往往过分强调自身特色，对顾问的方案也不用心去看，就乱"开炮"，结果花钱开"批斗顾问大会"，脾气好的顾问就按照客户的要求修改，让我改什么，就改什么，没有一定的坚持。但在咨询领域，"咨询服务中，客户不一定都是对的"，这不是日用品销售员时刻坚持"客户永远是对的"的概念，所以这样的效果肯定不好。比如华为1995年斥资1000万元从美国和德国引进两套先进的管理系统后，顾问们基本上都听从华为人的"指挥"，甚至华为人还能对他们的系统提出各种各样的"改进方法"和"优化意见"，最后以流程"七疮八孔"为代价而告终。

因此，项目商务阶段，可以有甲乙方概念，项目进入合作阶段，就要抛弃甲乙方概念，甚至鼓励“反客为主”。上汽车享网老总夏军就喜欢顾问“反客为主”，他认为这才是真正把甲方当成自己的公司，才可以长期合作，他还聘请顾问为长期荣誉员工。

3. 成立项目无缝对接组

为了保证项目的可实施性，在整个项目运行过程中，企业方要配备懂业务的对接人员，保证项目能够与实际业务特点融合，同时为企业带出一批人才队伍，实现知识转移，如表4-1所示。

表4-1 项目组职责分工

组织	指导及评审组	现场工作组	项目支持（对接）小组
成员	双方高层成员担任	双方项目经理及成员	各部门联络员
职责分工	指导项目总体方向 协调项目资源 实施计划/方案评审 项目成果的评审 项目进程监督 项目技术和工具评审 实施效果评估	项目具体实施 诊断与调研 制定计划与方案 日常沟通 模块设计 提交成果报告 培训与跟进	参与诊断和调研工作 参与计划/方案制定 协助提供资源支持 学习和掌握实施方法 项目简报编制 会议记录及文档管理 配合项目经理安排
项目总监	对项目总体效果负责、项目实施整体决策、指导项目小组工作、把握各模块设计思路、与公司高层沟通		
项目经理	1. 负责项目总计划起草、分解与组织实施 2. 负责对项目工作小组工作过程中督导 3. 负责项目文案设计并报专家组评审		

4. 沟通中达成共识

顾问要与企业相关人员进行充分交流，可以说管理咨询项目的成败要素最主要取决于双方准确及时的互动沟通，尤其是要与客户高层管理人员有足够的交流和沟通。

事实上，很多项目进行不下去，关键原因是客户高层对项目过程参与太少，因此要建立沟通渠道并建立沟通记录台账，如表4-2所示。

表 4－2　项目沟通方式与记录管理

沟通方式	具体形式	输出结果
会议沟通	每周例会、项目组研讨会、项目成果汇报会、项目成果宣导会、专项沟通会等形式。会议一般提前三天通知及准备	《会议通知》 《会议纪要》 《会议跟踪记录》
访谈沟通	由所在单位的项目小组成员负责协调、陪同事宜	《访谈通知及提纲》 《访谈记录》 《访谈观点验证》
董事长沟通	安排在对资料消化、其他中高层访谈之后，主要是对一些观点再确认，或者需要董事长发起的沟通，以及咨询方需要而发起的沟通安排	《关键沟通事项》 《沟通事项记录》
专题讲座	外部专家专题培训，以及日常为项目开展进行相关知识转化类培训等	《培训通知》 《培训录像》
在线沟通	通过邮件、在线 QQ 群、电话沟通	《在线沟通备忘录》
书面沟通	问卷调查、成果报告书面评审意见	《问卷调查报告》 《书面评审表》

5. 过程比结果更重要

彭剑锋教授经常强调“咨询是结果更是过程，过程比结果更重要”，在过程中达成共识，企业变革方案实施就省一半力气。项目咨询过程中，企业方要参与项目文案编写工作，按照“培训＋作业＋辅导＋研讨＋出方案”形式来运行更佳，比如珀莱雅公司流程咨询项目按此方法运作，结果大家都变成内部流程工程师。

顾问定期对中高层管理人员讲解实施方案的操作方法，在项目咨询过程中与主管部门要每周进行会议学习与交流，并通过内部培训传授相关思路与知识技能。

通过培训、头脑风暴、研讨会、小组讨论、座谈会等多种形式，不仅给结论而且教方法，给企业方提供最大的知识价值，比如华夏基石为客户开展“企业文化工作坊”研讨活动。

在一个相对封闭的环境中，组织企业 20～40 位中高层共同参与，时间一般为半天或一天一夜。活动主要采用授课、研讨、自我诊断、团队游戏、分组竞赛、成果分享等灵活多样的方式，帮助员工“飞跃观念”“激发潜能”“凝聚共识”，进而达到企业文化提炼和共识。

6. 老板的思想要深挖

企业老板思想深挖以后，就变成企业文化与战略、组织变革的方向，是企业人力资源政策、制度、机制的重要内核，有了这个内核的方案就有了灵魂，方案执行起来，老板就能得心应手。

但是，企业老板的思想碎片化或很难显性化，这就需要与顾问定期对话碰撞产生思想的火花，从而系统梳理出企业家的思想，通过对话，企业家也完成一次好的学习。比如阳光保险董事长讲话稿有5本书，上百万字，通过顾问方梳理提炼形成《阳光文化的力量》。

全面梳理阳光保险以张维功董事长为代表的高管团队在管理方面的思想表达，形成阳光保险阶段性的管理历史文献。对阳光保险高管团队的管理思想进行补充、诠释，使普通读者能全面理解、系统理解。

同时，对阳光保险高管团队的管理思想适当地进行结构化、系统化，突出对行业有重要价值的原创管理思想发掘。成稿后的书籍可以达到公开出版的水准，标杆超越同业同类出版物，应成为管理者和员工日常工作的重要指导性文件。

7. 项目反向考核与激励

有些企业“死盯”顾问，担心顾问偷奸耍滑，这种做法是把顾问当作供应商。部分企业则采用反向考核法，由顾问代表老板考核企业项目参与者，原则上不负激励，当然配合态度非常差的要通报批评；顾问组对项目进行考核，就是配合质量、配合进度的考核，这种考核建立在正激励基础上，大家配合都比较积极。这里特别分享珀莱雅项目做法：珀莱雅老总方玉友很“大气”，每个项目拿出专项激励基金，由顾问按阶段进行公开发放与表彰，具体如表4－3所示。

表 4－3　珀莱雅流程项目咨询考核

维度	配合事项	评价办法	评价人
质量			顾问
数量			顾问
进度			顾问
纪律			顾问
加班			顾问

珀莱雅流程制度优化项目设置配合专项奖励（奖励总额 60900 元），其中团队奖励 22350 元，个人奖励总额为 36800 元，设置联络员奖励、流程编写质量奖励、流程编写数量奖励、联络员考试状元奖、总监考试状元奖、项目组合作奖、特别精神表扬奖励，其中评比得分纳入年底文化之星评比参考。

企业咨询项目或多或少影响部分员工的短期利益，不是每一个人都能拥护的，通过项目参与奖励，让员工感觉到变革的必要性，更从项目参与中感受到主人翁的责任感、变革成就感。

第五章

用好变革管理工具

一、顶层逻辑

德鲁克认为，“管理是一种工作，它有自己的技巧、工具和方法”。企业变革过程离不开管理工具与方法论。

“高铁”比“汽车”快，企业围绕变革建立起一套工具箱是非常必要的。这里主要介绍六大变革管理工具，这些工具彼此不是独立的，而是相互衔接、相互支持，实现顶层专业化设计与落地，也构成了企业变革管理工具箱，如表5－1所示。

表5－1　企业顶层变革管理工具箱

	顶层分析	顶层设计	方案执行	方案改善
问题管理	√√	√	√	√
对标管理	√	√√	√	√
学习管理	√	√	√	√
创新管理		√√	√√	√
复盘管理			√	√
闭环管理			√√	√√

问题管理工具：企业顶层设计框架确定以后，进入正式设计与落地步骤，各模块一般都要从现状分析与诊断开始，比如企业战略诊断、企业文化诊断、组织与人力资源诊断，通过诊断发现企业当前或者未来存在的问题、确定主要的问题，推导模块设计；在方案落地中，肯定会出现这样与那样的问题，要借助问题管理工具求解。

对标管理工具：通过诊断发现问题后，则需要解决问题，其中解决问题最重要的一个手段是对标；同时在对标中寻找差距也是问题的来源之一，比如产品市场占有率低于标杆，这就是问题点。华为 BLM 模型就是从“差距”开始分析。

学习管理工具：通过对标获得外部企业的成功经验及举措，需要通过学习消化来转化落地，比如华为经验需要学习与消化，同时学习不仅仅是向同行对标学习，还包括自主的对变革领导力的学习、向客户学习等，因此全方位的学习是企业变革的重要驱动力。

创新管理工具：学习模仿基础上的再创新（先僵化、后优化、再固化）。谦虚地学，批判地学，创新地学。学习是为了创新，因此学习与创新决定企业成长的质量，企业变革本来就是破旧立新的过程，如果没有创新举措，则不能叫作变革。

复盘管理工具：企业变革过程也是探索的过程，企业成长中的变革更是如此，必须通过复盘环节，对企业变革的全过程进行记录、再现，研究其中经历的挫折或失误，让企业变革中付出学费能够有回报，因此企业复盘也是学习的手段，同时也是发现问题的手段。

闭环管理工具：学习与创新都需要执行才能变成第一生产力，这就要强调闭环管理，企业变革实施方案必须按照闭环原则进行，才能确保战略落地、文化落地等。好的战略、好的文化不是设计出来的，是执行出来的。同时企业问题解决也需要闭环原则，企业产品质量也需要闭环管理，所以闭环管理非常重要，甚至可以说，没有闭环习惯就不适合做管理者。

二、问题管理

1. 正确的问题观

“没有问题就是最大的问题，问题就是机会”，问题观决定了企业问题暴露方式及处理方式，直面问题是责任感及勇气的表现，害怕问题导致问题隐形化，问题由量变到质变，如表 5 - 2 所示。

表5-2 企业缺乏正确问题观的特征

序号	特征	归因
1	出了问题，总是急于开脱责任，不是找解决办法	欠缺责任意识
2	讲他人的问题很积极，检讨自身问题不积极	
3	问题没有领导重视就无人关注	
4	问题不能自我了结，无论大小要拿到会上解决	
5	问题处理以领导救火为主导方法	欠缺闭环意识
6	很多问题处理没有明确时间表或不了了之	
7	问题处理结果不及时反馈	
8	问题解决措施未能总结固化，导致问题重复发生	

2. 问题管理“五步走”

（1）主动发现问题（拿预期标准与现状比较）

① 问题定义是现状与预期目标的差距，基于事实而不是立场，如果预期目标制定是科学的，“不达标”则代表真出了“问题”。

② 企业问题不是胡子眉毛一把抓，要抓重点，聚焦企业绩效问题。比如影响目前绩效的问题是什么？影响未来绩效的问题是什么？我们与竞争对手的差距是什么？

③ 问题发现渠道多元化，通过内部报刊、企业在线、领导意见箱等新老手段，形成问题信息反馈平台。

④ 通过自我批判方法找问题；通过“红蓝军制度”，模拟竞争对手来研究“企业战略防线中的破绽”。

⑤ 通过神秘客户、客户代表、客户经理对客户满意度、供应商满意度定期调查分析，站在第三方角度找企业问题。

⑥ 要及时反馈问题处理结果，比如某企业对建议提供者给予一定的奖励，一开始效果不错，但时间一长，大家不提问题了。经过调查发现，员工不在乎“每条10元的奖励”，更在乎其问题建议有没有被采纳，有没有被放到抽屉里不管。

⑦ 员工揭露问题需要有保护机制、正能量氛围，比如华为对一个揭发

领导“造假”问题而被离职的员工，华为请这个员工回来，工资连升三级（等于多干了十年），岗位任意由其挑选，同时指定一个副总裁对其保护。

⑧ 对于专业化诊断，可以按照专业模块进行诊断，这一般对诊断者要求比较高，需要专业判断标准，如表 5 –3 所示。

表 5 –3　专业结构化诊断（参考）

一级模块	二级模块	三级模块	诊断标准
文化管理	文化建设规划		

⑨ 企业大部分问题是通过职能部门发现，比如审计中发现的问题，安全生产大检查中发现的问题等。但这种方式费时、费力、费心，一般只能发现表层的问题，同时还存在“应付检查”的现象。因此问题发现方法要专业化，建议选择如表 5 –4 所示。

表 5 –4　企业问题诊断方法及比较

方法	实施要点	优缺点分析
资料梳理 专业分析	1. 公司战略、文化、组织、制度、领导讲话、合理化建议、计划总结、会议纪要、奖罚通报、绩效考核等 2. 按照模块分类对资料进行专业诊断	1. 优点：通过资料盘点，能够系统了解企业全貌 2. 缺点：发现问题深度不足，对大家的真实想法不知晓
定性问卷 定量问卷	1. 调研样本要有覆盖性，中层管理层全覆盖，基层管理者不少于 30%，员工代表不少于 10% 2. 问卷有定性、定量两种，定性问卷要简单，定量问卷设计要有针对性 3. 问卷要交叉统计分析	1. 优点：调研范围广，可以匿名，减少大家的顾虑，同时能够定量统计问题的严重程度 2. 缺点：问卷内容与选项，大家填写有时候会失真，出现无效问卷

续表

方法	实施要点	优缺点分析
深度访谈 专题访谈	1. 访谈对象主要包括公司领导、关键部门中层管理者、部分基层管理者与员工代表 2. 访谈提纲要根据对象选择不同的内容，比如高层主要是战略与文化层面的问题，中层主要是经营管理的问题，基层及员工主要是考核方面的问题	1. 优点：可以面对面了解管理者与员工的真实想法，发现深层次的问题 2. 缺点：投入时间多，对访谈者专业经验与沟通表达等方面的要求比较高
小组座谈 自我批判	1. 按照高层、中层、员工层进行座谈，按照专业条线进行 2. 座谈主题要提前决定，会议前、会议中、会议后要进行闭环管理	1. 优点：可以通过头脑风暴、研讨工作坊，发挥大家的智慧 2. 缺点：与会者发言积极性受到企业组织氛围的影响，发言积极性不能保证

⑩ 问题定义要概念化，要明确问题范围（不能太大，如员工不好管），要给出特征及典型案例，便于对问题更好地理解，如表5－5所示。

表5－5　问题定义及边界描述

问题点	表现特征	案例场景
对待客户 服务不主动	不能积极主动面带微笑地为客户服务，不主动问候客户，根据自己的职业判断确定是否是意向客户，认为没有意向的客户一般都是不理睬	1. 当客户在维修大厅兜兜转转时，业务员不会主动上前问候，甚至玩手机 2. 客户到某部门交接车辆材料，该部门员工因工作原因全体外出，客户希望其他部门能帮他转交材料，但遭到拒绝，拒绝理由是：他们部门的事情我们不清楚，你自己跟他们电话联系

⑪ 建立公司问题仓库，对员工提出的问题按照编号进入公司问题仓库，成为公司课题立项、体系优化等方面的重要来源。

⑫ 问题分类要结构化，对管理颗粒度切割要精准；问题点多要定量排序，因为定性调查问题不一定代表全体员工的意见。比如一个顾问对客户的诊断报告有100个问题，这么多问题“吓死”客户了，最后经过问题模

块化分类排序，确定问题如表 5 －6 所示。

表 5 －6 某企业问题分类与排序

具体事项描述	非常不符合	一般不符合	不确定	一般符合	非常符合	否定度	肯定度
流程运行效率低	0.00%	17.78%	15.56%	53.33%	15.56%	17.78%	68.89%
部门之间服务意识不足	0.00%	17.78%	15.56%	53.33%	13.33%	17.78%	66.67%

（2）主动思考问题的要因（① 原因的原因；② 原因架构）

对于问题原因的分析，这是比较关键的步骤，原因分析透彻了，问题解决路径也差不多找到了。一般来说，可以根据问题不同类别建立原因分析模型。

① 对产品质量问题分析，采用“人、机、料、法、环、信息”六个维度，产品现场质量无非是人的原因、设备的原因、原材料的原因、工艺方法的原因、现场环境的原因、信息流不畅的原因。

② 依据原因架构分析的一级原因，还可以根据一级原因不断问“3～5 个为什么”，最深层次的原因就挖出来了。

比如对“质量人为事故高”的问题，首先发现是人的技能不足。为什么技能不足？是因为最近新员工太多，为什么新员工太多？发现是工作 3～5 年的员工职业通道不畅，薪酬比新进员工还要低。问题分析到此就找到了根本原因，人力资源部就知道要关注这些员工的诉求。

③ 寻找问题原因的时候，有正确的假设，才有正确的答案，要避免问题原因“循环论证”情况。

比如在销售任务完不成之时，营销部门会抱怨生产部门质量不好，交货不及时，而制作部门抱怨采购部门采购原料质量及交付期有问题，而采购部门抱怨财务部门付款不及时，财务部门抱怨销售回款不力，问题又回到销售部门，不断循环。

“循环论证”的背后是“立场”出了问题，解决这种想象，各部门要假设其他部门没有问题，自己部门有什么原因，这样所有部门的原因都找出来，最后进行汇总排序，真正原因就找到了。

④ 问题“因果”分析要有逻辑，基于事实依据而不是个人立场，对关键问题原因分析，需要精准归因，不能“张冠李戴”。

比如某企业因为管理人员能力素质低，导致部门业绩完不成，但是人力资源部认为是组织结构不合理，于是不断调整组织架构，导致用组织频繁调整掩盖管理人员能力问题。反过来也一样，组织出了问题不能归因个人，比如该企业招聘一个空降兵放到“董事办”，没有具体职责，做不出什么成绩，老板认为其水平不行，被炒鱿鱼。

⑤ 对于一些长期解决不了的问题，其背后往往是文化习惯问题，需要从文化角度去诊断，才能找出真正的原因，如图5－1所示。

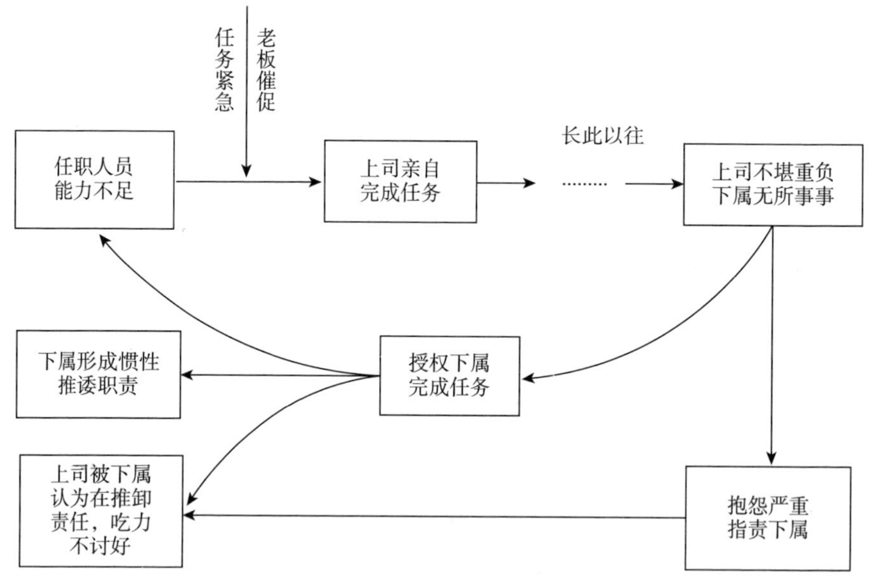

图5－1　企业文化习惯导致的问题

从图5－1可以看出，老板下紧急任务，管理者都是自己去完成，结果管理者很累，但下属无事可做，被管理者批评，结果下属怕挨骂更不敢做事，同时因为不做事，工作能力得不到提升，更不能做事。

⑥ 一般来说，问题因果关系是“一果多因，因不一定导致果，果一定有因”，这与哲学强调“有因必有果、有果必有因”是不同的。实际上一个问题出现，往往是很多原因造成的，如表5－7所示。

表5－7　某企业团队协同不足的问题表征及原因

问题表现	问题原因
1. 围绕考核开展工作，忽视周边绩效，甚至违背工艺流程，违规操作，损害整体效率或质量 2. 部门增多，问题解决沟通渠道长，效率低，或者出现有些部门不作为现象 3. 责任部门应付检查，甚至对付检查，导致无法查证 4. 自己部门事情好做，跨部门事情就难做 5. 事事依靠邮件沟通，经常得不到响应与回复	**归因1（文化习惯）**：在发展过程中，组织形态由“直线职能管控”向“总部职能式”转变，有效地提升了管理运营效率，但总部组织有官僚化苗头，导致问题解决效率下降，甚至制造问题 **归因2（周边绩效考核弱）**：绩效指标存在相互冲突，导致被考核部门缺乏自我检讨与改进意识，导致部门只关心自己的KPI，对周边部门配合往往被忽视 **归因3（存在本位主义）**：部门大局意识也不强，没有站在公司整体角度思考问题 **归因4（职责与流程客户导向不足）**：部门配合职责不清晰，部分流程过长，导致协同沟通效率降低，特殊事项没有应急通道 **归因5（缺乏内部客户意识）**：目前依靠指令开展各项工作，缺乏客户服务意识

⑦ 随着头脑风暴法、“三个为什么”的深挖，以及“一果多因”的分析等，依据不同维度问题汇总的原因也许会非常多，这就要按照“二八”原则，遵循“关键的原因少数、次要的原因多数”进行主要原因排序，列出主要原因。

⑧ 主要原因找到后，要按照模块结构进行逻辑化，比如按照问题树的结构，由此明晰原因之间的关系。

（3）主动解决问题（模仿/改良/创新）

问题主要原因找到后就要提出解决方案，问题解决才是问题发现与分析的根本，具体解决思路与建议如下：

① 解决问题有三个方向：其一，通过其他企业或者其他人解决类似问题的成熟方案进行直接“模仿”，这是企业成长初期采取的“拿来主义”；其二，在借鉴成熟的方案基础上加上自己的想法实现“改良”；其三，直接通过创新手段解决，实现由模仿到“超越”的目标。

② 经常遇到的场景，大家一方面抱怨公司对问题是“头痛医头、脚痛医脚”；另一方面又希望“你要先给我止痛”，对于问题分析之后的处理措施可借鉴海尔的做法。

紧急措施：将出现的问题临时紧急处理，避免事态扩大或恶化，紧急措施必须果断有效。

过渡措施：在对问题产生的原因充分了解的前提下，采取措施尽可能挽回造成的损失，并保证同类问题不再发生。

根治措施：针对问题的根源拿出具体可操作性的措施，能够从体系上使问题得以根治，改善管理工作中发生问题的外部环境。

③ 针对问题的根治措施，可以分成五个步骤。

- 能够“把问题转化为课题”，对问题不过分解释与抱怨。
- 能够“把课题转化为项目”，对课题研究付诸项目实践。
- 能够“把项目转化为计划”，对项目要分解成具体计划。
- 能够“把计划转化为方案”，对计划要生成可行的方案。
- 能够“把方案转化为行动”，对方案要行动纠偏与固化。

④ 问题立项管理，需要按照规范流程进行全过程闭环管理，或者纳入公司变革课题，如表5-8所示。

表5-8 问题立项与整改管理

问题具体表现	
典型案例	

续表

具体原因	
问题不良后果	
内部或外部顾问建议	
整改负责人	
整改小组成员	
整改计划	如填写《问题解决整改计划跟踪单》，任务事项、主要措施、需要资源支持、完成时间节点
整改措施标准化内容（行动手册）	

⑤ 对现实问题可以采取项目化运作，但要追求见利见效，要简单化处理，比如上海汽车销售采用当前流行的一页纸报告，结合企业“争创班”进行“一页纸课题报告”模式，效果比较好，如表 5－9 所示。

表 5－9　“一页纸课题报告”

课题名称：部门协同效率不高	
1. 问题现状分析	2. 课题目标/目的
3. 具体分析	4. 对策/建议
5. 执行	6. 跟踪/反馈
7. 标准化	8. 遗留问题

⑥ 问题项目化，要根据问题立项重要性、涉及面等进行分类，要根据具体情况来判断，一般来说要根据问题解决方案的周期（长期发展问题、短期绩效问题）、解决问题的重要程度（公司级、部门级、自主级）进行分类，建议如下：

项目分为指令类、指导类、自主类，其中指令类为公司级重大课题，以行政指令下达，由公司高管挂职组长；指导类为公司专业类课题，需要专业顾问指导；自主类是员工自发组织的，需要公司给予一定支持的课题，如表 5－10 所示。

表5-10　企业协同不足问题立项表

问题原因	课题
归因1（文化习惯）：在发展过程中，组织形态由“直线职能管控”向“总部职能式”转变，有效地提升了管理运营效率，但总部组织有官僚化苗头，导致问题解决效率下降，甚至制造问题 **归因2（周边绩效考核弱）：**绩效指标存在相互冲突，导致被考核部门缺乏自我检讨与改进意识，导致部门只关心自己的KPI，对周边部门配合往往被忽视 **归因3（存在本位主义）：**部门大局意识也不强，没有站在公司整体角度思考问题 **归因4（职责与流程客户导向不足）：**部门配合职责不清晰，部分流程过长，导致协同沟通效率降低，特殊事项没有应急通道 **归因5（缺乏内部客户意识）：**目前依靠指令开展各项工作，缺乏客户服务意识	1. 打造基于客户导向的流程化组织**（指令类）** 2. 梳理部门及岗位周边职责**（指导类）** 3. 强化周边绩效考核**（指导类）** 4. 逐步建立小团队作战组织**（自主类）** 5. 强化总部专业服务能力**（指导类）** 6. 建立团队合作组织氛围**（自主类）** 7. 出台内部合作行为规范**（自主类）**

（4）主动总结养成习惯

解决方案实施后，要及时跟踪总结具体操作举措，同时全过程“复盘”总结，按照总结的要点坚持行动，成为全员的工作习惯。

（5）总结提升并分享推广

从实践到理论，要及时把问题解决的成果进行“标准化”，进入公司的“知识”管理平台，或者通过授课进行分享，按既定程序转入例行知识管理、流程制度、操作规程等体系，如表5-11所示。

表5-11　项目成果制度化

序号	项目名称	解决问题及成果编号
1	A公司权限指南及授权办法	01、04、11
2	A公司督办工作细则	
3	A公司信息共享平台	
4	《A公司会议管理办法》（修订版）	

续表

序号	项目名称	解决问题及成果编号
5	《各部门岗位说明书与权限一致性审计表》	
6	《公司制度与流程与权限一致性审计表》	
7	《部门及岗位 KPI 与权限一致性审计表》	
8	《A 公司部门职能文件》	
9	《A 公司绩效 KPI 指标库》	
10	《A 公司干部管理办法》	
11	《A 公司后备干部管理办法》	
12	实施“员工能力提升（A－UP）工程”	
13	《A 公司员工晋升管理办法》	
14	《A 公司员工奖罚细则》	
15	《A 公司关键岗位、关键人才管理办法》	

3. 问题管理原则与对应措施

（1）问题管理机制缺失的特征

① 企业日常活动中产生很多问题，以隐形问题、显性问题方式存在，但普遍存在对“问题”踢皮球现象，很多企业会议特别多的原因，与问题迟迟得不到大家重视有关。

某医疗设备企业每次季度或者年终会议，大部分时间都是在做形式主义的东西，当各销售人员提出“核心存在的”“切身体会的”“各种实际的”问题的时候，领导或者相关负责人一笔带过或者直接忽略。不能直接诚恳面对问题，导致问题积重难返。

② 有问题意识，但问题改善意识不强，尤其是无持续改善的意识，造成老问题重现和新问题不断，同时也增加了管理的难度。

（2）问题管理措施

① 推行提案改善制度，建立以专案组织的改善体制，以现有问题为主题，组织跨部门改善活动，增加必要的奖励举措。

② 变抱怨为正面思维，多想想本部门的改进，多想想公司的整体利益，从上到下要遵从“持久改善”的文化。

③ 企业必须对问题管理实现管控，特别对重复发生的、重大的问题要采取严格原则及举措。

原则1：责任主体原则

① 出现问题要查清责任，明确责任单位、第一责任人、次要责任人；谁的问题谁负责原则，找不到责任主体，则由问题发生所在主管单位自行承担，确保问题责任落实到人。

② 建立更加清晰的部门职责分工，避免因职责不明晰导致的责任主体不易鉴定的状态。

③ 部门内部及新入职员工加强“视问题为机会”的培训，增强全员责任意识，对主动承担责任的部门或个人从轻或免除处罚。

原则2：责任追究原则

① 明确责任，追究主管部门，问题稽查部门直接由一把手分管，确保该部门的独立性、权威性。

② 跨部门问题进行建档归类，按照问题损失、问题频次等指标进行统计，年底集中汇总分析。

③ 制定责任追究制度；建立奖惩机制及干部年度考核挂钩机制；将问题台账的结果与绩效挂钩。

原则3：效率与闭环原则

① 改善问题需要明确时限，责任单位在规定时间内解决问题。

② 由责任追究主管部门定期开展问题改善检查与监督。

③ 建立责任问题处理时程跟踪机制，以问题改善跟踪反馈单进行落实，建立问题处理台账。

④ 建立责任问题曝光机制，定期对问题处理进度进行公示，对问题整改不力的单位及个人要采取管理措施。

⑤ 对直接现场就可以整改的问题，在现场给予解决，对于现场问题会议原则就地开会，不得在办公室开会。

⑥ 对于重大问题需要整改的，必须下发正式的整改通知单，由问题单

位签字承诺。

三、对标管理

1. “对标管理”寻找企业成长新动能

“对标管理”起源于20世纪70年代的美国。最初是人们利用“对标”寻找与别的公司的差距，把它作为一种调查比较的基准方法。后来，“对标管理”成为寻找最佳案例和标准，从各个方面与标杆企业进行比较、分析、判断，实现“比、学、赶、帮、超”的目标。

2. 标杆管理开展步骤及配套方法

（1）企业标杆管理内容与步骤

主要包括：确定标杆案例选择标准、建立标杆案例库、确定合适的标杆、深度研究与评估标杆实践、开展对标举措借鉴及应用、总结对标的实践成果并纳入知识库。

（2）确定标杆案例选择标准

① 企业标杆不仅仅包括企业外部标杆，也包括企业内部标杆。一般来说，企业成长过程中在借鉴外部先进管理标杆的基础上，必须做到有效整合内部标杆实践成果，并且不断动态优化。

② 确定标杆入选、评估标准。一般来说，可以结合企业绩效指标、竞争力指标等确定对标的内容，比如制造部可以从安全、质量、成本、交期等绩效指标来对标，人力资源部可以从员工流失率、人均效能、人才结构等方面进行对标。

③ 外部标杆入选条件，不是第一名的企业就是标杆，不同企业成功的背后是不同的资源与能力条件，因此选择合适的标杆才能应用落地。当然，管理对标的对象可以宽一些，比如跨行业对标。

（3）建立标杆案例库

① 对内部标杆成果加以梳理、提炼。同时，发动各专业部门通过知识平台进行动态上传与收集，不断丰富外部标杆案例。

② 按照对应维度进行细分后，有条件的企业放到知识平台，没有条件

就以内部资料进行编写，以白皮书形式进行内部发布。

③ 外部案例库来源：包括国内外优秀企业案例、行业优秀案例，特别要收集一些由“落后企业”到“先进企业”的转型演变案例，甚至一些失败的案例，从外部企业失败案例学习更有效果。

（4）确定合适的标杆

① 按照企业目前实际需要及实施的资源条件，从标杆案例库中选择合适的标杆案例，按照案例模板进行二次梳理，案例模板主要按照对标可行性、对标可借鉴的举措及对应注意事项等维度编制。

② 对内部标杆采取物质激励与荣誉激励，也可以采取“积分制”，或者在年底开展标杆案例先进评选与表彰等活动，激励内部标杆。

③ 外部标杆案例被采用的，要对提供的部门或个人进行相应的奖励，以鼓励更多的部门与个人积极提供外部对标案例。

（5）深度研究被选择的标杆

① 对标杆企业相关举措及背后的约束条件进行分析，给出对标举措适应条件、适应范围、实施难度等。

② 要求验证标杆企业发展阶段与本企业发展阶段是否一致，比如华为管理实践凝结着华为对管理变革的巨大投入、不断试错和纠错的经验教训，要学习过去的华为，而不是被“神话”的华为。

（6）开展对标活动

① 利用问题管理工具，对所要对标的领域进行广泛调研与现状分析，找出当前存在的不足与短板，进行自我诊断分析，也可以通过第三方进行诊断。同时，结合年度目标与工作重点，拟定对标工作的目标与实施计划。

② 利用标杆案例库或企业知识平台选择合适的标杆，开展与标杆之间的差距及其原因分析，汇总相关标杆解决举措，选择关键举措且可以实施的举措，同时通过内部研讨，在条件允许的情况下，邀请标杆企业到现场交流指导。

（7）对标的结果验收评估

① 标杆举措实施后，按照既定节点进行阶段性验收，年底进行全面验

收，研究未达到标杆要求的原因，作为遗留问题进入下一次对标。年底由主管部门进行标杆活动的评比、表彰工作。

② 标杆验收评估需要专业评审标准、量化效果测算，切不可流于轮流坐庄的形式。

（8）对标的成果总结推广

① 对先进单位成果进行总结提升，并汇总编制成册，作为企业内部学习材料，对相关好的举措制度化，确保通过制度进行固化，实质性发挥长效机制的功能。

② 先进单位成果主要贡献者，要纳入标杆管理人才库，作为标杆管理评审专家、辅导专家等。

（9）下一阶段课题立项

① 在对标中，发现标杆企业举措实施后没有达到预期效果，或者本企业水平已经超过其他表格企业，则形成企业下一年度课题，按照问题立项管理、创新管理进行创新研究。

② 对课题立项后，要按照项目分类标准，纳入项目管理体系，形成标杆管理闭环。

3. 标杆管理应该注意的事项

（1）“削足适履”与“局部借鉴”

①“对标管理”是企业变革与日常管理活动改善的重要工具，但也要正确应用，要把握好一个“度”，比如华为提出“削足适履”的学习西方管理，但不代表“教条主义”，是强调学习的“彻底性”。

② 大部分企业喜欢华为的“奋斗文化”，但很少去做“奋斗激励机制”，员工不以为然。当然，也有真心学习华为奋斗机制的企业，如上海德邦物流企业学华为非常到位，效果不错。

③ 标杆学习可以“彻底”，但不能完全照搬、照抄，可以采取内部试点，通过消化与实践找到适合自己企业的成功做法，形成内部标杆，再进行内部移植、复制。

（2）“广泛对标”与“精准对标”

① 要精准选择可对标的对象，不能盲目跟风，今天对标“武当”，明

天对标“少林”，结果学“杂了”。比如深圳某企业先学富士康，不惜代价挖富士康的人，发现效果不好；又开始挖三一重工的人，高薪聘请华为的人，结果还是不符合预期。

② 要精准选择可对标的内容，要结合自己的能力与资源，能够为对标的措施提供相应的资源及组织支持，不能出现“要求自家的马儿与别人家的千里马跑得一样快，但没有给予足够的草料”的现象，标杆学习变成了大家的负担，让员工无所适从。

③ 华为以管理对标为先，牵引产品领先，但大部分喜欢在产品上对标，不在管理上对标，缺乏管理要素支持，产品只能模仿。

（3）“目标对标”与“措施对标”

①“目标对标”是基于竞争优势考虑，比如华为对标遵循“在设计中构建技术、质量、成本和服务优势，是我们竞争力的基础。日本产品的低成本，德国产品的稳定性，美国产品的先进性，是我们赶超的基准”，这是基于打造竞争力的“目标对标”。苏宁学习对标综合“沃尔玛＋亚马逊”，也是基于“目标对标”。

2012年12月26日是苏宁成立22周年的日子。苏宁董事长向18万员工发出了慰问信，详细诠释了苏宁的“沃尔玛＋亚马逊”全新商业形态。沃尔玛是苏宁电器原有的线下实体店模式，这是发家之本，绝对不能易帜；亚马逊则是苏宁电器将来一定要做的电子商务。

苏宁对标这两家企业，目标是构建自己的商业模式，促进苏宁在行业具有差异化竞争力，这是基于战略目标的对标。

② 对于“措施对标”，强化对标转化与应用，特别强调实用性、适用性，这与“目标对标”出发点不一样，措施借鉴重在落地，不能出现“觉得对标措施没有效果，半途而废，很难形成自己的标准”。

这就要求在“措施对标”中要精细化。比如深圳某企业“对标重在细节，一个线路板子怎么放，横竖放置都是有差异的，好的放置措施节约时间、提高效率、增加利润。板子有大有小，减少几厘米的浪费，就能提高

5% 的利润”。宁波某企业“技术跟谁对标，成本跟谁对标，都是比较精准的对标，细化到每一个工序”，该企业处于微利行业，但通过“精细对标”并结合“精益管理”，长期能够保持一年 12 亿元的利润，效果是非常不错的。

（4）“理念对标”与“道术合一”

① 处理好“道与术”的逻辑关系，没有“道的对标”，片面追求“术的对标”，可能出现东施效颦的现象。华为学习 IBM 则是“道术合一”，华为到 IBM 学习，郭士纳认为制造业必须产品领先，做到产品领先就必须技术领先，技术领先就必须对研发进行持续投入，对人才舍得投入，所以华为一直坚持研发投入占销售收入比例不低于 10% 。

②“理念对标”就是学“道”。道教中有“学道不如悟道、悟道不如行道”的观点，要把“道”变成自己的“道”（悟道），还要变成自己的行为（行道），如亚马逊对标借鉴沃尔玛、丰田汽车、IBM 等，最终形成领导力十四项原则，成为亚马逊全员行为标准。

③ 做到“道术合一”，就要求不能急于求成。企业发展初期，对标一个“金点子”就了不起；企业大了，对标内容及对象是全方位的，诸多“宝典”没有消化时间，没有整体性安排，没有见效就放弃，再去对标新的企业，结果搞得大家不知所措。

四、学习管理

1. 学习管理积累企业成长新动能

提到学习管理，就必须复习一下美国管理学家彼得 · 圣吉的学习观，他自称要为人类找出一条全新之路，“未来决定企业兴衰成败的力量是企业的学习能力，谁的学习能力强，谁的学习速度快，谁的学习效率高，谁就能在未来的竞争中抢占先机”。他还提出学习型组织的五项修炼：自我超越、改善心智模式、建立共同愿景、团队学习、系统思考。知识经济时代，学习能力成为组织能力的重要组成部分。

2. 学习管理的步骤与方法

学习管理的方式方法有很多，比如学习型组织建设、学习地图、行动学习、企业大学、企业导师制、轮岗学习、挂职学习、培训管理、知识管理、案例研讨学习、角色扮演学习、团队学习、专题学习、外出学习等，这在本书第九章专门论述。

3. 学习管理应该注意的事项

（1）“培训福利化”与“培训市场化”

① 企业学习是企业的福利还是员工自己的事情？各企业做法也不一样，世界知名企业都比较重视员工的学习投入，IBM 年培训费用占销售额1% ~2%，员工人均15 ~20 天的培训时间。但是在实践中，员工一方面需要学习机会；另一方面抱怨学习占用自己的休息时间。这里不谈其中具体的原因，只是说明“福利式培训”有其缺陷，笔者建议学习培训不能完全福利化，可以通过机制引导员工学习，比如拿到多少“学分”才有资格晋升、晋级等配套机制。

② 企业学习也不能完全福利化，企业有责任与义务对员工提供学习与成长的机会。因此，企业可以根据不同对象、不同学习内容、不同学习渠道，明确哪些学习项目需要“付费”，哪些不需要“付费”，比如企业知识平台是免费共享，员工基本技能的培训是免费的（企业知识、产品知识、制度流程等）。

③ 学习需要投入，更需要产出，可以把学习费用纳入部门费用总额，部门可以根据费用预算，在企业内部选择对应的学习项目，所有学习项目要评价学员效果，表现优异者，可由公司总部划拨费用。这样做的目的，就是通过经济杠杆引导大家珍惜学习机会。

④ 企业高端学习资源是稀缺的，要严格实施学员考核筛选机制，把学习资源向有贡献、爱学习、有忠诚度的骨干倾斜，不把精英学习搞成一批批的“人人有份”的学习活动。

（2）“自主型学习”与“学习型组织”

① 学习无处不在，自主学习意识是第一位的，坚持“学习工作化、工作学习化”的学习观，以问题为抓手，向客户、员工、竞争对手、行业标

杆学习，主张一日三省，学以致用，切实通过日常学习提高生产力。

② 学习要避免碎片化，需要建立“学习型组织”，企业按照“述职”模式开展“述学”活动，企业“述学”是按照“述职”模式向组织授课，比如一本好书，指令相关管理者带头学习并在内部授课，通过授课提升了自己学习消化能力，内部授课（写教材）是最好的学习方式。另外，也给领导提供更加快速获取信息的渠道。

（3）“员工学习”与“领导学习”

① 企业学习管理中可能有两种极端，老板重视员工学习，自己不学；老板重视自己学习，上 EMBA，但员工不学习。这两种极端导致“老板理念在天上飞，员工行为在地上爬”“员工谈战略头头是道，老板整天忙业务”的两种现象，列举案例如表 5 – 12 所示。

表 5 – 12　学习步伐不一致的两个极端案例

现象	案例
老板学但员工不学	浙江某企业员工向我抱怨，“我们老板上浙大后素质变差了，越来越喜欢骂人”。我见了老板后，他也抱怨，“现在开会，大家不发言，我说谁讲一句话奖励 100 元，也没有人发言”。问题症结原来是这样，因为老板学习变成“先进”，员工还是原来的思维与行为方式，老板对照教科书，感觉他们与教科书标准差得太远，当然就挨骂了
员工学但老板不学	深圳某企业老板很重视学习投入，但是每次企业培训课都不去听，甚至在办公室玩手机也不去听。结果员工越来越专业，老板经验权威与员工专业知识形成矛盾，员工见老板是“秀才遇到兵”，老板认为“下面的人是纸上谈兵”

② 管理者不但要带头学习，也要积极为团队提供好的学习机会与学习环境。喜来登就这样要求：“各级管理者应成为企业学习的积极示范者和领导者，主动承担起员工学习与成长的责任，掌握员工的学习需要，优化员工的学习环境，推动和帮助员工学习，引导员工对学习成果负责。”

③ 管理者带头学习要有实际行动，能够形成学习故事，让员工真正从心里认同并模仿跟随，比如宁波金田铜业创始人带头学习，从不间断，每

个员工都能讲出老板学习的故事，如表5－13所示。

表5－13　员工讲“领导带头学习的故事”

标题	员工讲故事
省吃俭用为买书	老总用夜餐补贴买了两本书，《机械常识》《机械制图》，在当时农机厂里进步最快
唯一爱好是读书	老板是一个没有“生活情趣”的人，学习是他唯一的爱好，每天除了工作，就是读书，一年的阅读量相当于其他人几年的阅读量
应酬也不忘记读书	政府部门举办厂长经理培训班，其他人都将学习当作联络关系，下课后应酬期间，吃饭时出现，老板匆匆敬几杯酒表示一下，然后躲在车里看书学习，等到吃饭快结束时，他再回去
为员工提供学习机会	十几年前就与咨询公司长期合作，并将干部送出去学习，使“游击队”成为“正规军”，员工感觉“金田一年，外面三年”
	成立企业大学，打造基于未来变革的“黄埔军校”

④基于客户课题，全员集中学习方式，更有利于学习效果提升，推荐上汽销售“争创班”的做法。

每年定期举办“争创班”，该班学员集中学习后，以“神秘客户”身份对各子公司进行神秘客户调查，针对调查问题进行专项研究，其研究成果发布现场，由被问题单位前来听课，公司领导也如数出席。在成果发布后，由问题部门带回学员方案，结合内部的实际情况实施。

（4）成功经验与失败教训

①学习企业成功经验是主流做法，通过成功经验悟出企业成功普世原理，不仅仅要学习外部成功经验，还要深挖企业内部成功经验，把这些有效经验变成可复制的举措，促进企业管理提升。

②“胜者为王、败者为寇”的文化，使部分企业偏好“成功学”，神话“成功者”，这也不妥。在硅谷，有些企业家会把失败印在T恤上以示纪念，从失败企业案例中学习，有时更有价值。

(5)“学习心态”与“评判心态”

① 以学习首先是一种空杯心态，摒弃看不起别人和不愿学习的心态，这就要识别两种学习思维，具体如表 5－14 所示。

表 5－14　两种学习心态及特征

评判者思维/说教思维	学习者思维/行动思维
他错在哪里？ 这是谁的错？ 我怎么比你差了？ 我怎么证明我是对的？ 这怎么是个问题？ 为什么这个人这么笨？ 我怎么掌控话语权？ 何必这样做呢？ 这方法有可能取得效果吗？	什么是有效的？ 我为什么负责？ 我需要学习什么？ 我能学到什么？ 事实是什么？ 有什么价值？ 其他人如何想，如何感受，有何需求？ 全局是什么样的？ 什么是可能的？
“我吃的盐比你吃的饭还多，你混得没我好，还有什么值得我学习的。”	坚持开放学习与博采众长，善于吸收优秀企业、竞争对手的成果与经验。

② 鼓励自我批判式学习，没有自我批判就不会认真听取客户的需求，就不会密切地关注并学习同行的优点，就会出现以自我为中心，必将被快速多变的市场环境所淘汰，要站在系统的思维高度进行全方位的自我批判。

③ 鼓励终身学习与行动，树立学习意识、掌握学习方法、养成终生学习的习惯，并且一定要转化为行动派，避免纸上谈兵。

④ 把常识当作知识来“说教”，滋生官僚主义、经验主义，引起员工学习的反感；运动中“打鸡血式”的学习，效果不持续。只有管理者的榜样教育、先进人物报告会等手段更能让人认同与借鉴。

五、创新管理

1. 创新管理获取差异化竞争力

(1) 创新管理的功能定位

① 企业的成功逻辑已经无法给企业带来持续的成功，必须变革，而变

革的本质就是破旧立新的过程，这就是需要不断创新。

② 创新是破解企业成长难题与困惑的重要武器，也是企业成长与转型的重要驱动力，是应对市场竞争的重要武器，是创造客户价值的重要手段。不同的企业对创新给出了自己的定义，如表5－15所示。

表5－15　典型企业对创新的定位

企业	创新描述	标准
腾讯	创新不仅是一种卓越的工作方法，也是一种卓越的人生信念，在方式、方法、内容上，时时寻求更好的解决方案，精益求精，谋求更好的成果水平，不断激发个人创意，完善创新机制，以全面的技术创新、管理创新、经营模式创新推动公司不断成长	创新是工作方法、信念、创新机制、成长动力
苏宁	未来的苏宁，面临竞争领域更复杂，互联网无边界效应导致跨界竞争，商业规则和秩序进入新的混沌状态，新的竞争对手、机遇、风险、危机都可能来自意想不到的角度，以不可预料的方式出现、扩散并引爆，甚至可能颠覆既有的格局，苏宁只有不断成为标准创新的领先者，才有可能避免被颠覆的命运	只有创新标准与价值，才能在混沌竞争中引领竞争、超越竞争
	未来苏宁，面临竞争区域更广泛，苏宁全球化必然面临全球竞争、动态化竞争，竞争将更为激烈，因此更需要有突破式的创新思维，开拓自己独有的经营方式和生存轨道，创新价值，建立全球商业新秩序与新商业文明，获得差异化竞争优势，全面超越竞争	

（2）“创新管理”的定义

① 针对不同企业对创新的定义进行研究，结合“创新”本来的字面意义，企业创新参考定义如表5－16所示。

表5－16　企业创新定义及描述

维度	创新描述
创新基本定义	“创”是指创造、开创，“新”是指新思想、新产品、新技术、新服务、新的商业模式、新方法等，“创新”就是指打破或修正传统方式或习惯思维，面对新形势，解决新问题，充分发挥主观能动性，敢为人先，敢于试错，快速纠偏

续表

维度	创新描述
创新基本分类	按照创新程度来分，分为破坏性创新、颠覆式创新、微型创新；按照创新领域可分为理念创新、机制创新、商业模式创新、技术创新、经营管理创新、工作与学习方法创新
创新行为特征	创新是一种工作精神：敢于质疑权威，敢于对现存事物提出问题，敢于挑战传统的成功经验，敢于自我否定，敢于试错 创新是一种工作方法：主动关注身边发生的新事物，与现存的事物进行比较，找出差异化后做出自己的判断选择，并思考新事物或新问题对自己工作的影响 创新是一种工作能力：是指可以意识到、搜寻到或创造出新事物的能力，以及在创新过程中所必须具备的知识技能

② 如何促进“持续创新”？如何让创新转化为生产力？这属于创新管理范畴，创新不是一项活动，也不仅仅是管理工具的定位，创新已成为一项管理职能。

③ 在新经济、新常态下，“人人可创新，事事可创新”，鼓励全员创新，但创新不是点子大王，也不是合理化建议那么简单。如何引导与管理“全员创新”？这也是创新管理要解决的问题。

2. 创新管理的主要内容及方法

（1）企业创新管理组织建设

① 企业“点创新”比较多，相对表层类的创新或者属于改善类活动比较多。比如南昌某企业年年都有创新课题活动，年度获奖的有 12 项经营管理课题成果，这些课题有中肯的问题剖析，有很多好的创新举措，但是这些课题成果发布拿奖以后就没有了下文，没有转化为企业生产力。

② 要改变企业创新随意性强、不成系统、导向性差、事后总结成果、一阵风的局面，围绕战略重点、主导市场、渠道终端，形成整体规划、方向引导、课题申报、过程督导、结果评审、激励兑现、经验分享、持续改进为一体的创新管理机制，赋予创新生命力。

③ 创新是一个系统工程，需要建立一个规范的创新型组织，一个有效的创新型组织需要合理配置各种不同类型的人才。比如产品创新，就需要

市场调研、产品管理、研发流程及其子流程、需求管理中的各种角色，高质量地完成流程中的各种活动。

部分企业创新组织采取“创新工作室”“生产力促进中心”等形式，比如宝钢很早就设立ESI（系统创新部），坚持组织创新、流程再造、信息平台、学习型组织四位一体的建设，其职能主要是：

√ 负责企业的管理诊断及业务流程的优化、重组、再造。

√ 负责企业的组织设计、组织的分工管理。

√ 负责企业的信息系统规划、建设并确定其发展方向。

√ 启动企业系统创新工程，即ESI工程。

（2）企业创新管理机制建设

① 基于企业创新管理机制中的问题，进行针对性的机制建设，确保立马见效。企业在创新机制方面问题总结如表5－17所示。

表5－17　企业创新机制问题及对策

序号	问题特征	机制方案
1	公司目前有创新奖励制度，但力度不够，一般的创新评审金额在300～800元的项目比较多	需要创新激励
	创新项目为公司创造较大效益时，对项目团队或负责人的激励不明确，也导致团队创新工作很难开展	
2	虽然提倡创新，缺乏明确创新方向，不明确就不能确定该不该做，错失了很多机会	创新指南
3	工作强度大，有创新意识，但没时间实践，实际上管理部门对于改善的发动、引导管理方面的经验也不足	创新资源保障机制
4	总部提供一个创新方案，子公司就会问成功率是多少，子公司认为短期收益小，就不会继续考虑这个方案	创新风险与收益机制
	子公司不愿意承担创新风险，一般市场没有的设备技术，或人家从没用过的设备技术，他们就不会去尝试	
5	依靠本部门的力量能完成的创新，我们会去做，有的是跨部门创新项目，就没有部门愿意去推动	创新协同机制

续表

序号	问题特征	机制方案
6	工作中仅仅追求完成部门或者个人业绩指标，安于现状不愿意创新，不想改变做事的思维习惯	创新绩效考核指标
7	公司等级化过于明显，氛围较压抑，缺乏对创新容错与保护机制，这都不利于创新	创新氛围（容错机制、活力机制）
	高层介入创新过程过于频繁，导致员工无所适从或完全按照高层意见开展工作，从而扼杀创新活力。高层完全不参与或参与太少，则难以在创新中充分利用高层的经验，并可能导致创新结果和公司战略不一致	

② 基于以上问题要建立创新系列机制，事实上，为了给员工更多的空间，为了更好地发掘个人的潜力，许多成功的企业都推出了相应的举措，可以借鉴的做法如表 5－18 所示。

表 5－18　企业创新机制管理对标

企业	机制与举措	启示
Google	允许工程师在 20% 的时间里从事自己喜欢的项目或技术工作，这一制度一经实施，就收到了意想不到的出色效果。因为有了 20% 可以自由支配的时间，许多拥有出色创意，但没有时间付诸实施的工程师可以花费自己 20% 的时间，或者说服两三个同事一起在这 20% 的时间内完成某个出色创意的产品原型，然后发布给公司内部的同事使用。结果 Google News 等 Google 引以为豪的许多产品，都是最先由工程师在 20% 的时间内创造出来的	可以设立创新工作室，给出一定时间用于创新工作
3M 公司	有著名的 15% 规则，公司规定每个技术人员最多可用 15% 的工作时间干私活，做个人感兴趣的工作方案，不管方案是否直接有利于公司。当一个人产生一个有希望的构想时，公司组织开发者、营销、生产、法律相关部门组成的风险小组帮助其实现。为了确保员工的创意不被扼杀，3M 公司特别设立创意大奖，旨在为那些被正常报批程序判死刑的创意提供第二次机会	创新提案立项机制
苏宁	拿出 3000 万元，创立互联网创新基金及人才基金	专项基金

续表

企业	机制与举措	启示
华为	创新问题上，要更多地宽容失败。宽容失败也要有具体的评价机制，不是所有的领域都允许大规模的宽容失败；华为“小建议、大奖励；大建议、不鼓励”，可以借鉴到“合理化建议”管理上。华为尊重创新者长期价值回报，曾经出现“离职的产品研发人员回来拿奖金，因为其开发产品经过一段时间在市场上获得成功了	对创新者容错标准；对创新者长期价值的追溯

③ 针对创新管理制度、机制层面问题，结合对标实践，给出如下建议。

• 建立创新型的企业文化，营造创新氛围，在新时代，小人物也可以创造大发明，在腾讯、谷歌这样的企业里，很多创新并不是来自于核心部门核心人才，而是来自于“边缘人物”。

• 基于战略性的大创新不是一蹴而就的事情，必须按照创新项目形式进行，要给予相关资源支持，同时允许试错；对短期不能见效的长期创新项目，要采取一定创新基金给予补贴。

• 对于操作岗位上的员工，特别是制造业，要通过开展“小改小革”“质量QC”等日常改善活动，确保基层全面创新围绕岗位价值创造，不能简单停留在合理化建议上。

• 高层忙于处理各种公司事务，其掌握的技术知识在不断过时，对市场敏感度也不够，这种情况下的过细介入就会给研发团队带来困扰，不能充分调动研发人员的积极性。因此，在专业类的创新活动中，企业高管更多的是支持，不要过多的控制，促进创新活力。

• 根据企业条件设置创新组织，比如创新工作室、创新改善部、生产力促进中心等组织。

• 创新是一项付出智慧的活动，要给予一定的精力投入，根据不同类别采取对应的创新激励措施，同时，对创新中核心技术与产权要做好保护工作。

• 创新意识需要容错机制保护，组织等级化阻碍创新氛围的形成，知识型企业要逐步从等级文化向创新文化演变。

3. 创新管理的注意事项

（1）“专家导向”与“客户导向”

① 创新要基于市场与客户导向，不要有专家情结，那种刻意为创新而创新，为标新立异而创新，或者在原有基础上进行表层的改善视同创新，是企业“幼稚病”的表现。

② 企业技术人员要定期到市场一线，有些企业要求技术人员的1/3时间要在市场上调研，要从市场获得创新灵感，比如金田铜业的老板对技术人员一直强调：

一定要有创新发明，跟上潮流，大胆想、大胆试，要有新作为，不要炒冷饭；创新要从两个方面思考：看最好的竞争对手，看最厉害的技术，走出去、请进来；找设备制造商，这是创新发现的捷径，是道中之道；技术人员尤其是技术权威更要谦逊一些，要有谦虚的态度和坚强的意志，才有创新的信息来源。

③ 企业创新带来的风险，一大部分原因是创新脱离客户，这也就是一直强调“技术商人”，而不是专家思维、个人偏好。谷歌的“创新实验室”就是基于客户导向而诞生的。

谷歌：为了维持正常的成长曲线，需要在每个季度发布10～12个新服务或重大服务改进，必然存在“早发布、常发布和快发布”的压力。但大家都知道，自己所喜爱的项目要赢得共鸣并融到资金的唯一方法，就是把东西放在网络上并取得客户的肯定反馈，这就是“谷歌实验室”诞生的动因。

（2）全员创新与战略创新

① 企业创新要做好分类，对于全员创新的改善项目要“小建议、大奖励，大建议、不奖励”，但企业也需要战略层面的创新，这方面的“问题

及对策”，总结分析如表5－19所示。

表5－19　企业战略层面创新的问题与对策

序号	问题表征	对策
1	“大部分的产品路线和推广方式几乎一致，找一个市场上的成功企业对标，然后低成本迅速复制一款。”	产品创新升级，由模仿到超越
	“同行开发新技术、新产品、新市场，我们观望，看他成功了，挖他的人，打价格战，所以我们是跟随策略，模仿很难超越。”	
2	“公司浅表层次的创新改变较多，为了满足指标，迫不得已做一些非得往创新上靠的工作。”	创新项目化管理
3	“内部创新提案更多追求的是内部改进，没有针对技术创新或者技术攻关的。”	技术创新升级
4	“每年公司外报研发项目较多，但有研发成果的却很少。科技研发项目约50个，实际有成果的与计划的相差较远。”	创新成果鉴定管理
	“创新没有聚焦和压力，实质性的改变却不多，导致创新变成任务，项目比较多，但实际效益比较模糊。”	

② 企业成长中很多战略举措需要通过创新来解决，比如战略BLM模型其中重要的环节是“创新焦点”，包括技术、产品方面的创新，还包括服务创新、业务流程创新、业务模式创新、文化创新与变革、管理模式创新与变革、政策和社区创新等战略创新。

③ 战略创新要纳入公司顶层创新，按照公司级重大项目进行立项，纳入常规项目化运作；对于非战略性创新则强调自主性。

④ 公司级别的创新要基于全流程协同，公司层面的创新不是一个部门就能完成的，更不是一个专家就能完成的，这也就是很多企业“挖”竞争对手专家或技术大拿，但创新效果与预期差距很大的原因。企业老板也很“纠结”，比如研发还要不要继续投入，研发空降兵也考虑是不是要“走人”，其实这些问题的背后是没有基于客户及产品价值链的角度来规划创新。下面的案例就是创新的“全价值链流程化”不足带来的问题。

深圳某企业产品和技术创新的责任就在研发部门。研发部门开发好了产品，生产部门负责制造，营销部门负责推广销售，售后部门负责解决技术问题。这种分工模式下，研发部门研发新产品，但研发以外的部门是被动应对研发部门的创新即可，所以在其职责中基本没有与产品开发相关的工作。比如新产品研发在“中试”阶段，采购部门不能及时找到新材料、新部件，产品研发就遇到瓶颈，产品研发周期无限拉长甚至中途停止。

针对这个案例来分析，研发以外的部门都成为企业创新的瓶颈，新产品研发周期长、新产品市场销量提升不了，导致部门之间相互抱怨。正确的做法应该从市场销售部门开始，要把市场需求信息变化带给研发部门，售后部门应该把客户抱怨的问题带给研发部门，当然研发部门可以与销售部门一起走访大客户，形成市场经理、研发经理、交付经理“铁三角，采购部门要拓宽采购渠道，密切关注上游供应商的产品创新，生产部门要配合研发部门“试生产”，形成全流程协同创新流程。

（3）创新意识与创新执行

① 创新不是一项运动，创新是企业一项重要的管理职能，创新是企业战略举措成功的重要因素，创新也是一种企业文化，因此创新管理要上升到创新文化管理。

② 创新活动起于创新意识，没有创新意识就没有创造性活动，创新意识是一种求变意识，“穷则变，变则通，通则久”，创新意识主要有好奇心、求知欲、怀疑感、创造需求、思维独立性与创造性思维所组成，产品创新、技术创新、体制创新、制度创新、管理创新都离不开创新意识。

③ 创新执行力是创新成败的关键，想点子人人都会，谁能把点子变成业绩，变成成果，谁才是真正的创新者。有了创新意识与执行力，就会自觉在以前的工作方法、工作习惯的基础上多问几个为什么，想出一些新方法，做一下改变，就可能取得意想不到的结果。

④ 处理好传承与创新的关系，创新工作不能运动化，也不能随便就喊

“颠覆”，要在传承的基础上去创新。对此，华为坚持“要继承前人成功的经验，只有继承才能进一步发展，华为长期坚持的战略，是基于鲜花插在牛粪上的战略，从不离开传统去盲目创新”。

⑤ 创新不是一蹴而就的事情，对战略性创新项目需要聚焦与长期定力，要有项目计划控制表，需要定期组织项目进度述职及通报会，需要纳入长期绩效考核。

⑥ 建立创新工作台账，对创新建议及提案归口管理，定期通报已结案的创新项目数，对半途而废的创新项目要进行专题分析。

（4）创新风险与创新收益

① 创新对企业成长很重要，但是创新也是“双刃剑”，一方面带来企业的进步；另一方面，也会给企业带来较大的风险。下面以企业的实际案例或者观点进行说明，如表5－20所示。

表5－20　创新风险与创新收益的对比

序号	特征	结果
1	“基于战略新产品开发，以及改进需要一个过程，存在风险，目前考核机制使得研发人员将更多力量集中在装备引进和改进等见效快的方面，公司核心竞争力导向不足。”	该企业历史比较长，规模也是第一，但产品采取跟随策略，产品档次不高，同质化竞争比较激烈，高端市场打不开，大客户门槛跨不过去，比自己起步晚的企业现在反而超越自己了
2	风险管理在业内做得不错，也是长期稳健经营的保证，但是也由此形成“厌恶风险”的文化基因，有时过于保守	该企业因为过于保守，错过了一些发展机会，或者制约了企业创新与发展
3	早期华为招了很多高才生，大家都有技术情结，都想在华为搞一个全世界都没有的东西	在这方面，华为花了不少学费，走了很多弯路，因此华为认为人人都喊创新，则是企业集体唱“葬歌”

② 从表5－20可以看出，企业如何把握“风险”与“收益”平衡是非常重要的。企业没有技术领先就没有优势，但只有在贴近客户需求上，比对手领先半步就可以，也就是所谓的“领先一步是先烈，领先半步是英雄”。

企业不是学术研究机构，企业没有足够的资金去做超长期没有结果的研究，即使华为10%以上的研发投入，也一直反对在技术上进行盲目创新。

六、复盘管理

1. 复盘的价值

复盘是象棋术语，也称“复局”，指对局完毕后，复演该盘棋的记录，以检查对局中招法的优劣与得失所在。通过复盘，当类似的局面出现的时候，能够知道如何去应对，同时找到多种应对方法，对以前没有出现的状况，更加敏感地预见下一步动作，提前看到“三步棋”。复盘是一个不断学习、总结、反思、提炼和持续提高的过程。

复盘用到企业管理，就是为了以后工作中不要再犯同样的错误，对成功经验进行有效传承，通过复盘思考与全过程总结，让成功经验变成技能，让失败变成有意义的“交学费”，找到其中的规律，固化形成流程。

2. 复盘的应用

复盘要坚持想明白再承诺，但承诺就必须兑现，要站在公司利益的角度，拥有敢于自我批判、敢为天下先的精神，坚持持续改进。复盘常用在战略复盘、文化复盘等管理模块，在行动学习与头脑风暴中可以嫁接复盘工具，在研讨中吸纳群体智慧。

每个岗位在日常工作中，事情完成后就应该及时复盘，针对不足采取改进措施，真正做到“日清日结、日清日高”；针对战略类大项目或者跨部门关键事项，要配合关键节点进行阶段性复盘，比如月底绩效检讨会、季度绩效检讨会、年终述职报告会，通过过程关键节点复盘及时纠偏不正确的举措；对公司级大项目或战略关键任务项，要在项目结案后进行全面复盘，总结成功经验与失败教训。

3. 复盘程序

复盘基于事实真相、内容和找原因、改进和提高、反思和自我剖析，最终找到本质和规律，如表5－21所示。

表5－21　复盘落地步骤及主题

步骤	内容
回顾目标	当初的目的或期望的结果是什么？要达成的阶段性目标值与里程碑节点是什么？
评估结果	与原来目标值对比存在什么差距？阶段性目标值达成存在什么差距？
分析原因	成功经验及其背后的成功要素是什么？失败教训及背后的原因是什么？
总结规律	经过深思熟虑的结论是什么，对未来的启发是什么？下一步行动计划是什么？

4. 问题管理＋复盘管理

从问题管理（问题发现、原因分析、方案制定、计划实施）出发，再到复盘管理程序，具体步骤如表5－22所示。

表5－22　基于问题管理的复盘管理

步骤	涉及主题
问题界定	1. 问题或机会是什么？ 2. 你的问题与机会涉及的范围是什么？ 3. 这些问题或机会主要衡量指标是什么？ 4. 指标的现状和目标值是什么？
原因分析	5. 影响目标实现的业务关键环节是什么？ 6. 影响关键环节的根源因素是什么？
方案制定	7. 你的最佳方案是什么？ 8. 方案的风险与规避策略是什么？
计划实施	9. 具体实施计划和实施关键监控点是什么？
复盘环节	10. 最终结果如何？（进入复盘程序）

七、闭环管理

1. 重新认识闭环管理的意义

PDCA工具最早起源于贝尔实验室，是休哈特博士提出的最早使用的管理工具，后来被戴明带去日本，被丰田普及。

闭环管理确保工作质量，做事彻底，不让问题重复发生，它是全面质量管理所应遵循的科学程序。全面质量管理活动的全部过程，就是质量计划的制定和组织实现的过程，这个过程就是按照 PDCA 循环，不停顿地周而复始地运转的。

企业以“会议落实会议”的现象，部分民营企业也是如此，管理者如赶场的明星，经常同时要开几个会议。按照经验来判断，企业如果严格落实闭环管理原则，企业一半的会议可以不开，或者会议时间不会很长。

2. 闭环管理要上升到管理基本原则

闭环管理是基于目标导向和结果导向，将过程与结果统一，对每一次结果进行总结、迭代到下一次闭环，实现持续改进，如海尔强调日常工作“日清日落、日清日高”，意味着凡事要善始善终，必须坚持 PDCA 循环原则，而且要螺旋上升。在企业经营管理活动中，按照计划、执行（实施策略与要求）、检查考核、总结改进，减少结果与目标之间的偏差，减少问题重复发生。

3. 闭环管理应用

（1）闭环管理适用全部经营管理领域

首先看管理定义，管理就是“决策、计划、组织、领导、协调、控制”等闭环职能链条，在业务管理系统、绩效监控系统、财务管控系统、管理报告系统、例会系统等领域都用到闭环。同时，本节 5 大工具应用中都离不开闭环管理。

（2）顶层设计中用到闭环管理

① 战略 PDCA 全过程闭环管理，以战略规划体系的建立和实施推进全过程、立体式战略管理。所谓全过程的战略管理，指在确立战略愿景、开展战略分析的基础上，进行战略制定（P）、战略实施（D）、战略评估（C）、战略改进（A）的循环过程，同时以滚动预算建立规范的 PDCA 循环为基础，以进一步推进规划的有效运行。

② 职责闭环编制，各部门或岗位职责，特别是管理部门，其岗位职责的描述，要按照闭环原则选择对应的词汇。

计划（Plan）：规划、计划、方案、诊断报告、可行性分析报告、调研……比如负责生产计划编制、战略可行性报告分析等。

执行（Do）：实施方案、项目实施、组织资源、课题攻关、活动开展、试验、推广……比如负责战略实施方案编写等。

检查（Check）：监督、指导、分解、评审、考察、考核、评价、信息收集处置、监控……比如监督各部门问题整改情况等。

处置（Action）：改进、改善、提升、校正、纠偏、修正……比如负责工艺改进、改善产品质量等。

③ 这里再导入5W3H闭环管理工具，“5W3H + PDCA”双闭环管理工具结合起来应用使用效果更好，特别是关键任务包的计划分配，其闭环管理效率明显提升。

④ 该工具从“任务定义、任务分工与协同需求、任务检查标准、任务结果考核与改善”形成完整的闭环，用在战略关键任务项考核也是通用的，这里介绍下5W3H工具。

- 工作任务（What）：工作内容与工作量及工作要求与目标。
- 做事目的（Why）：这件事情是否有必要（我亲自）去做，或做这件事情的目的意图是什么。
- 组织分工（Who）：这件事由谁或哪些人去做，他们分别承担什么工作任务。
- 工作切入点（Where）：从哪里开始入手，按什么路径（程序步骤）开展下去，到哪里终止。
- 工作进程（When）：工作程序步骤对应的工作日程与安排（包括时间预算）。
- 方法工具（How）：完成工作所需用到的工具及关键环节策划布置（工作方案的核心）。
- 工作资源（How much）：完成工作需哪些资源与条件，分别需要多少。
- 工作结果（How do you feel）：工作结果预测，以及对别人的影响与别人的评价或感受。

⑤ 针对企业“计划编制目的模糊、计划支出体系薄弱、计划闭门造车、计划执行缺少工具、计划执行缺少资源、计划闭路循环、计划编制各自为政、计划决策者不作为”的问题，根据以上定义及原则，开发出日常通用的任务计划分配表、任务闭环跟踪表，如表 5 - 23、5 - 24 所示。

表 5 - 23　任务计划分配表

任务 (What，Why，Where)	计划进度 (When)					组织分工 (Who)		措施 (How)	资源 (How much)
关键任务事项 (不含常规事项及例外安排事项)	第一周	第二周	第三周	第四周	第五周	负责人	参与人	完成计划方法或手段	需要权利、资金、人力资源等支持
数字化小组成立及分工									各部门负责人支持

表 5 - 24　任务闭环跟踪表

任务 (What，Why，Where)	检查 (How feel 或 Check)			评价与提升 (Action)		
关键任务事项 (不含常规事项及例外安排事项)	被评价部门	验收时间	验收标准	输出结果形式	结果评价 (优、中、差)	未完成事项或改进点
数字化营销数据库构建	营销部	4 日	随机抽查合格	PPT 及匹配表	中	需要优化模板

⑥ 推行制度闭环管理，制度条款不需要过多的约束条款，需要更多的检查执行条款，制度闭环执行才是制度的生命。以德胜公司为例，凡德胜公司的制度，都有详细的、可操作的实施执行细则和监督检查程序。特别是监督检查程序，更是制度执行中的重中之重。

第六章

为成长注入良性文化基因

一、顶层设计

1. 顶层设计破解四大文化命题

(1) 企业成长烦恼的背后是文化问题

企业面临许多成长中的问题或烦恼，其问题的背后是价值主张不清晰，因此“问题背后的问题”是文化基因，以华为案例说明。

案例

华为工资改革困惑引发的理念需求

在1995年前后，华为发展到千人规模，该怎么给他们确定工资？这是令人头疼的事情，为此，华为成立了工资改革领导小组，专门有考评办来设计员工薪酬。但接下来大家对考评办所设计的工资标准并不买账，为此，市场部免掉了两任考评办主任。第三任考评办主任只好求助人大教授，结果就有了《华为基本法》的诞生。在《华为基本法》明确“价值创造、价值评估、价值分配”基本原则，后面考核就有了可指导的原则与参照依据。

因此，企业成长中很多问题需要最根本的判断准则，需要从顶层设计企业事业信条或哲学，正如IBM创始人小托马斯·沃森指出：

分析任何一家存在了多年的大企业，我相信你都会发现他的适应性不是归功于组织形式和管理技巧，而是归功于我们称之为“信条”的力量，以及它们所产生的对于员工的巨大凝聚力。为了生存和取得成功，任何一家企业首先要建立一套完整的信条作为所有政策和行动的前提。接下来，我们认为企业取得成功的最重要的单一因素就是要忠诚地拥护这些信条。

（2）企业成长中达不成共识是文化问题

企业家与中高层对未来发展尚未完成系统思考，上下达不成共识，只能靠无休止的开会协调，正如《一江春水向东流》（2011 年，任正非）专门提及：

1997 年，公司内部的思想混乱，主义林立，各路诸侯都显示出他们的实力，公司往何处去，不得要领。我请人民大学的教授一起讨论一个“基本法”，用于集合大家发散的思维，上上下下的讨论，不知不觉中“春秋战国”就无声无息了。

因此，成长企业没有明确的企业使命与愿景，企业管理者对未来能否持续成功及成功感到迷茫；在各种机会与诱惑面前，战略出现摇摆，战略缺乏定力，战略执行力差；没有明确的核心价值观，对同一个人或一件事，由于价值立场和标准的不一致而产生截然相反的观点和看法。大量空降部队有着不同的价值立场，难以达成共识，内部沟通交易成本高，内部难以依据价值观来协同，来处理矛盾与分歧。

（3）企业成长中组织凝聚力不足是文化问题

任何企业、任何阶段都有文化基因，但是创业期自然形成的文化在某种程度上是老板的个人文化，因为没有梳理形成清晰的价值判断标准，大家都去揣摩老板的心思，按照自己的理解去做人做事，老员工跟着老板时间长，对老板“意图”理解相对准确，他们不断通过老板的过往故事，将老板的“偏好”告诉新员工。随着企业新员工增加，这种“口口相传”的方式，导致企业优秀文化得不到传承，企业文化对企业经营管理活动影响较弱，形成不了文化力。

这里值得称赞的是阳光保险，2005 年创建之初，领导层经过反复思考自身价值主张和成长法则，获得执照仅半个月后，就召开了阳光文化宣导大会，提出了“集众家之长，取自我之道；聚业内人才，纳业外贤士；高起点组建，远战略发展；风雨中做事，阳光下做人；走精英之路，创阳光品牌”的50字箴言，发布了企业准则《阳光之道》。

（4）企业成长中的变革阻力是文化问题

缺乏理念支持的变革要么不彻底，要么阻力重重，在企业变革中表面上是利益调整的矛盾，深层次是文化融合问题，这里仍以阳光保险文化顶层设计为例：

① 文化与战略融合问题。公司“三大战略”实施和“三个阳光”的提出，公司内外部环境发生了显著变化。因此，阳光文化原有的理念体系需要进一步升级或者赋予新的内涵，形成阳光文化新的文化理念体系，保证阳光文化的引领作用，为实现公司战略保驾护航。

② 母子文化融合问题。经过近十年的发展，公司从单体企业发展为多元化产业集团。显然，过去的文化理念内涵或外延不足以涵盖目前及未来的多业态。需要对企业文化体系进行系统架构、分项设计，做到集团文化融合子公司文化的同时，又兼顾到各子公司文化适合自身业态特色。

因此，文化顶层设计需要将主流文化与亚文化、多元文化整合、融合，最后形成企业内大多数人认同的强势价值观体系，并成为一致的行为方式的判断标准和意识导向。

2. 文化顶层设计的基本思路

（1）基于专业导向的顶层设计

德鲁克认为：“管理是一门科学，一种系统化的并到处适用的知识；同时管理也是一种文化。”按照德鲁克观点，通俗地讲，文化是管理，管理是文化。企业管理由经验管理、科学管理到文化管理的升级，企业文化管理是更高阶段的管理模式，如华为任正非指出：

> 公司慢慢大了以后，管理很重要，必须高效、职业化。公司再大的时候企业文化就变得很重要了，因为管理无法做到全员管理，唯一企业文化可以做到全员管理。

因此，企业文化管理与战略管理一样，需要中长期建设规划、组织保障、人才保障、资源保障。

（2）基于企业文化与绩效相关的认知

企业文化缘起日本企业绩效显著超越美国企业绩效的原因探究。因此，企业文化天生与绩效高度相关。优秀的企业文化一定依靠卓越的经营绩效来验证。反过来，企业成长缺乏优秀文化的支撑，即使其取得了可观的经营绩效，也可能只是暂时的。因此，也可以说企业文化是长期绩效、永续经营的保障。

企业文化顶层设计要考虑影响绩效的文化有哪些？同时，企业业绩要考核管理，企业文化也需要考核管理，要建立企业文化建设考评体系，需要基于价值观行为考核，切实让“文化”立起来、用起来，真正支持经营管理提升。

（3）基于企业文化四层次构成的理解

按照霍夫斯塔德《跨越合作的障碍：多元文化与管理》对社会文化四个层次的划分，企业文化也可以分为四个层次。

理念文化：是指在企业生产经营活动中的一套核心价值主张，包括核心理念（企业使命、企业愿景、核心价值观、企业精神等）、基本理念（经营理念、管理理念等），集中反映企业的价值主张，需要顶层设计，其特征是软约束。

制度文化：是指基于企业理念的一系列经营管理制度，制度特征是硬约束。因此，制度一开始是强制性的，一旦变成全员共识与自觉的习惯，硬约束降低，就成为制度文化。

行为文化：是指基于企业理念的全员行为方式。其中，“负向行为清单”需要严格管理进行约束，“正向行为清单”更多依靠引导机制进行鼓励，如华为所说的，“让好人不吃亏，让坏人不得志”，全员形成自觉的行为习惯，就成了行为文化。

物质文化：是以物质形态存在的表层文化，如企业文化墙、企业标识、企业广告、产品包装与设计等。比如当提及“精益”这个词，它属于理念，当它被做成标牌挂在墙上时，这个标牌就属于物质文化；精益生产制度条款属于制度文化，而对应的精益管理制度手册则属于物质文化。

因此，企业文化顶层设计核心内容要包括四大层次，同时这四大层次不是并联关系，要以理念为导向，融合企业经营管理，构建理念制度化、理念行为化、理念物质化体系，如表6－1所示。

表6－1　企业文化顶层设计框架（完整版）

一级模块	二级模块	三级模块
1. 理念梳理	1－1 企业里程碑事件与优秀文化元素提炼	
	1－2 企业家思想与先进文化对比研究	
	1－3 企业领导风格与员工文化诉求分析	
	1－4 区域文化与板块文化差异化分析	
	1－5 现实问题背后的文化归因	
	1－6 战略及组织变革对文化元素的需求分析	
2. 理念设计	2－1 理念结构推导	2－1－1 标杆企业理念结构研究
		2－1－2 行业文化理念结构研究
		2－1－3 企业战略重大命题梳理
	2－2 理念内涵及关键词推导	2－2－1 历史优秀文化传承
		2－2－2 现实不良文化修正
		2－2－3 未来创新文化导入
		2－2－4 组织群体文化诉求
		2－2－5 文化变革融合需求
		2－2－6 标杆企业文化借鉴
	2－3 理念表达与重塑	2－3－1 企业家思想表达研究
		2－3－2 行业及企业语言研究
		2－3－3 标杆企业理念表达规律
3. 理念共识	3－1 理念提案意见征集	
	3－2 理念大纲写作	
	3－3 理念大纲研讨	
	3－4 理念大纲发布	

续表

一级模块	二级模块	三级模块
4. 理念落地	4－1 文化组织建设	
	4－2 文化建设规划	
	4－3 文化认知管理	
	4－4 文化认同管理	
	4－5 文化行动管理	

关键步骤说明：

① 理念梳理。通过访谈面谈、问卷调查、研讨会、培训讲座，对企业成功经验进行总结，对存在问题及对标分析，初步明确需要继承的文化因子，需要扬弃文化因子、需要引进外部文化因子。

② 理念结构推导。一般可以从核心理念与基本理念搭建。

A. 核心价值观：愿景、使命、企业哲学、核心理念、企业精神等。

B. 战略思维：业务选择方向、成长逻辑、优势及核心能力定位等。

C. 组织规划：架构设计思想、流程理念、管理体系、议事规则、管控模式等。

D. 人力资源政策：人才开发理念、用人原则、考核导向、激励政策等。

E. 行为准则：沟通方式、合作意识、自我要求、学习意识、工作作风及习惯等。

③ 文化组织建设。企业文化组织管理职能完善方案，形成文化管理团队建设方案；遵循“统一部署、协同联动、全员参与、共同建设”的原则，构建以公司决策层为主导，以公司各单位（公司各部室、各分子公司）为责任主体和实践单元的协同联动机制，构建纵向贯通、横向协同、覆盖全面的企业文化落地管理体系，使各责任主体都能积极发挥作用，确保企业文化落地实践工作取得成效。

④ 文化认知管理。做到“认知”，也就是全员对企业文化三大标准（理念标准、行为标准、管理标准）进行认知并深刻理解，具体措施包括

培训、转训、传播等认知活动、员工学习企业文化方案，同时配套企业文化活动、程序管理。

⑤ 文化认同管理。做到“认同”，就是要完善企业文化考核评价和激励方案，通过文化管理机制牵引，让遵守企业文化的员工能提升公司绩效的同时，员工个人也能得到公司给予更多的发展机会或认可，具体可以通过人力资源政策的匹配（如岗位升迁与企业文化挂钩等）。

⑥ 文化行动管理。做到全员“行动”，就是通过理念行为化开发，并通过具体案例演示，实现行为相互学习、持续改进。不断固化形成企业行动纲领与行为标准；与企业的管理改进、提升活动结合在一起，与能力提高、员工个人行为改善结合在一起。其中，企业文化落地的重点在于推动各部门、各机构结合本单位实际情况，对比“文化理念”中的内容，提出改进方案。

二、文化基因再造

1. 整体思路及方法

（1）基于过去经验的文化传承与扬弃

企业成长过程中，一方面，企业优秀的做法与最优实践得不到系统总结、提炼与升华，大家对企业过往为什么成功看法不一，没有形成优秀的文化传承与共识；另一方面，许多管理者习惯于成功经验，缺乏自我批判与创新精神，在管理变革与提升中表现为“文化惯性”。

因此，基于现实，对过去的成功经验一方面需要传承；另一方面需要走出成功经验陷阱，做到文化基因传承与扬弃并举。通过企业文化诊断、学习和讨论，进行文化解冻，激发求变欲望；系统梳理企业发展脉络，总结以往的成功经验，以及成功经验发挥作用的约束条件。

（2）基于现实问题的文化诊断与修正

基于企业文化诊断，深入分析企业经营管理中存在的主要问题及问题与行为方式、思维方式、背后的价值观念的相关性，确认问题产生的原因及解决问题的方式，形成新的价值主张与处理问题的基本原则，纠正目前不合适的理念及相关举措。

（3）基于未来战略的文化诉求与创新

分析战略实现所需的文化要求，确认现实文化状态与战略实现所需文化状态的差距；同时系统研究标杆企业和竞争对手的企业文化，挖掘其文化中可供借鉴的优秀部分，构成文化新的元素。

基于未来的事业，要充分满足利益相关者的文化诉求，由老板个人文化到全员的文化、对外开放合作的文化，增强文化张力。

2. 优秀文化传承与问题文化修正

（1）文化顶层梳理维度

理念是日常行为判断与选择标准，企业文化的核心是理念，一切由理念出发，但理念本身看不见、摸不着，必须通过经营管理制度与全员行为“深挖”，才能梳理出相关的理念元素。

根据华夏基石的方法，企业理念一般是在“重大事件”中更容易被发现，这些“重大事件”一般体现如表6－2所示。

表6－2　企业优秀文化梳理的维度

<table>
<tr><th>梳理场景及判断标准</th><th>推导</th><th>结论</th></tr>
<tr><td>1. 公司发展历程中决定走向的重大里程碑事件或重大决策点，所采取制度机制及行为表现（PEST＋SWOT）</td><td rowspan="4">文化归因：由制度与行为推导出的理念</td><td rowspan="6">一、理念（按照核心理念与基本理念归类）：场景及对应制度举措、行为举措
二、传承文化
三、变革文化
四、灰度文化</td></tr>
<tr><td>2. 公司业绩成长跳跃点，采取重大决策措施与行为表现</td></tr>
<tr><td>3. 公司关键成功要素，对应制度与行为（由平衡记分卡推导）</td></tr>
<tr><td>4. 公司标杆人物或事迹、外部荣誉奖项：对应制度与行为</td></tr>
<tr><td>5. 对未来核心能力的影响：支持/失效/阻碍（定量问卷）</td><td rowspan="2">传承/灰度/变革</td></tr>
<tr><td>6. 对现在及未来绩效的影响：支持/失效/阻碍（定量问卷）</td></tr>
</table>

（2）理念梳理后按照标准分类

按照表6－2的1～4项的“关键事件”梳理出匹配的理念后，再基于5～6项进行判断与分类，主要基于是否“支持未来核心能力形成”“现在与未来绩效”两个判断标准进行分类，具体按照“可传承的文化”“需要变革的文化”“需要灰度处理文化”进行分类。

传承文化：基于企业的现在与未来，过去的成功经验与优秀文化还继续发挥作用的部分，需要传承与发扬。

变革文化：基于企业的现在与未来，有些文化已经失效、造成现实问题矛盾或者阻碍企业未来发展，则需要修正与变革。

灰度文化：基于企业的现在与未来，有些文化一部分失效但同时一部分继续有用，则需要把握“度”的平衡，不走两个极端，比如企业短期导向与长期导向平衡的问题。

成长企业在生存期，必须关注“业绩”才能活下来，但是也留下了“短期导向”的文化烙印，以业绩论英雄，过度关注短期目标达成。因此，长远战略性行为或者是未来才能够产生业绩和效益的行为，因为短期很难见效，所以往往被忽视。

（3）基于经营管理活动中提炼文化的步骤

企业文化产生的必要条件在于企业成员在相当长的一段时间里保持相互间交往，无论从事何种经营活动均获得相当的“成就”。这种“成就”促使大家对类似场景下的决策会自觉遵守这些“判断标准”，当他们在处理所遇到的问题时，不断重复使用的这些解决问题“基本准则”，通过长期应用这些“准则”都取得了成就，就会产生全员的“信条”，长期不断重复，不断产生效果，就形成全员思维与行为习惯，这就形成了企业文化。

因此，基于经营管理行为推导文化元素，要按照“基于场景假设的策略与行为、取得成就、成为信条”这一逻辑出发，深挖这些场景下的文化元素，如表6-3所示。

表6-3 基于经营管理行为推导的文化元素

场景假设 在关键时期采用某种经营策略	**策略或行为** 员工执行该种策略行动	**取得成果** 取得一定业绩，并长时期保持	**成为信条** 出现了相关经营信条，变成企业经典故事	**企业文化继承发扬** 通过制度固化，通过价值观选人、奖惩、老员工引导，新员工也接受这些思维与行为方式
客户投诉	在客户现场驻点，24小时为客户近距离服务	客户一开始不满意，通过服务增强体验，继续合作	客户服务体验比产品质量更重要	
出现重大工作失误	马上汇报上级，并采取应急措施，事后主动要求降薪	因为及时汇报，损失降到最低，对该员工减免处罚	出现差错要及时采取措施进行补救，并敢于担责任	

（4）基于创业者行为中提炼文化的步骤

上面提及的是，通过企业经营管理活动中取得大家有目共睹的“成就”促进企业文化的形成，在企业成长的实践中，企业小的时候没有那么多经营管理决策需要员工参与，企业员工更多的是在日常工作行为中取得“成就”，促进企业文化的形成。

在企业早期，企业文化是不成文的，企业有无形的价值观主导员工的思维与行为方式，但这些价值观写不出来，甚至也说不出来，大家很少公开讨论这些隐藏的价值观，但老员工在日常工作行为中表现得淋漓尽致，更多时候以一个个成功的案例故事表现出来。因此，早期的文化更多是“做出来”了，“我不知道价值观是什么，但我一直就是这么做的，大家也认同，老板也认可”。

因此，基于日常行为推导文化元素，按照“基于场景假设的策略与行为、取得成就或嘉奖、成为信条”这一逻辑出发，深挖这些场景下的文化元素，如表6-4所示。

表6－4　基于日常行为推导的文化元素

<table>
<tr><td>场景假设
面临矛盾冲突进行决策</td><td>策略或行为
领导或者员工实际采取行为选择</td><td>得到成就或公司嘉奖
领导认同或者奖励</td><td>成为信条
员工强化被鼓励的行为与思维方式</td><td rowspan="3">企业文化继承发扬
成为领导决策模式、员工行为模式，优秀文化加工形成《企业家思想》</td></tr>
<tr><td>生产任务急，需要加班</td><td>加班</td><td>该员工得到表扬</td><td>在企业一定要敬业，不会吃亏</td></tr>
<tr><td>上级命令是错误的</td><td>及时沟通提醒上级，让上级撤销指令</td><td>该员工得到上级重点培养</td><td>对上级指令要充分思考，不盲目执行</td></tr>
</table>

（5）优秀文化传承

按照上述步骤梳理文化理念，按照表6－5进行汇总，对梳理理念对未来核心能力、企业经营绩效继续发挥作用的予以传承。

表6－5　优秀文化梳理表

场景	理念	决策措施	制度举措	行为表现
重大里程碑事件				
过去核心能力高度相关				
过去绩效高度相关				
未来核心能力高度相关				
未来绩效高度相关				

（6）问题文化修正

① 对问题文化修正，基本方法与优秀文化梳理原理基本一样，一般来说，企业问题文化诊断要寻找问题背后的“问题”，也就是文化归因（理念）。下面直接给出案例进行说明，如表6－6所示。

表6－6　问题文化修正

问题	问题解决需要理念
1. 欠缺客户至上意识	主动服务、规范服务、高效服务、快速响应

续表

问题	问题解决需要理念
2. 对外服务水平不稳定且不一致	对标学习、统一规范
3. 客户定义及需求不清晰	尊重顾客、精准服务、创新服务
4. 未形成大一统服务品牌	品牌营销、整合营销
5. 需要构建全员服务价值链	全员营销、服务协同、追求卓越
6. 员工发展需要机会公平	起点公平、公正透明、尊重个人
7. 员工需要全面发展机制	人才经营、PDCA
8. 需要人才开发意识	人才第一、人才经营
9. 与供应商合作需要规范高效	规范运作、追求卓越、快速响应
10. 外部合作需要价值共创	价值共创、快速响应、追求卓越
11. 子公司需要高效执行意识	规范管理、快速响应、稳健经营
12. 总部管控需要专业高效意识	客户导向、市场导向、服务为本、管理协同
13. 部门之间需要高效协同意识	主动合作、互为客户、规范合作
14. 组织沟通需要透明高效	信息共享、沟通无界、相互关心、主动高效
15. 员工需要主动进取工作精神	敬业爱岗、积极奉献、积极求胜

② 企业文化诊断要基于文化结构进行，比如从现有制度、现实组织行为、个人行为进行诊断，这样更全面。

3. 基于战略的文化推导

根据战略的文化推导可以采用两种方法：一种是按照战略报告关键词排序进行确定；另一种方法是按照战略报告重大策略进行演绎，下面给出具体案例，如表6－7、表6－8所示。

表6－7　基于商业模式的文化元素推导

序号	维度	商业模式转型	文化元素
1	客户结构	小客户群体到大客户转变，对品质要求更高	品质意识
2	价值主张	做别人不做的到做别人不能做的，需要差异化	创新意识
3	渠道通路	由贸易商代理渠道到扩大自营渠道	专业服务

续表

序号	维度	商业模式转型	文化元素
4	客户关系	原来客户群体大，国外客户多，加上贸易商重视价格，未来大客户多，需要客户体验	客户导向
5	收入来源	不依靠价格战，而是依靠提供高附加值服务	创新意识
6	核心资源	业务扩张，产融一体化，需要更多准企业家	人才资本
7	关键业务	要聚焦产业发展，坚持专业专注做精品	专业专注
8	重要合作	产业集中化合作，需要打造产业生态	共创共享
9	成本结构	做大批量产品，需要实现全系统成本最优，在不牺牲品质的情况下，实现可持续降低成本	精益意识

表6－8　基于战略规划的文化元素推导

序号	维度	商业模式转型	文化元素
1	人力资源规划	基于市场化，实现管理人员能上能下	市场导向
		畅通员工正常流动和退出渠道	竞争意识
		完善工资效益同向联动的工资总额决定机制，建立以岗位价值为基础、以绩效和市场为导向的一体化薪酬体系，薪酬改革需要法治意识、绩效导向、稳健意识	市场导向 共创共享 价值导向 绩效导向
2	略		

4. 各方文化融合诉求与融合

企业在成长过程中，事业扩张带来的不同背景的员工文化融合、国际化与跨文化融合、业务多元化与文化整合等问题，必须重新塑造满足利益相关方文化诉求。

（1）员工的文化诉求

根据问卷调查、员工研讨会、文化评估模型，对大部分文化诉求进行分析梳理，比如通过“奎因模型”来推导，如表6－9所示。

表 6－9　员工对企业文化的诉求

<table>
<tr><th>维度</th><th>现状</th><th>现状方向</th><th>期望</th><th>期望方向</th></tr>
<tr><td>主导特征</td><td>企业注重工作的完成和工作结果，员工也看重竞争和成就</td><td rowspan="3">市场绩效</td><td>企业像一个大家庭，员工们能够同甘共苦</td><td rowspan="5">团队支持</td></tr>
<tr><td>员工管理</td><td>高度竞争、高要求、高成果是公司管理中的特点</td><td>企业管理是以团队参与管理和取得共识为主</td></tr>
<tr><td>领导风格</td><td>领导是实际主义者，干劲十足、只问工作结果</td><td>企业领导是员工的导师、看护者或促进者</td></tr>
<tr><td>组织凝聚</td><td>凝聚力来自于正式的规定和政策，保持组织稳健运行非常重要</td><td>层级规范</td><td>忠诚和相互信任是企业凝聚力的来源，员工能够承担义务</td></tr>
<tr><td>战略重点</td><td>强调竞争性行动和成就，最重要的是达到目标和在市场中获胜</td><td rowspan="2">市场绩效</td><td>重视人员的发展、高度信任、开放和持续参与</td></tr>
<tr><td>成功准则</td><td>成功就是公司在市场上获胜和超过竞争对手，成为市场竞争的领导者对公司来说至关重要</td><td>成功意味着公司有最新或独特的技术和产品，公司是技术和产品的领导者与创新者</td><td>创新变革</td></tr>
</table>

（2）企业家思想植入

根据企业家讲话材料、企业家访谈等渠道，对企业家讲话按照专业模块进行分类梳理，如表 6－10 所示。

表 6－10　企业家思想提炼示例

企业家讲话	理念	归属
以诚信为立人、立业、立德之本，诚信不仅是工作的基础和前提，更是我们的思想境界及品质体现。对外部伙伴以诚信赢得口碑；对内坚持公平、公正的人力资源政策，及时兑现员工相关利益承诺，赢得员工信赖	诚信	核心价值观
要把“精益”的理念深度根植于每个人的心中，落实到具体的行动中，体现在每一个环节中，要专注成本下降、效率提升、交期缩短，不断提升生产的应变能力。要做好原材料采购文章，要“走出去”做好市场考察，开辟优质供应渠道；提升专业技能，保障生产需求，会算账、算好账，做到斤斤计较、分毫必争	精益	生产理念

5. 理念设计

（1）确定理念结构

这里所说的企业文化理念结构，一般包括核心理念与基本理念两大维度，在核心理念部分直接采用一级结构，具体包含企业使命、企业愿景、核心价值观；基本理念部分则因企业而异，一般采用两级结构（如海尔），少部分企业采用三级结构（如华为）。

对于基本理念的一级结构，一般基于企业核心能力、价值链及重要管控环节进行设置，如华为基本理念一级结构包括经营政策（价值链）、组织政策与人力资源政策（核心能力）、基本控制政策（重要管控环节）；对于二级结构，则对应一级结构并按照专业职能或重要度进行细分，如华为人力资源政策对应的二级结构，包括人力资源管理准则、员工的义务与权利、考核与评价，是基于重要度来细分；当然有些企业则按照选、用、育、留设置，是基于人力资源管理的专业环节来细分。在实际操作中，一般借鉴华为范式的基础上进行简化处理，按此原则举例，如表6－11所示。

表6－11　企业文化理念结构（珀莱雅化妆品为例）

一级结构	二级结构	理由
核心理念	企业使命、企业愿景、企业核心价值观、企业精神	基于事业理论三大命题
经营理念	经营定位、研发设计、市场营销、产品制造、环境保护、市场采购、电子商务、客户服务	基于公司价值链的八大环节
管控理念	战略管控、组织管控、人力资源、质量管控、风险管控、信息化、内部审计	基于管控效率与风险的八大专业

（2）理念文化元素关键词确定

根据华夏基石方法论，企业文化理念先根据不同维度提取理念核心元素（关键词）并排序，从中选取适合的方案（对于多业态企业，核心理念要统一，对各板块的理念可以通过经营理念体现，或者由各板块依据核心理念进行自主制定），如表6－12所示。

表 6－12　核心价值观关键词

提取维度	关键词	前三位的关键词
传承元素		
完善元素		
提升元素		
期望元素		
结合以上维度，进行汇总排序		

（3）理念内涵诠释

根据华夏基石的观点，企业文化理念内容表达不同于广告语，一般追求原汁原味，不需要任何人工添加，要 100% 的真实，只有真实，才可能被信赖，理念才可能变成信念。在这方面很多企业陷入误区，盲目追求个性化、时尚化，企业文化理念是较长时间不变的，如《华侨城宪章》中明确指出 10 年不变，因此要精准表达。

关于价值观表达的维度，可以按照“是什么、为什么、做什么”中1～3个维度表达，这里以“客户至上”价值观诠释演示，如表 6－13 所示。

表 6－13　“客户至上”价值观诠释示例

企业	诠释内容及表达维度
海尔	海尔人永远以用户为重，不但要满足用户需求还要创造用户需求 **（侧重于表达“做什么”）**
华为	为客户服务是华为存在的唯一理由，客户需求是华为发展的原动力**（侧重于表达“为什么”）** 我们坚持以客户为中心，快速响应客户需求，持续为客户创造长期价值进而成就客户。为客户提供有效服务，是我们工作的方向和价值评价的标尺，成就客户就是成就我们自己**（侧重于表达“做什么”）**
沃尔玛	顾客就是老板，沃尔玛公司尽其所能使顾客感到在沃尔玛连锁店和山姆会员商店购物是一种亲切、愉快的经历**（侧重于表达“是什么”）** “三米微笑原则”是指同事要问候所见到的每一位顾客；“保证满意”的退换政策使顾客能在沃尔玛连锁店和山姆会员商店放心购物**（侧重于表达“做什么”）**

三、文化基因植入

1. 基本要求

企业理念出台后，是理念制度化、理念行为化、理念物质化，要依据文化建设规划，进入企业文化建设阶段，真正形成文化基因。在企业文化概念澄清也提及，企业文化是管理的文化，是文化的管理，因此文化基因植入的过程也是企业文化建设与落地的过程。

2. 企业文化落地典型问题及分析

（1）理念与行为不一致

企业文化落地首先要体现在全员的行为上。很多企业老板也非常重视企业文化建设，企业开展高密度的文化理念传播及培训工作，但没有真正做到落到员工的行为上，存在“理念在天上飞，行为在地上爬”的现象，如表6－14所示。

表6－14　某电信公司理念与行为脱节

企业高层讲话要求： 让客户投诉声音在公司回荡	基层行为表现： 客户投诉无果
公司上下都应该抱着一颗感恩的心，围绕客户的需求来解决客户的问题，完善我们的服务，提供更多客户需要的产品。一方面，各单位要树立协同服务意识，围绕客户集中反映的问题，认真分析，研究制定解决方案，强化部门间服务协同，坚决杜绝明知问题存在却对问题置之不理的情况发生；另一方面，我们要通过市场调研，客户调查和客户投诉信息分析来收集客户的声音，并结合客户的声音切实采取行动	某客户为公司10年五星客户，在网厅办理业务时因页面问题导致业务办理失败，在进行官方渠道投诉多次无果后，与客户认识的员工进行跟进问题处理，但仍无法解决，导致客户重复投诉，且处理时长达半个月

（2）企业文化建设认识误区

根据相关资料参考及企业文化实践进行总结，企业文化建设有以下11类问题，如图6－1所示。

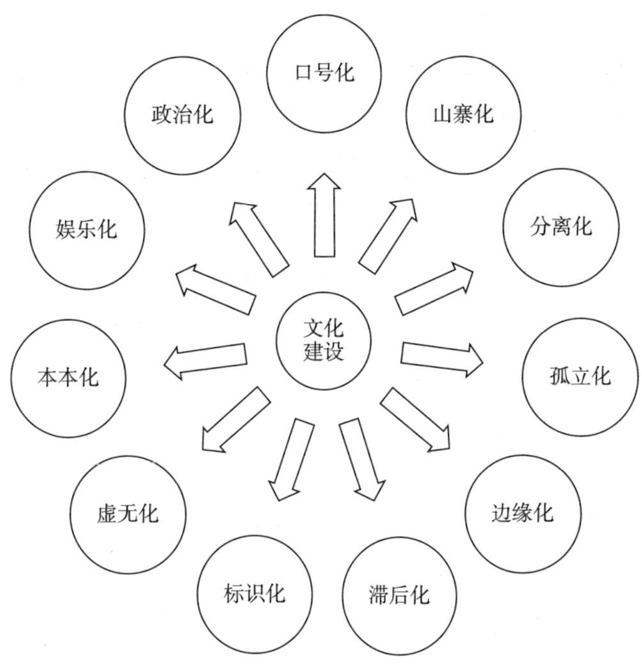

图 6－1　企业文化建设中的问题

企业文化口号化，就是重视文化传播，不重视文化实践；企业文化山寨化，就是直接拷贝其他企业的文化；企业文化分离化，就是企业文化与经营管理脱节；企业文化孤立化，就是企业文化工作者推不动文化建设工作；企业文化边缘化，就是企业文化职能是处于空白地带；企业文化滞后化，就是企业文化滞后于企业管理体系建设；企业文化标识化，就是企业文化按照品牌标识处理；企业文化虚无化，就是认为企业文化可有可无；企业文化本本化，就是把企业文化当作文化手册等；企业文化娱乐化，就是企业文化是团建活动；企业文化政治化，就是把企业等同于思想政治工作。

（3）企业文化建设问题总结

对以上企业文化建设问题现象的观察，集中起来就是三大文化建设问题。

① 观念问题：比如国企把企业文化当作政治思想工作，仅仅是党群部工作的一部分。实际上，企业文化管理是一种系统变革，涉及企业经营和

管理的方方面面，必须由一把手作为战略来实施。

② 组织问题：企业文化管理是一个长期的实践过程，需要一个强有力的组织来推动，用以提供组织支持、资金保障和人员保障。

③ 专业问题：企业文化管理是一门管理科学，必须用专业的人和专业的方法来实施，但现实中很多企业文化工作者都是半路出家。

因此，企业文化建设要系统规划，分步实施；相互融合、注重实效；领导带头、全员参与，切实通过文化建设规划，引导员工与干部思维与行为方式转变，指导公司基本政策、制度与文化理念高度匹配，最终对内提升员工素质，对外提升公司品牌。

3. 企业文化建设“五上”工程

东风汽车与华夏基石联合开发了企业文化管理贯标体系，基于价值观出发，打造“认知管理工程、认同管理工程、实践管理工程、改善管理工程、分享管理工程”五大工程，通过价值观管理提升企业核心竞争力与长期绩效。

经过上汽销售总经理夏军建议，为了让员工好记忆，提出企业文化建设“上墙、上脑、上心、上手”四大工程，结合东风汽车企业文化管理贯标工程，经过再度优化形成新的“五上”工程：

（1）理念“上眼”工程

理念“上眼”工程，通俗地说，就是大家能看到“文化”，按照专业说法，就是“物化展示”，具体参考建议如表6－15所示，各企业可以根据条件进行选用。

表6－15　企业文化“上眼”工程

内容	方法指引
物化载体	**纸介质：**如网络期刊、口袋书、海报、文化橱窗、文化年鉴、图片展、简报、宣传册等进行企业文化宣传与渗透 **电子介质：**如门户网站、微信、微电影、内部局域网、电子大屏、电子刊物 **产品介质：**业务宣传广告、产品外包装、赠品、办公用品（如工作笔记本、纸杯等）等进行企业文化宣传与渗透

续表

内容	方法指引
物化环境	在公司办公区、办公室、宿舍、楼道、宣传橱窗、会议室、接待区、休息区等所有员工共同生活工作的地方，配合企业形象识别系统设立宣传企业文化理念的多媒体设施、宣传栏或宣传标语。将确定的理念、提倡的价值观做成美观典雅的宣传板，既是企业文化的灌输，又是企业环境的装饰
物化要求	以实物、照片、影像、文字、漫画、多媒体等多种手段，全面展示集团的企业文化。注意宣传内容风格一致，但忌讳重复。设计精美，但不要奢华。从细节中渗透企业文化，从整体上体现企业文化理念，同时不断更新文化先进人物、文化检查通报等文化建设情况的信息。布置上注重“满视野”，但绝对不是“漫天遍野”杂乱无章
平台搭建	比如设计定制一批环保的企业文化产品，宣传和传播企业文化，利用行业展会、社会责任报告植入文化内容，积极探索新媒体等网络平台的建设和管理

（2）理念“上口”工程

理念“上口”工程，通俗地说，就是大家能听到“文化”，按照正式的说法，就是“企业文化培训”，具体参考建议如表6－16所示，各企业可以根据条件进行选用。

表6－16　企业文化“上口”工程/培训

内容	方法
培训频次	**直接受训：**多层次、多方式的培训，如送出去培训、请专家讲课、行业领导讲课、培养文化内训师、全公司巡回培训……讲座、参观、讨论读书会、培训班、座谈会 **文化转训：**参加集团或外部文化培训人员，需要在本单位进行转训 **培训心得或考试：**对文化行为类培训，参训学员要及时书写培训如何落实到工作中的心得，对企业文化知识类培训，参训学员进行书面考试
授课频次	**高层授课：**对新员工宣讲企业发展历史、公司愿景、使命、总体发展战略、年度经营目标，激发员工积极进取、奋发向上的荣誉感和责任感 **各级管理人员授课：**深入理解企业文化的概念与内涵；阐述公司文化的成因和作用；重点是指导员工把公司文化与本职工作紧密结合起来；结合管理实际；互相交流企业文化建设经验；重点是理解企业文化与经营业绩的关系；该类培训的内容除明确企业文化建设对企业的现实意义、阐释集团企业文化理念外，还要重点传授推动企业文化建设，实现文化建设与企业经营管理有机结合

续表

内容	方法
授课频次	**文化官或内训师授课：** 重点介绍企业文化的基本知识、集团企业文化理念，以及工作行为规范，以加深员工对集团企业文化导向的理解，对集团和各成员企业从事文化建设和管理的员工的培训，使之熟记、理解企业文化理念，提升文化管理技能

（3）理念“上脑”工程

理念“上脑”工程，通俗地说，就是大家能记住“文化”，按照专业说法，就是“文化认知考评”，如阳光保险在对文化的灌输和渗透方面，一直态度坚决。每一个分支机构开业，学习《阳光之道》成为必修课，除正常业务验收外，还要搞一次“文化验收”。

“文化验收”一般用“文化考试”法，如表6－17所示，但有些员工比较反感，推荐采用“文化案例”方法，让大家记住故事，效果更好，对管理者可以采用考试方法，对员工采取“文化案例”法，如表6－18所示。

表6－17　企业文化“上脑”工程/考试

内容	方法
考试内容	**公司核心理念：** 公司愿景、使命、企业价值观，要理解其是什么？为什么要提出这些核心理念 **公司行为规范：** 基于公司文化行为规范是什么？结合本岗位特点，理解如何在本岗位做到这些行为 **专业知识：** 对企业文化内训师、考评师、管理员队伍，进行企业文化基本知识、基本技能，以及公司文化管理制度进行考试 **新员工：** 对于新员工在转正期间，要进行企业文化理念考试内容外，要增加员工手册、岗位行为规范的考试内容
考试形式	书面考试、知识抢答竞赛、撰写心得、抽查问答、课题答辩等形式，可以采取集中考试，也可以随机抽查考试
考卷设计	企业文化主管部门开发企业文化试题库，不定期抽出部分考试题，考试题量以45～60分钟答完为限，考试题型中选择题、判断是非题、论述题要均衡，考试题要结合企业实际中发生的案例或重大焦点问题进行开发，不得脱离实际让学员死记硬背，应以保证理解企业文化人都能获得优异成绩为标准
考试类型	分为自行组织考试，以及集团抽查考试

表6-18　企业文化"上脑"工程/案例传播

内容	方法
故事内容	•能够体现企业文化理念的典型人物和事例：可以与正向激励机制结合起来，使得先进人物的事迹和优秀的文化一起，在企业内外广泛传播 •能够体现价值观及精神面貌、优秀的经营业绩和为社会创造价值的故事 •对违背企业文化理念的人、事、现象的处理，这些故事其实效果比正面宣传的效果更好
故事要求	•对于企业文化理念，故事具备典型性和代表性，及时、真实、全面地反映企业文化实践 •建设案例素材收集、整理机制，调动各部门、各成员企业的积极性，依靠机制的力量收集案例素材，建立动态更新的企业文化案例库（包括个人故事、管理案例，以及部分外部案例） •制定基于入选素材的事迹陈述、文字优化、归类整理规定，不断丰富企业文化案例库。典型的案例要褒贬兼有，既要有褒扬优秀团队、先进人物的激励性案例，也要有针砭企业文化弊病的反思性案例，数量上以正面导向为主 •案例教育。将成熟典型案例以循环演讲、刊载通报、发放阅读等形式，引导员工学习讨论，并牵引其实际行为的改进。结合集团内刊的编辑与管理，建立动态更新的企业文化案例库，促进企业文化理念的具体化和实例化

对于处理"负面事件"，除了海尔砸冰箱事件，华为制造"典型"案例的方法也值得借鉴。

华为将由于工作不认真、BOM填写不清、测试不严格、盲目创新造成的大量废料，以及因为质量问题人员前去救火的机票，作为奖品发给研发系统的几百名骨干，用隆重的仪式，运用文化的手段，让华为人记住这种耻辱，用这些"奖品"去激励人员进行自我批判，洗刷心灵，成就明天。

另外，可以通过文化象征物让客户记住文化，深圳某电路板企业，电路板颜色与"树"的颜色一样，所以用"常青树"代表企业文化，让员工比较容易记住（参见张倩著《文化象征物研究》）。

常青树

①“青绿色”是生命的本色，体现生命始终保持活力，我们的事业永续经营，持续为客户创造价值，为员工带来幸福，为伙伴带来持续回报，为社会绿色和谐贡献力量。**（企业宗旨）**

②“树”的根是生命之本，对于企业来说，客户就是“根”，没有客户，企业就缺乏生存的理由。**（以客户为中心）**

③ 高层充当树根，中层比作树干，连接根、树枝、树叶，为企业的发展不断地输送养料，树叶承担光合作用。**（团队合作）**

④“树”体现“一分耕耘，一分收获”，没有充足的给养，树就可能不会有丰硕的成果。**（以贡献者为本）**

⑤“树”意味着专注、坚持、奋斗，无论春夏秋冬、刮风下雨，“树”依然保持成长的激情。**（坚持长期奋斗）**

⑥ 组织结构图是倒金字塔的“树”形图，传统金字塔结构是一层压一层的，不能长大，没有生命力，树的各部分是互相成就，谁也离不开谁。**（组织结构）**

⑦“树”离不开阳光、土壤、水分，树在环境好的地方就生长得快，盐碱地长不出大树。**（组织氛围）**

⑧ 我们需要梳理过去好的东西，也将不好的枯枝剪掉，虫子杀掉，有些可能要扶一扶，有些要修一修。**（组织净化）**

（4）理念“上心”工程

① 理念“上心”工程，通俗地说，就是大家能相信“文化”，按照专业说法，就是“文化认同”。很多企业在“文化认同”方面做得不好，甚至连管理者都不信这个文化，员工当然更不会相信，所以华为提倡“坚持长期奋斗”，如果没有“以奋斗为本”的机制，没有“让雷锋不吃亏，让坏人不得志”的机制保障，华为的奋斗文化也实施不下去。

②“文化上心”工程中，“管理者示范”是前提与关键，榜样的力量是无穷的，用行动代替“洗脑”，员工就自然跟随，如表6－19所示。

表6－19　企业文化“上心”工程/管理者示范

贯标内容	问卷内容
带头实践	1. 管理者带头示范，尽可能利用各种场合宣传公司文化理念，并言行一致，带头做到
	2. 管理者在经营管理活动中，关注文化理念导向作用，并按照公司文化理念要求自己及下属的行为
文化管理	1. 管理者在分配资源（比如授权、资源投入、改造改善等）遵从价值观导向，向符合公司理念倡导方面优先投入资源
	2. 在薪酬分配、岗位晋升、学习机会等方面考虑员工是否遵循价值观为前提，或者是否将员工行为纳入绩效考核
	3. 在岗位晋升、学习机会等方面考虑员工是否遵循价值观为前提，对价值观标杆员工给予更多晋升机会，并向全员告知为什么提拔这个员工的理由
	4. 对公司出现紧急事件或危机面前，表态或处理符合价值观要求，抓住关键事件与焦点矛盾，让员工得到场景体验，如海尔砸冰箱事件
支持态度	1. 带头支持企业文化管理部门的工作，比如支持企业文化活动
	2. 积极支持相关人员参加企业文化相关学习及企业文化组织

③ 要把理念变成管理原则，把管理原则变成制度，让制度真正植入文化基因，每一种制度背后都有其立法精神，企业制度与理念一致时，制度将会有力量，否则就会出现两种情况：如果制度执行不严，就出现潜规则代替真实的制度；如果制度得到强制执行，则制度背后的立法精神就会成为真实的文化。企业的管理制度和规范，必须反映自身文化特色和业务特点，才能为员工所接受和认同，才具有认同感与执行力。

④ 基于理念进行制度开发，基于顶层设计的要求形成制度管理纲要，如华为三大制度管理纲要，这里以华为客户为导向的业务管理纲要开发为例。

华为通过业务管理纲要去落实以客户为中心，一共在17个方面，层层落实，体现在企业的价值主张和战略上，战略上不是盲目追求规模，而是要追求有效成长；以客户为中心，研发和产品的发展目标一定是客户需求导向；以客户为中心，创新就是企业的动力；以客户为中心，就要强调企业除了靠管理，还要创造性地进行商业模式创新，创造性地发现市场，发现重大的市场发展机遇，就要聚焦主航道，坚持压强原理，要开放合作；以客户为中心，组织管理体系、价值主张、组织管理，要以客户为导向，要深刻理解客户需求，要客户导向优于技术导向，围绕最终客户，在战略布局上聚焦客户，满足需求并引领需求；以客户为中心，必须要落实到机制、流程和制度管理上。(资料来源华夏基石e洞察)

⑤ 基于理念制度开发是正向演绎法，但要持续打造“文化上心”工程，基于文化导向的“制度审计”是最根本的保障，首先要落实到人力资源制度，其次结合客户价值创造的要求，落实到专项管理上（比如精益生产等)，如表6－20所示。

表6－20　企业文化“上心”工程/文化制度审计

内容	方法
人力资源制度	通过有计划的、系统的制度（流程）梳理，使制度（流程）与文化理念高度一致 首先，梳理人力资源管理制度，人力资源的选、育、用、留制度对干部员工的影响最为直接和深刻，尤其是考核、晋升、评优评先等制度是企业文化影响最重要的因素 其次，梳理跨部门制度（流程），促进跨部门的良好协作，优化各体系管理 最后，构建新制度（流程），特别要构建有利于推动改革、创新行为、培育正向激励氛围的制度（流程）
培育精益文化	在投资、研发、采购、生产、销售、服务等领域全过程贯彻精益思想，推行精益管理，持续推进各项改善活动，提升企业管理水平
培育团队文化	树立大局意识、集团意识和团队意识；加强团队协作，善于总结经验，形成组织记忆；利用跨职能团队、项目小组、推进委员会等组织活动，完成团队目标
培育目标文化	围绕公司愿景和目标，制定切实可行的中长期事业计划和年度计划；层层分解目标，引导员工主动承接目标；建立自上而下的目标考评体系
培育执行文化	在干部员工中培养主动执行、创造性执行意识；养成“关注环节，注重细节，一次把事情做正确”的行为习惯；不折不扣地完成上级下达的各项目标任务

⑥ 文化基因植入最直接、最有效的方式，是如何基于理念选用什么样的人/干部，激励什么样的人/干部，这里以《丰田模式》涉及的用人观来说明。

管理决策必须以长期理念为基础，即使必须因此牺牲短期财务目标也在所不惜。

企业应该有一个优先于任何短期决策的目的理念，使整个组织的运作与成长能配合朝向这个比赚钱或重要的共同目的。企业的理念使命是所有其他原则的基石。

栽培那些彻底了解并拥护公司理念的员工成为领导者，使他们能教导其他员工。

不要把领导者的职务视为只是完成工作和具备良好的人际关系技巧，领导者必须是公司理念与做事方法的模范。一位优秀的领导者必须对日常工作有巨细无遗的了解，方能成为公司理念的最佳教导者。

栽培与发展信奉公司理念的杰出人才与团队。

创造坚实稳固的文化，使公司的价值观与信念普及并延续多年。训练杰出的个人与团队以实现公司理念，达成杰出成果。非常努力地持续强化公司文化。持续努力教导员工如何以团队合作方式达成共同目标，团队合作是员工务必学习的东西。

⑦ 企业理念是价值主张，抑制人的“恶性”外，更多是激发“人性向善”，这就需要有好的机制牵引，比如基于职业化的契约机制、基于协同的运营机制、高绩效导向的利益分配机制、不断变革的创新机制、开放包容的用人机制、玻璃箱式控制的分权机制等。

⑧ 企业文化不是道德绑架，是基于利益相关者形成“价值共同体”，

绝不是片面牺牲单方面的利益，这里以案例说明。

案例1

德胜洋楼关爱员工

该企业规定员工带病工作，发现一次扣50～100元。一个职工捡到100元还给失主，公司奖励该员工100元。

案例2

孔子批评做好事不要钱的子贡

春秋时代，鲁国法律规定鲁国人在外国沦为奴隶，有人出钱赎回来，事后国家给予报销，子贡（孔子弟子，有钱人）买了一个奴隶同胞回国，但事后拒绝国家支付的赎金，结果孔子骂他，你不要赎金，抬高了道德门槛，这样做破坏了国家这条好法律，把贫穷的善人阻拦在行善的门口。子路救了一个落水的农夫，收下农夫一头牛的回报，孔子表扬他做对了，从此以后人人都愿意模仿他做好事。

案例3

台湾地区的拾金不昧的规定

台湾地区规定，捡到丢失物品，6个月有人认领，应该归还，但可以索要物品价值10%的报酬，如果失主是贫困者，则减免。但是否为贫困户，有分歧可以到法庭解决。

案例4

上海出台首部“好人法”

据中国之声《央广新闻》报道，上海市人大常委会表决通过了《上海市急救医疗服务条例》。这部俗称“好人法”的条例，鼓励和倡导普通市民参与紧急现场救护活动，并且紧急救护行为受法律保护，对患者造成损害的，依法不承担法律责任。

(5) 理念“上手”工程

① 理念“上手”工程，通俗地说，就是员工按照价值观要求规范自己的行为，要建立基于价值观的素质模型、行为标准，如表6－21所示。

表6－21　企业文化“上手”工程/素质与行为开发

内容	方法
领导力素质	**建立素质模型：**企业文化达到“内强素质”，开发领导力素质模型，将领导力素质模型作为干部（包括中层后备干部）选拔任用的标尺，客观地对候选者的能力、技能和素质等方面进行评价 **素质测评与改善：**依据领导力素质模型对现有干部实施测评；根据测评结果实施相应的改进措施，建立干部素质谈话制度；干部素质谈话一般每年一次，在一对一的环境下进行，由集团高层领导负责实施，辅助干部达成其素质能力发展目标
价值观行为开发	**标杆行为开发：**企业中的标杆榜样就是某一时期企业价值观的人格化，是价值观最生动、最真实、最具影响力的体现，是企业中涌现出来的企业文化的最好代言人 **理念推导行为开发：**开发启动会——文化理念大纲下发——员工熟读、理解——标杆人物确立——标杆人物访谈（或标杆人自我提炼）——标杆行为提炼——行为汇总、整理、优化 **文化故事或案例推导：**根据公司文化故事案例汇编，推导行为标准 **问题导向：**根据日常经营管理中问题，基于文化为导向，推导行为标准 **情景模拟与头脑风暴：**对日常可能出现行为进行模拟，通过小组研讨会确定对应标准 **问卷调查与一对一访谈：**对日常行为采取问卷调查，或采取一对一沟通方式，确定行为标准 **行为开发成果名称：**干部日常行为规范、基层员工日常行为规范、岗位作业行为规范、日常礼仪规范、行为评价办法、员工行为约束与改进机制

② 将基于价值观素质模型作为干部（包括后备干部）选拔任用的标尺，客观地对候选者的能力、技能和素质等方面进行评价，根据测评结果实施相应的改进措施，对员工行为进行考核与激励，如表6－22所示。

表6-22 企业文化“上手”工程/行为评价与激励

内容	方法
纳入KPI	按照《企业文化建设纲要》及相关要求，把定量考核与定性考核有机结合起来，建立科学、合理、公正的评价体系，评价结果纳入KPI考核体系
奖罚分明	**文化激励**：“不让文化英雄人物吃亏”，从落实核心价值观出发，梳理企业现有的荣誉体系，使之与企业倡导的价值观相一致，并完善企业内部荣誉管理体系 **文化约束**：建立员工企业文化实践档案，无论个人业绩大小、工作年限长短、职务高低，对于文化实践不合格者，坚决不予重用或限制使用等。对工作中存在严重违反企业文化理念思维与行为方式，经过劝导不及时改正者或造成恶劣后果的行为，应及时采取有力度的惩戒，防止类似行为蔓延和消极影响扩大化

③“文化上手”工程，阿里巴巴的方法也值得借鉴，比如公司里有些女员工为自己取名“宝钗”或者“黛玉”，久而久之，她们的行为举止与小说人物越来越像。“十三姨”所以选择这个花名，是希望成为像“十三姨”那样美貌和智慧并存的女性，员工选择的“花名”都是文学作品中正面人物的名字，这对他们是一种无形的激励。

④ 文化激励可以与全面激励认可机制挂钩，或者用积分制度，云南移动就开发手机APP，对企业文化做得好的行为进行积分；上汽销售则采取团队互相激励法，如果一个人认为其同事在某一件事情上做得不错，则给予1元的模拟激励，效果非常不错。

4. 企业特色文化建设

（1）主题文化建设

主题变革是企业在特殊时期遇到特殊矛盾，可以发动一场文化主题变革活动，改变员工的认识。比如海尔“6S大脚印”文化，源于海尔现场管理问题；上海某企业“扫厕所”文化，源于伙伴发现该企业厕所“脏”，推导出该企业管理“差”，终止合作关系。

（2）专项文化建设

① 专项文化是按照管理领域或专项价值观命名的文化，如服务文化、

安全文化、廉洁文化、创新文化、奋斗文化、幸福文化、关爱文化、执行文化、和谐文化、务实文化、诚信文化等。

② 基于专项文化管理诊断寻求整体提升解决方案，按照现状分析、明确目标、研究路径、效果评估、成果梳理及经验分享的步骤进行专项文化建设，总结专项文化推广经验，并形成制度化、流程化的成果，明晰工作标准，实现经验的可借鉴、可复制、可分享。

③ 全面推进四个层次文化与班组建设相结合，比如安全文化与班组建设的结合方式，形成“安全理念文化、安全管理文化、安全行为文化、安全物质文化、安全环境文化”建设构架。

（3）班组文化建设

① 以班组文化建设为切入点，促进企业文化在基层落地，通过沉淀，提炼形成富有活力和特色的班组文化，促进企业文化在基层落地生根。比如“五型班组”“红旗班组”创建，通过各班组达标活动、评选表彰，组织现场观摩和学习交流，有效提升了班组管理水平。

② 班组文化建设活动常态化、定期化、规范化，如大力推动如“科技创新日”“小发明、小革新、小改造、小设计、小建议”“五小”等具有特色的科技创新活动，基层班组每周至少安排 2 小时开展科技创新相关活动，每月至少安排 1 次创新交流活动，把原来自发的、零散的创新活动常态化、定期化、规范化。

③ 班组文化建设活动有平台、有产出、有应用，如开展科技创新专题活动，开设科技创新专题网站，搭建科技创新交流平台，发挥专业技术委员会创新组织作用，利用技术攻关小组、职工（劳模）创新工作室，如“创新工作室”及“（专家）创新工作室”、QC 小组等平台，激发员工创新活力。

④ 班组文化建设有整体规划、有分类指导、有制度机制，对基层班组建设的规划与指导，进行分类指导、整体推进，研究制定出符合实际的班组建设规划、管理标准和考核细则，做到在班组建设上有创新的目标任务、有创新的制度机制、有创新的落实措施，以保障和促进班组建设各项工作的顺利实施。

⑤ 班组文化建设以规范员工行为、提升员工职业素养为核心，基于文化理念规范员工行为，重点抓文明礼仪、工作程序、待人接物、现场环境与安全操作的规范，促进员工行为规范形成，提高公司员工的道德修养。通过专业技能提升、安全规定考试、综合素质培训等措施促进员工生产、安全、管理素质的提高。重点关注员工心理健康，促进员工成长成才。

四、文化基因输出

1. 融入品牌形象对外传播文化

企业文化外在表现就是企业形象传播，通过品牌识别来让客户感知企业文化，实现文化基因输出。因此，有些企业把企业文化纳入品牌宣传部，也是基于文化对外的传播归口管理，如表6－23所示。

表6－23　企业文化对外传播/客户

内容	方法
传播载体	**内部媒体传播**：在公司内网、微信、报纸上开辟企业文化专栏，建设员工互动讨论、共享知识与经验的平台 **外部媒体宣传**：结合企业品牌营销手段，与相关主流报纸、对外知名报刊、企业文化知名刊物、电视媒体等社会媒体合作，进行企业文化理念的外部传播，做到由品牌营销到文化营销的转变 **活动及仪式传播**：在集体公益活动、社会活动、学术活动、联谊活动、职工活动、企业庆典、企业级会议中进行企业文化的传播
传播内容	**正面传播**：阐发企业文化理念，介绍企业文化建设成果、实践中涌现的优秀团队、模范人物及其先进事迹，以及企业文化建设中的有益经验等进行及时的宣传报道 **纠偏整改**：对违反企业文化的人与事进行及时通报、问题整改通报等
传播要求	**统一传播形象**：规范视觉识别系统，塑造统一的品牌形象。完善对外传播的有关制度、流程，规范和约束对外传播行为，重大新闻事件、热点问题，要建设新闻发言人机制 **计划性**：要将宣传的节奏固定下来，按计划出版企业内部宣传刊物，信息、简报、公告板等，让大家及时充分了解企业文化建设信息 **传播实用性**：宣传要真实有效、对外适度宣传、把握传播时效性、分类传播灵活性

2. 通过外部合作输出文化

企业文化对外输出最直接是客户及合作伙伴，包括企业“走出去”战略的实施，企业对外服务标准、服务行为、服务态度、服务能力都体现企业背后的文化元素。比如可以请第三方调查供应商满意度，传递对外“平等合作、尊重伙伴”的价值观，如表6－24所示。

表6－24　企业文化调查/外部伙伴

内容	问卷内容
理念认同	1. 您认为我们的企业使命愿景主张符合您的价值主张
	2. 您认为我们的核心价值观体现客户至上原则
	3. 您认为我们的经营管理之道体现为客户创造价值
实践认同	1. 您认为我们对待客户完全遵守其核心理念主张
	2. 您认为我们员工服务客户过程中有其鲜明的特色
	3. 您认为我们产品体现了企业主张的价值观

3. 文化建设成果输出

企业文化可以通过企业家思想对外传播，还有自身文化建设实践中有可输出的理念成果与管理经验，并且可以总结提升为清晰直观、可借鉴、可复制、可操作的文化建设与管理标准。这两个方法对企业要求比较高，企业必须在文化建设有所成就，才能对外输出。当然可以先从内部开始进行成果输出。

早期的阳光保险，先后在内部出版发行了《阳光文化论》《阳光执行论》《阳光人才论》《阳光创新论》《阳光管理论》《阳光服务论》《阳光故事》《阳光心语》《阳光礼仪》《阳光礼赞》《阳光典型》《阳光之道解读》《阳光基业》《十年风雨阳光情》《最美阳光人》等一系列企业文化书籍。

4. 通过文化博物馆对外进行展示

企业都建立自己的文化展馆，但是也要量力而行，一般大企业都有自己的文化展馆，比如苏宁、浙江海港、三峡集团。

5. 打造“文化示范基地”

打造“文化示范基地”办法最实在，通过企业文化示范实践基地，提升企业文化影响力，开展企业文化示范工程，首先要有自己的一套标准（如《企业文化示范点基地评价标准》《企业文化示范点建设小组分工》《企业文化示范点激励方法》）。江苏电力推行“研、创、培”文化示范基地打造，对企业文化输出有一定的借鉴作用。

研：以导师团为核心，定期开展企业文化学习小组研习，对接上级单位的研究课题和企业文化建设的现实需求。与外部机构组织联合专家组，常态化地开展新时代企业文化建设探索研究。

创：深化研究成果的转化与应用，以论文报奖、文章发表、出版书籍、论坛发布等形式，将研究成果显性化；以企业文化建设规划为指引，全面推进“七项行动计划”实施，加快推动企业文化落地的研究和实践。

培：进行专业队伍的培育和示范点孵化与管理，打造“两支队伍”培育，支持基地建设。一是建立覆盖全部基层班站所和工区企业文化建设企业文化培训师队伍；二是建立承担调研、培训职能的企业文化导师队伍，同时开展企业文化建设课程体系开发，逐步形成成熟的培训模式，可满足系统内外部企业文化培训需求。探索奇特文化示范点孵化机制和管理，探索示范项目转化管理等。

第七章

实现具有战略意图的成长

一、顶层设计

1. 顶层设计破解战略三大命题

（1）解决“以跑市场代替战略”的问题

对于大部分企业来说，基本处于市场竞争行业，带有先天性的“市场基因”，一直依靠市场求生存与发展；在关键决策判断与发展路径选择上，依据创业者市场洞察力，迅速捕捉市场机会，有效应对市场风险，避开了可能的经营陷阱。但是，这也带来“市场机会导向”的习惯思维，以跑市场的经验自信替代公司战略规划。

浙江某知名企业老总对记者说：“我每年花两百天跑市场，我的知识来自客户、来自市场，这种知识更鲜活，更贴近现实。”有人问我未来十年的战略目标是什么？我的答案是：“我不知道未来十年如何走，我只知道明年怎么活。”

面向未来，企业面临经营决策日渐复杂，单纯依靠市场经验决策出现“攘外不能安内”的弊端，比如随着规模的扩张，业务模式正在由一买一卖走向“营销驱动，引领技术，生产为基，资本护航，人才为本”的产业发展模式，必然要求进行战略统筹管理。

（2）解决“以战术代替战略”的问题

很多企业认为“现在外部环境变化太快，没有办法做战略”，从而出现了“以战术上的勤快，代替战略上的懒惰”，企业战略管理职能薄弱，长远规划性不足，管理者还基本停留在日常事务性工作上，导致制约公司长远发展的重要问题，没有长效解决机制。

“在我们公司不谈五年，甚至不谈三年，只谈三个月，最多就谈半年，这个能快速响应客户、市场，但是缺乏长远的规划。”对比通用电气（GE），每年6月份就开始启动战略规划，到第二年5月份结束，Microsoft的规划则从上一年度12月份到本年度就开始。

回归战略概念起源，这个词起源军事领域（军事特点：变化莫测，资源有限的前提下进行规划），因此战略就是在不确定或约束条件下（运筹学领域）选择最优路径与策略。如果企业面临的都是确定的条件，企业反而不需要战略，在不确定条件下，企业战略管理更需要常态化。

对此，IBM郭士纳指出：“忽视战略，仅仅关注技术与执行，就会给企业带来灾难。”迈克尔波特也指出“不幸的是，往往在出现失败的时候，人们才会想起对战略的关注，我想真正的挑战是怎么让人们更重视战略，甚至在没有出现危机的时候。”

（3）解决“有规划无战略意图”的问题

有战略规划报告，但缺乏战略意图，或者战略规划在老板脑子里，“喊了好几年，就是缺动作”，缺乏战略意图带来的负面影响有：

人才跟不上公司发展，战略性人才储备不足；组织体系设计未能基于战略导向，组织职能发育不足，各模块衔接性差；基于战略层面的创新不足，表层的、肤浅的创新多，缺少战略性创新项目、含金量高的、系统性的项目，产品与客户升级慢；绩效薪酬策略未能体现战略，一些不能创造短期效益但有长期价值的事情，就很少去落实或不能坚持；基于战略的全面预算缺失，战略投入与产出搞不清楚，很多项目进行一半，老板一看没有效果，就不再坚持连续投入了。

2. 基于“全过程战略管理”的顶层设计

（1）顶层设计框架

战略是全过程的闭环管理，可以按照“战略分析”“战略制定”“战略实施”三个环节进行，如表7-1所示。

表7-1 战略顶层设计框架

阶段	维度	内容与方法
战略分析	外部分析	宏观环境分析：PEST；行业环境分析：SCP、五力法、行业成功要素；市场和竞争环境
	内部分析	企业资源与能力（优势、劣势分析）
	综合分析	SWOT（战略举措/优劣势、机会与威胁） 波士顿矩阵（业务选择/市场增长与市场份额） 通用矩阵（业务选择/产业吸引力与企业竞争力）
	战略构想/论证	重点是解决商业模式（盈利模式、发展模式、竞争模式）备选方案并论证，为战略目标制定提供重要依据
战略制定	企业使命	与企业文化衔接，回答“为什么活着”
	企业愿景	与企业文化衔接，回答“成为什么样的企业”
	战略目标	基于“企业使命、企业愿景”并结合成功要素分解
	公司战略	事业规划（国际化、多元化、并购与资本运作等） 业务发展规划（核心业务、新兴业务、种子业务） 业务成长策略（稳定型、扩张型、收缩型）
	业务战略	成本竞争领先战略、差异化竞争领先战略、集中领先战略（客户定位、市场定位、产品定位）
	支持战略	研发、供应链、生产、营销、服务、品牌、企业文化、人力资源、流程与信息化、财务审计等
	战略预算	基于战略目标与任务的预算
战略实施	目标分解	基于目标分解（平衡计分卡）
	任务分解	基于目标的关键举措，分解后执行具体计划
	绩效检讨	阶段性复盘、战略结束复盘，为下一轮规划提供经验
	战略调整	针对战略阶段性检讨及外部条件变化进行动态调整

（2）战略分析/关键步骤说明

① 针对外部宏观环境分析：PEST，可以结合企业现状，分析宏观环境变化对企业未来成长的机会与威胁，如表7-2所示。

表 7-2　宏观环境 PEST 分析/企业对策

维度	影响关键要素	对企业的影响	采取对策
P/政治			
E/经济			
S/社会			
T/科技			

② 针对行业环境分析：SCP、五力法、行业成功要素，建议用“五力法、行业成功要素法”（对客户要分析透彻，如华为战略基于 Top50 客户痛点进行研究），并结合对标分析，如表 7-3 所示。

表 7-3　行业环境分析/企业对策

维度	影响关键要素	对企业的影响	采取对策
购买者			
替代品			
竞争对手			
供应商			
新进入者			

③ 针对行业环境分析推导出的关键成功要素，对企业现状进行评估，对缺乏的“成功要素”，采取战略对策如表 7-4 所示。

表 7-4　行业环境分析/企业成功要素评估

维度	我们是否具备	我们能否具备	我们如何具备
要素 1			
要素 2			

④ 针对市场和竞争环境分析：主要针对竞争对手的商业模式进行重点分析，并结合本企业进行对标分析，如表 7-5 所示。

表7－5　市场环境与竞争环境分析/商业模式

维度	我们是否具备	我们能否具备	我们如何具备
盈利模式			
发展模式			
竞争模式			
其他举措			

⑤ 综合分析：SWOT（战略举措/优劣势、机会与威胁）、波士顿矩阵（业务选择/市场增长与市场份额）、通用矩阵（业务选择/产业吸引力与企业竞争力），一般建议先用SWOT，针对业务与产品多元化可以采取通用矩阵，同时围绕这些方法进行对标分析，如表7－6所示。

表7－6　基于SWOT的战略构想

维度	内部优势（S）	内部劣势（W）
面临机会（O）	SO增长性战略	WO扭转型战略
面临威胁（T）	ST多样化战略	WT防御型战略

⑥ 战略构想及论证：重点是解决商业模式（盈利模式、发展模式、竞争模式），为战略目标制定提供重要依据，所以需要进行事前论证，确保战略风险提前控制，如表7－7所示。

表7－7　战略构想及论证

战略构想	是否符合价值观 伦理道德、社会责任	是否必要 竞争优势与业绩	是否可行 资源能力匹配
构想1			
构想2			

（3）战略制定/关键步骤说明

① 战略制定包括企业使命、企业愿景、目标、围绕目标所采取的战略（公司战略/业务战略、职能战略、支持战略）。

② 战略目标推导：基于“企业使命、企业愿景”并结合成功要素分

解，如果条件成熟企业，可以结合企业竞争力指标体系进行综合选择，如表 7－8 所示。

表 7－8　战略制定/目标选择

企业使命	企业愿景	成功要素	企业竞争力	业绩目标
客户价值 员工价值 股东价值 社会价值	做大、做快、做多 做新、做优、做强 做久、做德、做势	质量领先 服务领先 品牌领先	创新能力 资源整合能力 文化竞争力 管理竞争力	战略目标 财务目标

- 企业使命主要表达公司价值主张，要明确客户是谁？客户核心价值诉求是什么？企业如何满足客户价值诉求？由此三个问题出发，界定企业的业务领域及重点、与竞争对手能够区分独特价值等，企业使命表达高出利润之上的价值主张。
- 企业愿景则表达未来长期（五年、十年）的理想状态，企业应该是什么样的公司，在行业中地位如何？我们要去哪里？
- 基于企业使命、企业愿景，结合行业必要的成功驱动因素、企业竞争力等目标，推导企业战略目标、财务目标，其中战略目标代表企业除了财务业绩外，要取得何种竞争力、何种竞争优势、何种市场地位、业务领先地位、品牌地位等，这些目标代表企业战略意图，因此在战略目标中优先于财务目标。

③ 目标选择：基于以上指标推导形成指标库，再根据业务战略选择关键指标，要兼顾长短期目标、财务目标与战略目标。在冲突时，要优先选择长期目标、战略目标，如表 7－9 所示。

表 7－9　战略制定/目标确定

业务类型	战略类型	策略要点	资源配置原则	关键考察指标
总体战略	一体两翼	产融一体化	重点投入……	1. 投资回报率 2. 市场占有率

④ 目标制定：基于战略关键要素推导重点目标，通过外部对标、内部对标，确定战略规划期目标值，如表7－10所示。

表7－10　战略制定/目标值确定

指标名称	目前水平	行业/竞争对手水平	确定规划期目标值

- 对于战略业绩目标值，体现的是战略意图，所谓战略意图就是指企业聚焦具有“事业进取心”的长期目标，并将公司的战略资源、能力和行动集中完成这项战略目标，无论遭遇什么曲折，都不轻易放弃这些目标，这种表现就是企业战略意图。比如华为在研发上长期投、连续投、舍得投，从而取得技术领先优势；通用电气“数一数二”目标，体现要么不做，要做就做市场第一。
- 公司战略意图的目标，往往是超越当下的能力和市场地位，但企业为了“赢”，就必须敢于挑战自我、挑战极限，如佳能、耐克等企业将“打倒”对手作为第一目标，结果成为新霸主。

（4）战略报告输出/关键步骤说明

① 对于战略报告内部发布，根据战略保密程度，对不同群体发布不同版本的规划大纲，如表7－11所示。

表7－11　战略规划报告输出形式

维度	对应内容
引文	报告目的与要求
取得的成就	上一个战略中周期取得的成就
机遇与挑战	基于未来机会有哪些？挑战有哪些
总体目标	总原则、总目标（经营目标、各板块目标、管理目标）
关键任务	支持总体目标的关键决策事项
主要措施	支持业务的关键举措
计划安排	利用“甘特图”，体现战略计划

② 对全员发布战略事业目标：以某线路板企业为例，“我们不盲目追求世界500强规模，专注主业做精、做深、做透，致力于成为世界一流线路板企业，追求产品品质过硬、运营成本领先、人均效能领先，追求一定合理利润与风险可控前提下的可持续增长，成为最具市场投资价值的企业”。

③ 对全员发布战略事业路径：以某多元化企业为例，“大市场才能孕育大企业，我们以全球眼光进行全球布局，洞察社会经济发展趋势、产业演变趋势、技术发展趋势，抓住有前途的市场，把市场转化为机会，以机会牵引事业扩张，以产融结合支持事业扩张，以事业牵引人才汇聚，以人才驱动能力提升，以能力驱动事业做实，以事业做实降低扩张风险”。

3. 基于战略 BLM 模型的顶层设计

（1）顶层设计框架

上面的战略顶层设计比较全面系统，方便战略管理者熟悉战略管理的全貌。这里介绍下目前比较火的 BLM 战略模型。

该模型基本原理与上面原理基本一致的，比如 BLM 的业务设计，本质就是上面所提及的商业模式设计；BLM 战略提出“五看”，其实就是战略综合分析等，战略 BLM 模型如表 7－12 所示。

表 7－12　基于战略 BLM 模型的顶层设计

维度	任务	基本内容及方法
两个差距	业绩差距	现有业绩结果与期望值之间的差距
	机会差距	假设抓住新的机会带来的结果与现有结果的差距
战略制定	市场洞察	宏观分析、行业分析、客户分析、竞争对手分析
	战略意图	组织运营方向与目标，与战略重点保持一致
	创新焦点	未来业务组合、资源利用效率等
	业务设计	客户选择、价值主张、价值获取/盈利模式、活动范围、战略控制点、关键障碍与风险

续表

维度	任务	基本内容及方法
战略执行	关键任务	支持业务设计落地举措（业务增长/能力建设）等
	正式组织	支持关键业务的组织管控体系
	人才保障	支持战略落地关键岗位及匹配的核心人才等
	氛围文化	支持人才创造价值活动的组织氛围、文化
两个根本	价值观	价值观要渗透到公司战略层面
	领导力	高层战略思维能力，体现在高层亲自进行战略管理

（2）BLM模型说明/总体说明

BLM是一个中高层用于战略制定与执行连接的工具与框架；它从市场洞察、战略意图、创新焦点、业务设计、关键任务、正式组织、人才、氛围文化，以及领导力与价值观等方面帮助管理层在企业战略制定与执行的过程中进行系统的思考、务实的分析、有效的资源调配及执行跟踪。

（3）BLM模型说明/四项原则

①BLM基本原则强调战略是不能授权的，这点特别重要，战略是顶层设计，很多企业战略制定过程“不严肃”，让下属代替自己做战略，出现了“老大谈业务，下属谈战略”的现象。

某金属加工企业，因为分子公司总经理平时比较忙，战略编制由办公室主任“代劳”，而对于办公室主任来讲，由于了解的层面及高度不够，对战略了解不清晰，大部分都是根据会议上提到的内容进行文件整理，战略可操作性不强。

②BLM基本原则强调差距为导向，集中力量解决关键业务问题，依据“机会差距”对业务进行重新设计，对“业绩差距”对管理进行优化，有效区分经营与管理两条线，管理问题不能通过“业务繁荣”来掩盖，经营问题不能通过“管理有序”来掩盖。

③BLM基本原则强调战略制定与执行完全一体化，强调战略要用经营

结果来评价。

④ BLM 基本原则强调组织持续学习，通过学习为组织赋能，通过学习型组织建设，支持战略创新、战略实施的能力保障。

（4）BLM 模型说明/两个根本

① 强调领导力与领导力培养，经营结果由高层负最终责任，由此强调领导力是战略的根本。在领导力中，强调战略思维能力是高层管理者需要具备的基本能力和必备能力，强调通过战略问题和机会的洞察与设计，以及项目的执行来实现领导力的培育。

② 强调价值观是战略的根本，要求作为业务和战略首要责任人的总经理，要确保公司价值观反映在战略上，各级领导者要确保价值观是日常执行中的一部分。强调价值观是决策与行动的基本准则。

4. 基于“战略竞争力”的顶层设计

面向全球化竞争角度来说，企业竞争力无论如何强调也不为过，强调客户价值，也需要有核心竞争力为保证。对制造业而言，比如钢铁行业，其商业模式相对成熟，更多依靠综合竞争力取胜，宝钢一直强调竞争力管理，企业管理模式由“生产管理”向“用户管理”，再到“竞争力管理”，其战略模型如图 7－1 所示。

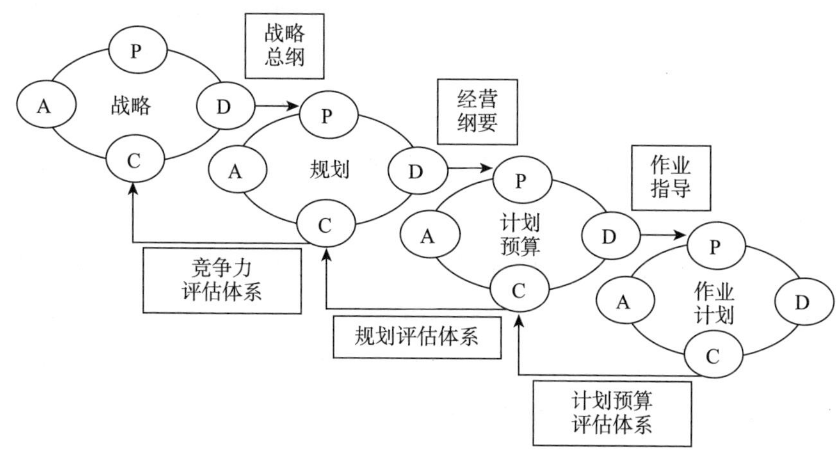

图 7－1　基于“战略竞争力”模型的顶层设计

5. 关于企业商业模式顶层设计的探讨

（1）企业商业模式的认知

① 哈佛商学院教授克莱顿·克里斯滕森认为："商业模式就是如何创造和传递客户价值和公司价值的系统。虽然每个人对商业模式包含的元素理解各不相同，但对这个词的定义应该都可以接受。"

他还给出商业模式的四大要素：客户价值主张、盈利模式、关键资源、关键流程。客户价值是商业的本质，创造客户价值是企业之根本；满足客户价值以后，企业如何赚钱；如何持续创造客户价值的同时让企业持续盈利，这就需要"关键资源、关键流程"来保证。

② 商业模式创新可以改变整个行业格局，让市场重新洗牌，战略顶层设计重点是"商业模式设计"，当然对"商业模式"概念不能过分"炒作"，企业不能不顾自身实际，动不动就去做"颠覆式"创新，真正有用的"商业模式"能够一看就懂，回归基本面，就是如何经营好客户、经营好产品、经营好人才。

（2）顶层设计"客户价值主张"

① 给客户创造价值有三个层次：其一，我们的产品与服务要满足目标客户最终需求。其二，我们与竞争对手相比，我们为客户提供的价值有什么不同？其三，能否融合客户价值链，帮助客户成功，为客户创造更多的增值收益，比如与客户共同研发一款数控机床，帮助客户打进高端市场。

② 基于深度客户沟通与合作，挖掘客户痛点、病因，以及最大诉求，通过业务设计，更好地服务客户。

③ 客户价值定位，比如工业品消费客户，站在采购角度来思考，客户关注的就是我们对采购的要求指标"QCDS"，是让客户放心的产品质量与功能、让客户满意的采购成本（产品价格与物流成本等）、产品交期（交货期与在途时间等）、服务体验（售前、售中、售后的全过程服务）；对于消费品，除了"QCDS"外，还要满足消费者偏好问题，比如宝马汽车比普通车贵很多，在于宝马车更能满足消费者的"面子"。

④ 在客户价值主张设计中，首先要满足客户长久不变的“QCDS”方面的价值诉求（还有技术、客户体验等）。

某煤炭企业，为钢厂提供焦煤原料，其生产的炼焦煤质量比市场一流品质差一点，但比市场二流品质高很多，但钢厂支付是二流价格。该煤炭企业管理者思考，是否能外部购买三流炼焦煤配比，获得额外的差价。从钢厂角度出发，如果多种不同的“煤种”配料，成分波动影响焦炭质量，进而影响高炉冶炼。

由此案例展开说明，对于传统企业创造客户价值，要重点平衡“质量/价格”的关系，也就是为客户提供什么样的“性价比”，如表7－13所示。

表7－13 基于质量/价格的策略

策略	高价格	中等价格	低价格
高质量	1. **溢价策略**	2. 高价值策略	3. 超值策略
中等质量	4. 高价策略	5. **中等价值策略**	6. 优良价值策略
低等质量	7. 骗取策略	8. 虚假经济策略	9. **经济策略**

- 对角线上的策略1、5、9能共同存在于同一市场，即一家公司以高价提供高质量的产品；一家以中等价格提供中等质量的产品；还有一家是以低价提供低质量的产品。要市场上包含三种消费群体——注重质量型、注重价格型和二者兼顾型，那么这三类竞争对手就可同时存在。
- 策略2、3、6代表向对角线上的定位发起攻击的途径，即具有同等质量的同时要价更低
- 策略4、7、8的定价相对于其质量来说有些过高，顾客会有被欺骗感，应避免采取这些策略

基于9种质量/价格矩阵，该企业利用自己产品优势选择大客户，依靠策略6进入国内大钢厂，提升品牌形象后，按照客户定义，采取不同的价格策略，绝不是配比“低质量炼焦煤”造成质量波动而损害客户价值。

⑤ 在满足客户客户基本价值主张之后，更高级的是引导客户需求、创造客户需求，通过创新来重新定义新价值，在客户价值“QCDS”指标方面获得比以前更好的价值。这方面小米模式值得借鉴。

（3）顶层设计“盈利模式”

① 盈利模式是回答给客户带来价值之后怎么赚钱？盈利模式设计（收入来源、收入分配）：企业从哪里获得收入，获得收入的形式有哪几种，这些收入以何种形式和比例在产业链中分配，企业是否对这种分配有话语权。

② 企业盈利模式有多种，比如产品金字塔模式、价值链定位模式、品牌盈利模式、客户解决方案模式、后续产品与服务增值模式、依靠市场份额获利模式、依靠客户渠道共享的“混搭”销售模式、利用平台共享的盈利模式等。物联网下共享商业模式的案例如下：

某机床企业打造一个互联网平台，把智能机床、智能机械在平台上进行智能互联，未来用户不用自己购买机床，而是在网上调用全球范围内的任意一台机床为自己加工产品，这也是共享经济模式下在制造业领域的一次大胆创新。按件计费、分时计费就成为可能。

③ 企业盈利模式是组合逻辑，比如红星·美凯龙是一个家具城，第一个是卖家具。第二个是地产公司，类似麦当劳占地为王，收租金。第三个就是类金融服务，它销售货款压三个月给供应商，用这三个月的钱去做房地产、金融投资。工业企业盈利模式组合如表7－14所示。

表7－14　工业企业盈利模式组合

盈利模式	关键驱动因素	组合选择
1. 推行产品结构盈利模式 2. 推行系统化解决方案的盈利模式 3. 推行规模经营盈利模式 4. 推行“供需网链”的结构盈利模式 5. 期货与现货配合盈利模式	物流服务 电子商务 套期保值 加工配送 品牌营销	不同企业基于自己的资源与能力选择合适的方式，形成三大商业模式方向：

续表

盈利模式	关键驱动因素	组合选择
6. 单一经营与金融相结合盈利模式 7. 推行品牌营销盈利模式 8. 创新服务盈利模式 9. 延伸产业链进行盈利 10. 扩大海外市场进行盈利 11. 通过提倡分销进行盈利	技术营销 服务营销 差异化经营 渠道建设 开发终端 国际贸易	1. 产业价值链模式 2. 基于客户资源共享或渠道整合模式 3. 平台资源共享模式

（4）顶层设计“关键资源”

① 有什么资源和能力同时带来客户价值和公司盈利？企业处于什么样的产业链条中，在这个链条中处于何种地位，企业结合自身的资源条件和发展战略应如何定位。因此，关键资源获取首先要清楚自己在产业链条中的定位（多元化企业，考虑不同板块所在产业的地位）。

② 对于实体企业而言，其市场定位一般是围绕“大市场中的大企业”“小企业中的大市场”，其定位目标选择如下。

技术/质量/成本领导者：技术领先、质量领先、产品领先、“全价值链”的成本领先，这是基于核心能力的领先，是顶级的领先。

产量领导者：基于中国市场足够大，1995 年，中国 3 家企业进入世界 500 强，2005 年 19 家、2015 年 103 家、2017 年 111 家，是日本的一倍多。产量领导者前提是规模经济，产能不能过剩，行业集中度高、企业在产业链中有话语权。

深圳某特钢流通企业，先通过收购各地代理商，以及自建渠道，企图通过控制终端，倒逼中小特钢生产企业被其整合，自己主导做特钢产业链整合者。这就必须回答，未来是钢厂工贸一体化模式，还是大型贸易企业主导模式？钢铁产业链中的“链主”只可能是钢厂，钢铁是大宗工业品，直供比例越来越高，流通企业在产业链中话语权一直很低。结果该企业在扩张中现金流枯竭，以失败告终。

市场补缺者：包括市场专家、产品专家和顾客化公司，为更小的细分市场提供服务并能很好地满足其需求，以此获得溢价。

这就是“小而美”的企业：专业、聚焦、差异化、可靠。秉承专业化路线，聚焦做精，做别人不能做的事情。他们坚信只为客户创造可以衡量、立竿见影的价值，是检验战略方向的根本标准。

服务领导者：通过服务创造竞争优势，同时促进产品的升级换代，并采用成本倒推法控制成本，采用个性化服务，而不是短期的“一锤子买卖”，为客户提供全面系统的咨询参考，以及协助经营等。

③ 企业定位以后，依据定位通过战略手段进行资源获取，比如国际化、资本运作与并购、战略联盟、参股经营等方式，这里对并购进行特别说明。

大型收购可以借助协同效应实现一次性的成本缩减，而这种缩减源于合并后企业冗余部门的撤除，而极少源于长期性可持续收入增长率的提高。国内外多项研究表明，企业并购的失败率高达50% ~80%。美国《商业周刊》的研究结果表明，75%的企业并购是完全失败的，原因之一是没有积累差异化优势，缺乏领先能力。

（5）顶层设计“关键流程”

① 关键资源配置依靠管理流程，任正非指出“所有公司都是管理第一、技术第二，没有一流的管理，领先的技术就会退化；有一流的管理，即使技术二流也会进步”，因此企业具有“关键资源”只是第一步，还需要通过流程转化为价值、能力、优势等。

② 如何同时实现客户价值和公司盈利？提高资源配置与使用效率，坚持以顾客为中心建立先进的管理体系，不断通过机制牵引释放企业活力，实现具备品质、效益、体系支撑的内涵式增长，不片面追求利润而损害客户与伙伴利益，不盲目追求企业规模而牺牲品质。

③ 关键流程要围绕客户，建立面向客户的组织结构，通过企业信息系统构建数字化组织，通过渠道倍增、渠道集中/压缩等向客户高效地传递业务和价值，如表 7 – 15 所示。

表 7 – 15　基于“关键流程”的顶层设计

营销管理	营销组织体系	客户服务体系
产品管理体系 价格管理体系 分销管理体系 促销管理体系	营销结构设计 营销队伍建设 业务流程优化	客户细分与精准服务体系 全过程服务（供应链）体系 技术（研发）服务体系 信息与电子商务体系

6. 战略顶层设计是为了“赢”得好结果

① 战略顶层设计要结合企业实际开发形成适合自己的战略顶层设计。比如成熟行业要强调能力，而不是商业模式；企业还不具备战略并购能力，要坚持主业，以产品创新为业务设计重点。

② 在设计或者创新商业模式时，应该以“客户价值主张”的创新为核心，以关键资源和关键流程为依托，以盈利模式为财务安全的基准线，寻求各个方面的协调发展，这样才能获得长期的成功。

③ 战略设计一定要建立在可盈利，比如某企业营业结构中有买卖的收入，有服务的收入，有金融服务收入，有再制造收入，有再循环的收入，这就是我们从工业制造商向工业服务商转变。

④ 坚持全过程战略管理，要避免“有战略无执行力，有执行力无战略”“盲目追求最优战略，理想变成空想”“战略缺定力，规划变成鬼话”“有战略无规划，有规划无战略，有战略无管理”“有战略宏伟目标，不舍得投入资源与能力”等情况。

7. 战略顶层设计案例分析与启示

案例背景： 1993 年年初，当郭士纳以首位非 IBM 内部晋升的人士出任 IBM 总裁时，提出了四项主张。

① 保持技术领先。

② 以客户的价值观为导向，按客户服务对象组建营销部门。针对不同行业提供全套解决方案。

③ 强化服务、追求客户满意度。

④ 集中精力在网络类电子商务产品上发挥IBM的规模优势，这是针对1992年IBM所面临着解体为7个公司的情况而说的。规模是优势，规模优势的基础是管理。

案例效果：历时5年IBM裁减了15万职工，销售额增长了100亿美元，达750亿美元，股票市值增长了4倍。

案例分析：

① 通过该案例分析，IBM变革模式能够取得效果的前提是真正把战略意图全面落实，能够忍耐变革中的种种痛苦与坚强意志。为什么中国的国企改革一直没有深化下去？其改革路径谁都清楚，政府文件、国企内部变革举措也不少，但就缺效果，就是改革不彻底。

② 企业变革模式一看就懂才有效果，从IBM的变革来看，其背后商业逻辑还是回归基本面，回归客户价值创造，通过技术领先为客户提供差异化价值，通过组织变革支撑为客户提供全套解决方案的盈利模式；强化服务追求客户服务体验价值；网络类电子商务产品以规模盈利模式，并通过组织重组提升人均效能、管理效率。

二、具有战略思维

1. 战略思维的认知

德鲁克指出："一个企业只能在战略家的思维空间之内成长，一个企业的成长被其经营者所能达到的思维空间所限制！"IBM战略模型对战略思维定义是，"战略思维是指思维主体（组织与个人）对关系事物**全局的、长远的、根本性**的重大问题的谋划（分析、综合、判断、预见和决策）的思维过程"，同时指出高层管理者必须具有战略思维。

由此可见，全局思维、长期思维、聚焦思维是战略思维的核心。这里也可以把战略思维理解为战略思想，是顶层设计的灵魂。

2. 全局思维与战略协同

（1）存在问题场景

场景1：因为整体战略目标与经营承包团队没有直接与利益挂钩，导致后期拿出来的战略报告要么束之高阁，要么不能执行。

场景2：在战略制定上，不能形成一盘棋，各分、子公司因为考核与任期问题，没有从总体战略最优去思考。

场景3：由于每年干部都在竞聘，大家不知道自己未来是不是还在这个职位，故在战略讨论时，或多或少都存在打折扣的现象。

场景4：研发部门推出新产品，但生产单位不太积极跟进，因为新产品短期效益很难确定，导致企业产品规划意图遇到阻力。

（2）问题分析

① 商业模式涉及公司的方方面面，包括战略、运营、人力资源、创新、财务等，因此创新商业模式是一个系统工程。

② 部门管理者存在本位主义与任期思维，而在不知不觉中忽视了公司的整体战略方向和整体利益，华为对此教训深刻。

一个干部的鼓动能力很强，影响也不小，但是他没有全局观，他总是想为他的部门争取一些便利，或者在变革的过程中故意打破既有的一些好的平衡，这样没有全局观的干部是很危险的，历史上也有这样的教训。

（3）对策建议

① 明确职能战略实施是要形成合力、提升公司整体运营管理水平，要避免将各管理线的提升举措割裂开来、各自为政。

② 要充分考虑战略实施规划具体举措之间协同作用的关系，关注举措间横向搭桥的衔接点，使各个战略举措形成有机整体，从而建立系统运营能力方面的竞争优势。

③ 提拔干部要把全局思维纳入标准，同时在机制上要将干部的利益与公司战略绩效关联。

3. 长期思维与战略定力

（1）问题场景

场景1：决策层关键时刻没有力排众议，不能兼顾短期经营利益与长期战略发展规划，有时规划好的项目才实施了一半就停止了。

场景2：管理者为了报告好看绞尽脑汁想出项目，不是出于战略考虑，项目开始设想非常好，落地则不管不问，最多只是挂名而已。

场景3：基于战略新产品开发周期长、风险大，技术人员将更多的力量集中在装备引进和改进等见效快的方面，导致产品升级慢。

场景4：具有长期价值的非业务类项目获得关注和支持力度不够而耽搁或失败，比如电商项目组织规划不足，现有人员无法担当。

场景5：管理者忙于业务，对未来缺乏长期规划，需要人依靠“挖”，而不是依靠自己去培养。

场景6：公司没有整体战略规划，走一步看一步；分公司无具体详细的战略规划，经常变动，造成成本浪费。

（2）问题分析

① 过去以市场为导向，企业小好调头，所以往往在市场取得了胜利，但也导致大部分管理者欠缺长远思考和中长期规划的意识、能力，以打仗代替战略，因为做不好就有可能被辞退，没有精力也没有心思去思考企业的长远规划。

② 在“混沌且快速质变时代”，战略是一种不确定状态下的选择，战略不是简单规划出来的，而是执行出来的。战略规划强调毅力、执行力，战略规划需要“一张蓝图绘到底”。

（3）对策建议

① 借鉴华为，即使公司大幅度萎缩，也要坚定追求长期价值贡献的方向去改革；通过战略规划补贴保障，哪些领域要投多少资金，包括员工的待遇奖金都设计在里面，摈弃追求中短期的经营效益，未来战略补贴必须花完，但是具体落地必须有细则。

② 运用战略绩效平衡计分卡，考核不仅面对当前，也面向未来；不仅面对结果，也面向过程。

③ 当官就不要发财，想发财就不要做官，根据“当期产粮多少来确定经济贡献，根据对土壤未来肥沃的改造来确定战略贡献，两者兼顾，没有当期贡献就没有薪酬包，没有战略贡献就不能提拔”。

④ 考核产品线主管，不仅仅看当期的经营，还要看这个主管离开两年后产品线是否还有一个可持续的良好的增长和市场竞争力。

⑤ 战略贡献与干部晋升、配股、专项奖等重点激励相关，战略性项目或市场、艰苦的地方、“恶战”等容易提拔。

4. 聚焦思维与战略压强

（1）问题场景

场景1：过于依靠某一个大单品，新品急于求成，一个新品不行马上推另一个新品。

场景2：国内铜加工行业上市公司有10家左右，但仍然坚持主业的只有20%。金龙曾经是行业知名企业，拥有核心技术，但因为涉足新能源领域，资金链出问题，导致拖累主业。

场景3：原来一级子公司30多家，参股合作200多家。在此过程中，既没有形成有竞争力的产业链，也没有形成集团价值链，有出血点，比如文化投资项目、旅游项目、商场项目甚至出现亏损。

场景4：企业战略如同行业战略，太理想化，比如某机床企业在长期亏损的情况下，还提出“实施资产、资本重组，计划用四年时间，打造成为以智能制造为核心，主体经营规模突破三百亿元，世界领先的机床集团，未来将形成一个千亿规模的产业集群”。

（2）问题分析

① 很多企业都提过“××年销售额过百亿、千亿”“五年进入世界500强”等口号，结果要么是大而全，要么就是小而全。

② 借鉴麦当劳主张，“不要搞小而全，要专业化分工，是人类社会进步的必然，也是进步的标志。走小而全路子的经营者，常常是不肯让别人赚钱的人。事实上，你不让别人赚钱，你自己也赚不到钱”。

（3）对策建议

① 不盲目追求“短、平、快”的业务，饱和攻击就是密集弹药，把

能力中心放到战略资源聚集地。

② 在未来，选择什么样的客户和市场，选择为客户提供什么样的产品和服务，选择什么样的业务模式和采取什么样的措施，更重要的是选择不做什么。

③ 资源上投放高度聚焦战略，聚焦于主航道的市场份额、大客户、大格局项目、大攻坚项目、未来业务等。

④ 特定时间段内，企业的资源是有限的，为了合理配置企业的资源，应针对每一阶段的战略实施举措进行优先级排序，集中资源和力量保证最关键、最紧急任务的完成，如表7－16所示。

表7－16 战略项目安排策略

描　　述	执行策略建议
重要，难度不高，并且很紧急	尽快执行，夺取短期胜利
重要，难度不高，但不紧急	优先执行，鼓舞士气
重要，难度高，但不紧急	暂时观察，等时机成熟再启动
重要，难度高，同时也很紧急	成立专项小组，重点改善

⑤ 战略实施工作存在先后的逻辑关系，应从系统的视角深入研究各管理线工作之间的关系，合理确定工作顺序，有序推进。

三、具有战略行为

1. 建立保障机制

战略的顺利实施有赖于制度体系和各类资源的保障，在战略实施之初就应该考虑搭建战略保障平台、形成时效性的保障机制。

战略控制、反馈、评价、纠偏或调整机制是确保战略实施取得预期效果的重要保证。为此，应在战略实施之初建立战略控制体系，从而使战略实施按照既定方向进行以保证战略的有效性，或者根据实施阶段中的环境变化对原有规划进行调整，以确保战略的时效性。

比如战略风险监控体系：上海复星集团开发了一套特有的风险监控预警体系。以战略性年度经营计划为基础，结合全面预算管理，整合会计和审计资源，对各产业板块和产业公司的经营进行实时监控。一旦业绩偏离经营计划和预算的5%、10%、15%将分别启动多级风险预警系统，集团及时组织进行偏差分析，在注重数据分析的基础上，提出切实可行的绩效改进计划。

2. 战略宣贯行为

（1）问题场景

场景1：在战略宣贯方面，目前主要集中在中高层人员，横向广度还可拓宽延伸至中基层人员。

场景2：管理者对公司战略定位认识模糊；基层实际工作与战略承接不通畅，对普通人员的牵引作用不明显。

场景3：战略定位与目标是不能凝聚人心，朝共同的目标奋力前进，员工感受不到战略实施实现对本人利益关系。

场景4：我是个小兵，公司会议是领导资格参加的，具体什么情况，领导清楚。

（2）问题分析

① 企业家是否将他的事业主张、事业前景的设想传达给客户及投资者、员工、供应商等合作伙伴，这是企业家素质的重要标准，即他能否组织并领导一群人完成一个共同目标。

② 战略实施的落地最终将落实到“人”，员工的观念、意识、工作目标和参与程度将直接影响到战略实施的效率和效果。

（3）对策建议

① 应通过战略宣贯，树立干部战略性、前瞻性视角，培养协作、创新能力，强化学习意识，从观念上为战略实施提供保障。

② 通过战略宣贯等活动明确全员在战略实施中的责任，将公司战略与个人紧密结合，增强他们的战略责任感和成就感。

③ 企业战略牵涉到的部门，变革中的计划人员和执行人员的安排等，都应在计划中明确列出，让员工清楚变革所到达的阶段。

④ 企业管理者定期向他们公布企业的有关信息，包括企业最需要的是什么，未来几年会有什么变化，面临的最大挑战是什么，以及这些战略与他们所做的工作有何紧密联系等。

⑤ 员工理解了企业的战略目标和方向后，才有可能发挥所长，产生与企业目标方向一致的想法，让骨干员工有广泛参与决策的机会，让他们充分理解并自觉承担每项任务，真正树立起强烈的主人意识和责任感，及时把握企业发展过程中的每一次机遇。

3. 战略解码行为

（1）基于战略执行全过程环节解码

① 干部需要足够的理解力把战略任务进行分解，将战略举措/关键任务、流程与组织、人才、绩效管理、文化氛围、领导力、价值观等解码到关联部门和关键负责人，同时也需要人际关系连接力，保证相关部门认同分解的战略任务，承担并执行解码后的任务。

② 把任务目标写在纸上，挂在墙上，把“高高在上”的企业战略转换为各层级岗位的职责，再通过计划、考核、激励等手段转化到员工的实际操作中，用业绩兑现承诺。

（2）聚焦关键战略举措与任务

① 解码关键战略课题，指定课题负责人，成立项目组，明确课题达成目标、基本要求和时间，如表7－17所示。

表7－17　战略周期内关键任务项分解

战略代号	战略课题	目标	关键策略	需要资源预算	负责人	2015	2016	2017	2018	2019

② 基于公司战略长期任务、战略逻辑、战略措施和路径，按照年度进行滚动计划管理，如表7－18所示。

表7－18　基于战略的年度计划滚动计划

战略代号	战略目标或关键任务项	年度目标	关键策略	需要资源或预算费用	负责人	1季度	2季度	3季度	4季度

4. 战略检讨与改善行为

①定期组织战略检讨，对战略目标实现过程动态地进行监督、评估及调整，保证各项微观行为不偏离公司战略主航道，如表7－19所示。

表7－19　季度战略目标达成检讨跟踪表

战略代号	权重	战略下达事项	目标	是否完成	未完成/完成原因分析	改善或需要固化的措施	审查人

②环境和自身条件会随时发生变化，必须及时对变化进行跟踪、分析、研究，同时在最佳的时机调整战略，如表7－20所示。

表7－20　年度战略评估矩阵

企业内部优劣势的变化	企业外部机会威胁的变化	企业能够顺利完成制定的目标	结果
无变化	无变化	没有完成	采取纠正措施
有变化	有变化	完成	采取纠正措施
有变化	有变化	没有完成	采取纠正措施
有变化	无变化	完成	采取纠正措施
有变化	无变化	没有完成	采取纠正措施
无变化	有变化	完成	采取纠正措施
无变化	有变化	没有完成	采取纠正措施
无变化	无变化	完成	延续现有战略

③ 战略设计原理与方法基本比较成熟，无论用什么方法，只要按照步骤严格做到行为到位，基本都可以得出“基本正确”的规划报告，因此“不要炫耀工具，而忘记干活”。

四、具有战略能力

1. 战略能力推导

（1）基于转型升级的战略能力

① 改革开放40年，企业由“数量”成长到“质量”成长，再到“能力”的成长；企业只能做与它的能力相匹配的事情，企业战略转型中，如果其能力结构固化了，就推不动战略落地。

② 从公司业务状况、企业战略，以及相应的组织和人力资源策略出发，明确企业需具备的关键能力、新能力，如表7－21所示。

表7－21　基于战略关键能力推导

企业策略	组织的关键能力	相关岗位	岗位能力素质
决胜终端、深度分销	市场反应能力 物流和配送能力	销售、物流	服务能力

（2）基于客户价值创造的战略能力

① 市场经济的本质就是竞争，高明的竞争不是用蛮力搏杀，而是要不断创造新的客户价值，客户价值在哪里，市场就在哪里。因此，企业在市场竞争中依据客户核心价值构建自己的能力体系，让客户有效识别出来。比如顺丰快递的客户核心价值是“服务快捷”，支持其核心价值的是其具有强大的物流服务与保障能力体系。

② 核心能力是为客户创造价值的能力，不是打败竞争对手的能力，核心能力是竞争对手难以模仿和替代的，具有持久性。一方面，它维持企业竞争优势的持续性；另一方面，使核心能力具有一定的刚性。因此，核心能力超过3个可能性比较小，战略意图就不太明显。

（3）基于企业成功要素的战略能力

① 未来成功的关键要素与基本策略：人与文化价值观、研发与技术定位与策略、市场营销模式与策略、生产组织模式与策略、公司治理与管理规则，因此企业管理会升级为企业核心竞争力。

② 技术更新迭代快，商业模式容易被复制，不能被复制的商业模式一定是其背后拥有独一无二的资源优势、能力优势，比如阿里巴巴、小米等平台企业，按照市场“数一数二、不三不四”的竞争法则，复制这些平台模式的成功者是稀少的。

（4）基于“全要素成长”的战略能力

① 企业竞争力是企业内部与外部环境资源及竞争相互作用的动态平衡，在企业“全要素成长”阶段，企业强调核心竞争力的同时，也要强调基本能力足够强，在消除能力短板的情况下，通过强化核心竞争力转化为竞争优势。

② 基于全要素成长方式，建立基于“核心能力、资源整合能力和组织才能”为一体的综合竞争力。

（5）基于企业“软实力”的战略能力

① 彭剑锋教授认为中国企业“软实力”的核心是：人才、技术、品牌、管理、机制与文化。

② 基于全球化竞争视野，中国企业与世界级企业“软实力”对标有十三个要素：公司治理、人才开发与文化、业务结构、自主研发、自主品牌、管理与商业模式、集团管控、风险管理、信息化、并购重组、国际化、社会责任、绩效衡量与管理。

2. 战略能力构建及关键举措

① 建立能力指标体系，按照能力属性分为基本能力、核心能力、核心竞争力；按照能力来源分为资源能力（可以通过外部合作获取）、组织能力（公司层面）、岗位能力。以上海某企业为例：

√ 企业组织能力包括：品牌竞争力、文化竞争力、人才队伍竞争力、组织管控能力、业务协同能力、体系运行能力。

√ 岗位通用能力包括：学习能力、专业能力、服务能力、执行能力、纠偏能力。

√ 岗位专项能力包括：变革领导能力、运营能力、整合能力、创新能力。

② 企业核心能力构建，应该强化公司治理与领导力发展、组织与流程管理、产品与市场管理、供应链与价值管理、知识与信息管理、财务与审计管理、企业文化与人力资源管理。

③ 基于战略的组织能力，戴维·尤里奇组织能力指标有：人才、速度、共同的思维模式、问责制、协同、学习、领导力、客户连接、创新、战略一致性、精简化、社会责任、风险、效率。

④ 管理者一方面需要带头执行战略；另一方面要分解战略任务到一线，需要做好五项管理训练：制定目标、组织决策、组织沟通与信息共享、建立绩效衡量标准、培养自己与成就他人。

⑤ 战略任务实施行动推到一线，离不开基层员工执行能力，基于岗位与战略任务，员工需要做好五项自我管理修炼：心态管理、目标管理、时间管理、学习管理、行动管理。

3. 企业综合竞争力管理

（1）构建竞争力管理模式

① 对企业竞争力管理理论与实践的重构，引导企业决策层的管理重心必须从生产管理、市场管理转移到企业竞争力管理。

② 建立竞争力管理组织，强化企业竞争力管理职能发育，建立一批企业竞争力管理人才队伍、一套企业竞争力管理工具与模型、一套企业竞争力管理落地方法体系。

③ 通过企业竞争力管理模式，通过企业竞争力预测、预警管理系统，并融合到企业管理模块中，打破了按照传统专业分工导致部门内部条块分割，实现企业竞争力提升为导向的战略管理。

（2）设计竞争力评价模型

① 建立竞争力评估体系，通过企业核心竞争力识别引领战略决策与资

源投入；人力资源部据此优化领导力模型、岗位能力素质模型、企业赋能机制等。

② 以过程模型化、方法可操作化、输出结果简单化、结果应用系统化，解决企业竞争力管理建设或落地中遇到的主要难题。

③ 通过企业竞争力管理基本模型，并派生出企业竞争力管理应用模型，实现企业信息资源以竞争力要素为核心的系统整合，输入与输出相互验证，对构建平台企业提供一种全新的解决方案。

因此，笔者为此开发出竞争力管理模型，包括企业竞争力评价、企业竞争力预测、企业竞争力内部监测、企业竞争力内部预警、企业核心竞争力管理等九大报告体系，由于篇幅所限，不再赘述。

第八章 实现具有组织张力的成长

一、顶层设计

1. 顶层设计破解组织体系三大命题

（1）避免与战略脱节

① 公司战略定位决定了组织成长，即什么样的部门架构支撑了公司业绩增长，公司核心业务依靠哪些部门来承载。企业成长中往往因为战略不清晰或者战略职能过于分散，对业务扩张产生阻碍。

② 企业战略掌握在制定者手中，未能将战略目标、方向转变为组织业绩指标、组织行动。各级管理者工作重点未能体现在战略意图上，未能建立基于战略的组织能力、资源力量、核心能力。

（2）避免“小企业病”

① 创业期管理越简单越有效，但在成为大企业的时候，需要实现大组织的规范运作模式：摆脱依靠长官推动的执行力，摆脱依靠能人治企的用人风格，需要标准化作业、专业化管理、职业化团队，才能实现可持续、可复制的成长。

② 不能以机制代替管理，出现“以包代管”“以罚代管”等现象，比如通过销售提成驱动销售、以计件工资驱动生产，导致销售依靠个人而不是团队、导致生产牺牲质量追求产量（或者不愿意生产难度大的高附加值产品）、联厂承包制导致山头主义等。企业出现“有钱就干、没有钱就不干”，企业文化变成“功利导向”。也就是说，“没有钱是万万不能，但金钱不是万能”的，小企业模式必须建立在专业管理基础上，通过机制激发管理专业化的效果。

（3）避免“大企业病”

① 企业规范化运作中，养成了“事事讲流程、讲规矩”的“大企业病”，文件成为教条，制度成了枷锁，流程成了关卡，响应市场越来越慢，

出现了“不管则乱，一管就死”的现象。

② 组织体系规范的同时，兼顾组织活力，通过配套机制建设，解放生产力，释放创新力，让组织变得更有弹性、更少束缚，让员工变得更自主、更自由。

③ 解决部门协同不力的问题，比如各个部门犹如“铁路警察”，各管一段，只关心本部门的工作、本部门的实际利益，追求上级满意度，而不是部门配合满意度。

④“顾客就是上帝”只是营销人员的信条，企业的其他员工并不关心生产或提供的服务是否能真正满足顾客的需求。

2. 顶层设计目标与任务

（1）处理好五大关系

① 经营先于管理，但不能理解为只要经营，不需要管理。如果经营超前，管理滞后，管理的重要性就提升，反之也成立。所以，大企业管理要支持经营，不能太超前，但也不能拖“后腿”。

② 机制先于制度，要建立在专业制度体系的基础上，通过机制激活制度的力量，基于顶层设计形成大企业制度体系大厦，如华为、德邦利用“外脑”，将企业理念、战略、成功要素、管理哲学与方法，融入组织体系。对于拟上市企业，根据证监会的《企业内控应用指引》，在组织架构、发展战略、人力资源、社会责任、企业文化、资金活动、采购业务、资产管理、销售业务、研究与开发、工程项目、担保业务、业务外包、财务报告、全面预算、合同管理、内部信息传递、信息系统 18 个方面的业务流程进行梳理和完善，使之能适应企业发展要求，同时达到证监会对上市公司内部控制规范的要求。

③ 干部先于组织，企业组织功能依靠团队及干部的才能，组织才能运行，没有人才基础，组织就是一个空转的框架。在企业成长的过程中，企业组织架构很齐全，但实际运行不起来，这也是部分企业“因人设岗”的原因。

④ 文化先于战略，企业文化是企业战略思想，是企业组织的灵魂，有了正确的文化，在战略遇到困难时，团队对战略执行不会出现摇摆；在遇

到战略诱惑时，团队不会迷失方向，偏离主航道。企业战略是执行出来的，不是设计出来的，战略执行需要有由文化牵引的事业团队、企业家精神，没有文化的组织，干什么都很难持久。

⑤ 领导先于文化，企业文化的力量是“领导带头示范的力量”“英雄人物的标杆力量”，企业家团队的思想决定一个企业的文化方向；企业家团队对文化的“信仰”决定全员的价值取向。优秀的企业家与企业文化，带来利益相关者信任的力量。

（2）主要目标

① 根据巴纳德的系统组织理论，组织有效协同的前提有三个：共同的目标、贡献的意愿、信息的沟通。因此，以企业使命、愿景、战略目标为组织的共同目标；以业绩牵引组织贡献的意愿，以流程化组织、客户化组织、平台化组织等促进信息的沟通。

② 德鲁克认为：“管理是一种器官，是赋予组织以生命的、能动的、动态的器官。”组织必须：

有效率：通过组织分工与协同体系，实现组织精干高效，建立组织高效测量指标，比如日常会议决策是否做到“会而必议、议而必决、决而必行、行而并果”。

有活力：通过组织授权、业绩管理、创新管理等机制，建立组织活力测量指标。比如集体决策中是否存在“一言堂”？是否将一线市场压力传递到组织内部？部门是否围着市场转，全员是否围着客户转？企业内部对创新是否支持到位？是否允许试错行为？

有健康：通过风险管控、廉洁自律、监督约束、社会责任报告等举措，有效降低企业发展中可能遭遇到的风险。比如有没有越权审批行为？有没有造假和腐败行为？有没有违背职业道德的行为？

③ 树立卓越体系建设的目标，坚持“理念导向、战略导向”的前提下，实现“四化”目标。

分工专业化：通过组织架构设计、岗位分析（职责）、岗位解码、权限手册等管理模块，这是实现“专业化”基本步骤。企业要提倡“让专业的人做专业的事情”不仅仅是专业做事，更提倡经营层强调“专家型”人才；对于管理层，强调复合型人才。

管事流程化：分工是为了更好的协同，跨部门协同难度远远大于部门内部协同，跨部门难度来自于如何界定跨部门配合作业标准、跨部门资源配置协调机制、跨部门责任与利益考评机制等。所以，要通过流程来明确各部门的配合质量、数量、效率及风险控制标准。

管人制度化：用流程管事，用制度管人。制度工具发明早于流程，但当下企业实践中，是流程在前，制度在后。从广义上说，流程也是制度，是一种用图表化表示的制度，更直接、更直观、更实用。

管控体系化：专业化、流程化、制度化，最后是体系化，也就是要把前“三化”零部件组装起来，形成组织管理体系，这要求各管理模块相互匹配、相互融合，有衔接，但不能重复交叉。

（3）主要任务

① 建立有市场竞争力、组织能力和资源力量足以成功推行战略的组织，以战略预算配置资源，建立与业绩目标匹配的激励机制、授权机制，建立基于战略的流程化组织，实现组织内部的自发、自动连接和协同，降低内部交易成本。

② 在企业总部管理平台上融入“高绩效文化、战略意图、客户化、流程化、信息化、管理模板、管理工具、测量方法、求助工具、激励约束”，形成具有组织张力的体系。

③ 管理为业务服务，业务条线管理者是体系建设者，也是需求者，要思考在业务流程的每个核心节点上，明晰责任主体岗位；每个岗位的激励考核的压力点给到位；基于管理体系平台，公司新业务得以发育，人治现象得以消除，企业迈上组织化的新台阶。

④ 面向客户需求，沿着流程来分配权利、资源，以及责任的组织，将流程与组织并联成为战略执行的载体，通过对组织结构、岗位职责的有效设计，使得职责清晰明确，确保战略在组织及个人层面获得有效承接。

⑤ 在“授权、授责”的基础上，企业总部通过信息机制、流程机制、对标机制、自律机制、审计机制、文化机制等对各业务单元进行体系化的有效管控，防范下级单位方向失误，以及运作失范。

(4) 关键任务清单

① 主要明确组织设计导向、设计目标、组织扩张原则、组织调整原则等，基于顶层设计三大导向，基于组织体系设计“四化”目标，组织体系设计主要任务清单，如表8-1所示。

表8-1 组织体系顶层设计任务清单

维度	核心任务	支持任务
定编	《企业一二级组织架构》 《企业事业部管理方案》 《企业虚拟组织管理方案》	《组织架构诊断与分析》 《基于战略的组织单元分析》 《基于组织管控模式分析》
定岗	《企业岗位及职务设置》 《企业岗位异动管理方案》	《现有岗位盘点分析》 《基于价值链的岗位分析》
定责	《企业部门职责分析》 《企业岗位职责手册》	《基于战略的职能地图》 《基于客户导向的职责分析》
定权	《企业组织权限管理手册》 《企业组织决策管理方案》	《现有权限表盘点分析》 《基于组织活力与效率分析》
定规	《企业流程制度管理体系》 《企业基础管理标准体系》	《现有流程梳理与分析》 《基于流程风险与效率分析》
定利	《企业薪酬绩效管理方案》 《企业激励机制设计》	《现有利益分配制度分析》 《基于顶层定位的利益机制分析》

② 组织要支持战略扩张（比如支持国际化战略的海外事业部）、支持核心竞争力（比如系统改善部、研究院、企业大学等）形成、支持新的商业模式（比如支持产融盈利模式的投资事业部）等。

3. 顶层设计关键步骤及要点

(1) 模式决定总体效率，依靠企业特点选择管控模式

① 对于集团类企业，按照“战略管控、财务管控、运营管控”进行选择管控模式，一般结合公司战略、行业特点、企业规模与发展阶段、业务风险，甚至包括经营者的风格等因素，这些因素相互影响。

② 选择什么样的组织模式，关键要看集团总部的定位，是做强势总部，还是做平台服务型总部。对于“先有儿子，后有老子”的集团，组合

模式比较合适；对多元化集团企业，各板块发育程度不一样，盈利情况也不一样；对成熟板块尽量采取“授权经营”模式，实现“以存量带动增量”；对新板块采取“总部培育模式”，以“增量打破成长天花板”。

（2）结构决定功能，依靠战略决定组织职能定位

① 在选择了适合的组织模式后，组织结构设计就成为组织体系要解决的第二个问题，组织模式的实现需要组织结构的支撑。

② 组织结构的设计要遵循“战略决定组织结构，组织结构传承战略”：战略重点的改变会引起组织工作重点的改变，从而导致各部门与职务在企业中重要程度的改变，并最终导致各管理职务，以及部门之间关系的相应调整。战略决定组织结构，反过来组织结构对战略起到传承作用。

③ 组织结构反映了资源是如何在内部优化配置和有效使用的，并在很大程度上决定了发展战略的实施和管理目标的实现。把战略推行活动划分为若干单元，将企业整体战略划为若干战略实施活动单元，实际上就组成了组织结构调整的基本框架。设计主要方法有：

行业标杆法：从行业里选取有代表性的企业作为研究对象，研究内容主要是其组织架构设计是如何发挥作用的，部门之间是如何协作配合的，哪些可以作为借鉴。

问题剖析法：主要是从内部角度，企业现在的组织架构上存在哪些问题。

（3）分工决定协同，依靠顶层设计匹配权责与流程体系

① 组织结构是业务流程的骨架，责权体系和核心管理流程则是流淌在骨架中的血液。企业之所以看上去组织完善、制度严明，但是运行起来困难重重、麻烦不断，可能是权责体系不明确造成的。

② 组织结构设计一旦完成，权责体系与流程必须匹配，在流程中有很多的关节点，承担着不同的任务，也就有不同的责任。为了保证任务完成，必须赋予这些关节点以权利，谁负责，谁来拍板，谁来执行。所有关节点权利与责任的集合，就形成了权责体系。在此基础上明确的核心管理流程，则成为解决企业关键问题的决策机制。

③ 为了有效管理流程，需要什么业务信息？什么样的体系能够最有效

地支持面向客户的流程的价值实现？据此对组织结构进行优化，因此流程可以验证组织结构合理性，反过来优化组织结构。

（4）业绩是硬道理，依靠业绩检验体系运行效果

组织结构、权责体系和流程明确，这种设计是不是能够实现企业战略、有效承接企业的组织模式，需要业绩评价机制。如果绩效优异，则自然选择的组织管控体系是合适的，反之亦然。

二、专业分工

1. 基于专业导向的顶层设计

（1）确定组织治理形式

主要是确保高层决策组织运作模式，如战略委员会、薪酬提名委员会、审计委员会，以及匹配的专业工作小组，这些组织是虚拟组织，一般以项目运作模式或会议形式形成高层组织职能。

（2）确定组织结构形式

直线职能制、模拟事业部制、事业部制、矩阵制、多维组织，以及新型组织（阿米巴组织、分布式组织、网络式组织、生态化组织等），各种组织结构都各有利弊，选择何种组织结构，要基于战略需要，同时要兼顾企业人才质量，特别是领军人才队伍。比如事业部制，对事业部负责人要求比较高，如果没有相关领军人才，事业部不仅很难“发育”并且还可能存在一定的事业风险。

（3）划分业务部门结构

按照业务种类（成熟业务、成长业务、种子业务）划分战略组织单元（SBU）；按照客户对象划分的组织，比如大客户部；按照区域划分组织；按照行业划分组织，比如房地产事业部；按照产品划分的组织，比如机床行业的“玻璃机事业部、钻孔机事业部”；还有按照生产过程划分的组织，比如采购部、生产部等。

（4）设计职能部门结构

职能部门主要按照专业化、集中化、大部制进行结构划分，专业化是

第一依据，在专业基础上集中或大部制，发挥规模效率优势。

（5）促进职能结构的合理性

职能结构是指实现组织目标所需的各项业务工作，以及比例和关系。其考量维度主要包括职能交叉（重叠）、职能冗余、职能缺失、职能割裂（或衔接不足）、职能分散、职能分工过细、职能错位、职能弱化等。

（6）促进管理层次结构的合理性

层次结构是指管理层次的构成及管理者所管理的人数（纵向结构）。其考量维度包括管理者分管职能的相似性、管理幅度、授权范围、决策复杂性、指导与控制的工作量、下属专业分工的相近性等。

（7）促进部门结构的合理性

部门结构是指各管理部门的构成（横向结构）。其考量维度主要是一些关键部门是否缺失或优化。从组织总体型态，各部门一二级结构进行分析。

（8）促进职权结构的合理性

职权结构是指各层次、各部门在权利和责任方面的分工及相互关系。主要考量部门、岗位之间权责关系是否对等。

（9）划分管理职能

法国管理学者法约尔最初提出把管理的基本职能分为计划、组织、指挥、协调和控制。后来，又有学者认为人员配备、领导激励、创新等也是管理的职能。组织结构设计其实就是职能的设计，因此职能划分要顾及管理的要求，比如创新职能化，该项职能就必须设立。

2. 基于理念导向的顶层设计

（1）基于客户化组织

① 客户导向原则是指企业的经营运作模式将由产品导向转向客户导向，组织设计应基于快速响应客户的需求，简化流程；有利于提高协作效率，降低管理成本。

② 确定部门定位与专业职能，划分岗位，没有创造价值的部门或岗位，就没有存在的必要。

③ 组织设计要融入客户价值链，对不能创造客户价值、非战略性且低

效的部门，尽量考虑外包，拓宽组织边界。

④“管理为经营服务”，各职能部门面向一线，充分发挥“服务、参谋、监督、协调、调研、执行”六项功能。

⑤ 基于客户导向，逐步建立小团队作战组织；建立高效的营销组织，如海尔、苏宁小团队作战的“创客组织”，华为“铁三角组织”，形成市场经理、产品经理、交付经理的组织形式，为客户提供无缝衔接的服务型组织，通过“铁三角组织”培养工程师商人。通过组织重心向客户前移，让听得见炮声的人做决策。

（2）高效运营

① 组织结构设计效果是促进协同，减少管理层次，尽可能使组织扁平化，以提高运作效率。

精简管理机构和人员，降低组织不必要的运营成本；尽可能使关联度较大的职能聚集在一个部门内或使关联度较大的部门集聚在一个系统内，以提高专业范围内的沟通、协作、运行的效率。

② 保持有效管理幅度，每一个管理人员有效地监督、指挥其直接下属的人数要适度。

管理幅度取决于多方面的因素，例如工作性质、所处层位层级、员工的能力与素质状况、企业的信息技术运用状况等；企业在规模一定的情况下，管理幅度与管理层次成反比关系，即管理幅度越大，层次越少；设置合适的管理幅度，最终才能使企业在运行成本与运行效率上达到一个好的平衡。

③ 通过岗位分析，不断完善劳动定额标准与管理幅度标准，定期进行人力资源大盘点，优化岗位设置，提升人均效能。

④ 职责清晰，做到职责边界不交叉、不遗漏、不重复，确保人人有事做，事事有人做，减少重复劳动、无效劳动。

（3）风险可控

① 要遵循法律规定，将管理架构融入法律框架中，保证实质与形式的一致。

② 执行与监督分离原则：通过企业执行与监督的职能分离，建立业务

的制衡机制。

沙钢一把手只相信审计，具有强大公信力，如果发现问题，不管他是不是副总，可以直接调查。在审计内容上，除了对传统财务审计外，事无巨细，几乎包括企业所有管理职能检查，定期对财务、绩效考核、采购、销售等敏感部门实现严格审计，对员工举报的任何违纪的行为都进行调查。同时，其审计不是为了“整人”，有员工举报工长私占奖金，发现举报不实，为该工长澄清。

3. 基于战略导向的顶层设计

（1）欠缺战略导向的常见问题

① 组织结构战略导向不足，组织调整与人事任命过于频繁，不利于管理职能的发育，比如“组织变化太快，甚至出现第二天上班，被告知直接到另一个部门报到，如有意见，就说你不拥抱变化”。

② 组织职能偏离战略，管理者按照偏好或特长管事，存在部分职能发育过度或不足的两种极端现象。比如深圳某企业 HR 负责人对招聘津津乐道，但绩效管理还停留在五年前的模式。

③ 组织职能顶层规划不足，出现“大而全”或者“虚无化”两个极端现象。比如某企业没有人力资源规划，该企业人力资源部门“什么职能都去做，但一个都没有做好”。

④ 过于强调职能专业化，导致战略连续性活动被分散不同的部门，基于战略的组织能力很难发育与沉淀。

（2）基于战略导向的要求

① 组织设计以战略为先导，要确保战略性的业务和新增长点业务在组织结构上有体现；对非战略业务活动可以考虑外包。

② 区分战略职能与其他职能，战略职能是解决企业的发展方向性与整体资源的配置问题；管理职能是解决企业管理效率和管理能力的问题；运营职能是解决企业价值链上各个环节的增值性和企业资源的使用问题，是解决运营过程中的成本控制与技术问题。

③ 避免用旧的组织结构支撑新战略，但组织结构在一定时期的稳定也是必要的，以确保战略决策连续有效、执行动作连续性。

4. 关键问题及对策建议

（1）总部定位

场景：原来一级子公司几十家，参股合作二百多家。在此过程中，既没有形成有竞争力的产业链，也没有形成集团价值链，出血点太多，一些项目甚至出现亏损。集团的多层级组织管理，增加管理协调的难度与复杂度，不符合现代企业组织扁平化的要求。

建议1：对非多元化集团或产权比较单一的企业来说，有两种做法：一是如万科的强势总部；二是平台总部，没有最好的，只有最合适的。无论采取何种模式，都要避免“一抓就乱，一放就死”的局面。这不是组织结构问题，是权责划分问题、激励机制问题。

建议2：对于多元化集团，涉及产权事务管理，比较复杂，对该案例提出以下建议：

① 通过产业整合，形成三级管控结构（集团、产业集团、一级子公司），形成集团总部为战略决策中心、资源整合中心等，各产业集团为专业化经营管控中心、一级子公司为执行中心。

② 理清集团总部该管什么，不该管什么。结合集团总部的功能或目标定位，对总部职能部门的定位进行再论证，对缺失的职能进行填补，对重复交叉或可有可无的职能进行梳理或合并。

③ 对于具备独立法人地位、由公司拥有全部产权或全权委托代管的专业公司，由总部委任高管，按统一决策实施经营管理；对于拥有部分产权的控股或参股公司，公司按持股比例参加其经营。

（2）高层组织

场景：公司成立三大委员会，有这样简单的委员会，但更多是形式，没有实质性应用。

分析1：委员会成员专业判断能力较弱，缺少相应的学习与赋能，导致决策议政能力弱。

分析 2：委员会是虚拟组织，因为老板在委员会中，可能导致一言堂；委员会上会事项太多，牵涉委员会精力等，这些都会导致委员参政效果大打折扣。

建议 1：专业决策委员应该是由资深人员组成的咨询机构，必要时邀请外部专家进入。

建议 2：建立规范的高层决策机制，建立重要事项决策咨询机构和议事制度，实现决策的科学化和民主化。

建议 3：明确非常设机构职能定位，是指除长期为研究决定重大经营管理事项、完成某项综合性、临时性任务而设立的跨职能、跨部门的决策、咨询或组织协调机构。

建议 4：按照功能分两类：第一类是为决策、咨询经营管理重大事项而设置的非常设机构（委员会）；第二类是指为组织协调某一方面工作、某项特定任务而设置的非常设机构（领导小组）。非常设机构一般设立兼职的办事机构，其名称为办公室，设在与其工作任务相关的常设机构，负责非常设机构的日常基础工作和会务组织、会议决议的记录、落实与督办工作。

（3）项目组织与流程化组织冲突

场景：一些常规事项也以项目形式推动，导致职能职责虚化、人员指挥关系混乱，跟技术中心配合中有很多问题，本来这个人是他们部门的，现在是在另外一个项目部上班，就这样来回扯皮。

分析：项目化组织是职能式组织补充，但是要把握度。华为任正非指出："我们工作组满天飞，流程化组织变成了一个资源池，这样下去我们能建设成现代化管理体系吗？一般而言，工作组人数逐步减少的地方，流程化的建设与运作就比较成熟。"

建议：项目完成后，形成具体工作和制度，并入某职能部门的职责，项目管理与职能管理共同构成公司的基本管理方式。

（4）管理职能与服务职能划分

场景 1：集团总部喜欢检查指挥，没有提供支持服务，总部认为如果不检查、不考核，没有办法管理下属单位。

场景2：总部职能部门怕得罪业务部门，不敢处罚，职能部门变成“尴尬”部。

分析：管理部门管控过度，影响业务的正常思路与决策；如果管理部门管控不力，业务部门自主性过大，让业务去指责管理部门又动摇管理的权威与检查力度。

建议1：把管理职能和服务职能分开，涉及管理职能，要严格执法；涉及服务职能，要强化内部客户理念。

建议2：服务职能没有集中效益的或者总部管不好的尽量下放，据此划分总部与成员单位的职能界面。

（5）组织功能与人员能力不足的矛盾

场景：某企业在研发体系变革过程中，该企业充分认识到产品规划管理的重要性，成立“产品规划部”，但该部门配备人员经验不足，结果该部门工作变成事故调查、召集各部门开会、写文档、给领导汇报等，部门边缘化，于是公司对研发系统组织做出调整。

建议：基于战略设置重要部门，也要基于战略配备相应的人才，不能因为人的能力不足去调整组织结构。可以借鉴华为委任“少将连长”的举措。

华为“少将连长”，按员工面对项目的价值与难度，以及已产生的价值与贡献，合理配置管理团队及专家团队。传统金字塔的最底层，过去级别最低，他们恰恰是我们面对CEO团队、复杂项目、极端困难突破的着力点……过去的配置恰恰是最软点着力。我们是要让具有少将能力的人去做“连长”。

（6）职责划分过细

场景：因为职责过细导致工作过程中的交接，不增加工作的价值，大多数的工作过程中的问题是由交接引起的，大多数的工作交接引起扯皮的现象，导致时间延迟。

分析：过细的专业化分工使员工技能比较单一，增加了员工工作的单调性，无法学到新的知识；导致人们把工作重心放在个别作业的效率提升上；保持职责完整，可以减少交接次数和重复工作量。

建议：职责设计中，尽可能使同一个人完成一项完整的工作（职责完整性原则），完整的工作对员工绩效评价有可衡量的依据。

（7）职能化组织与流程化组织

场景：职能部门间的利益分歧往往会促使个体的短期利益凌驾于组织发展目标之上，产生“见树不见林”的思维盲点、僵化的本位主义和管理的“真空地带”，从而弱化了整个组织的功效，如表 8－2 所示。

表 8－2　职能化组织与流程化组织

维度	职能化组织	流程化组织
部门设置	根据垂直职能划分部门，部门数量相对过多	以顾客为导向，强调全过程的协调和目标化管理
关注重点	重视职能管理和控制，直线执行力强，横向协同弱化	关注公司目标和客户需求，做到横向到边，纵向到底
时间标准	时间标准一般受流程审批人管理习惯与专业判断能力影响	流程管理重视时间效率，效率是流程最重要的标准
管理变革	更多的是部门重新划分，职能重新调整，人员的简单增减	基于效率的流程再造，创建流程部门或跨部门的任务小组
工作衔接	职能相对独立，部门工作衔接一般通过上一级来协调安排	工作衔接一般根据流程进行，不需上一级控制和协调
组织体系	金字塔形的层级命令控制体系	以流程为导向的扁平化组织

建议 1：由职能化组织向流程化组织转变，依靠流程驱动责任前移和下移，对流程节点进行责任考核，促进全员流程协同意识。

建议 2：强化信息纵向和横向的沟通，打破信息“孤岛”，避免多门、重复填表；避免信息分散在不同的领导、部门和业务人员的手中，同样的工作被不同的人重复做，对某些工作的了解会经常一次次“归零”重来，导致某些资源闲置和劳动重复。

三、合理授权

1. 基于专业导向的顶层设计要求

（1）明确权限分类及基本原则

① 企业权限有四类：决策权（包括批准权、任命权、终审权等）、建议权（提名建议权、参与决策权等）、审核权（中间否决权、辅助决策权）、知情权（备案、公示等）。决策权分配有两个极端，在高度集权情况下，决策权完全由高层控制；相反，在高度分权情况下，下层做决策，与上级打下招呼，就可以做。所谓集权，主要是决策权的归属，很多企业对此有误区，在决策活动中，增加职能部门审核权，认为是分权。在实践中，对业务部门来说，职能部门拥有审核权过多，出现“点头不算摇头算”的现象，比原来“老板一个人说了算”的集权方式，其效率更低。

② 四大权限中，建议权、决策权构成主导权限，中间增加审核权、知情权，这是参谋权限，主要是针对决策质量、决策风险的考虑。如果增加了参谋权限，但没有提高决策质量、降低决策风险，则需要重新评估这些参谋权限点是否减少或撤销。

③ 分权是赋予权力，上级不能随意剥夺下级的正当权力；授权则遵循职权绝对原则，上级职权授给下级之后，上级人员对下级人员的行为是负责任的，也就是“授权不能授责”原则，这与分权的“权责对等原则”不是一个概念。上级虽然授权给下级，但又保留着收回授权的权利。同时，授权遵循统一指挥原则，不能逐级授权，被授权者只对直接上级负责、直接上级汇报的原则，不能越级汇报。

（2）基于综合要素决定集分权程度

① 总部在“战略规划、大宗投资、大宗资金与采购、年度经营计划与预算、重要人事任命、文化”等方面需要一定的集权。

② 企业集权与分权各有利弊，需要综合考虑，一般来说，越成熟的部门、越专业的部门、任务越复杂，则越要授权，如表8－3所示。

表8－3 企业集分权程度判断标准

维度	指标类别	指标细分	指标影响说明
需不需要	战略导向	战略意图的业务活动、战略目标	关键战略活动倾向集权
	业务特征	核心业务与相关业务关系	核心业务倾向集权
		没有核心业务时，业务之间关系	业务之间的关系越分散，越分权
应不应该	行业特征	企业在价值链中的相关程度	相关程度越大越集权
		在竞争市场上生存链上的位置	根据竞争定位确定集分权程度
		行业成熟度	越成熟越集权
		市场与客户响应程度要求	要求越快，越要放权
能不能够	能力界面	所管理企业独立运营能力	独立运营能力越强，越分权
		母公司的管控能力	管控能力越强，越分权
	资本运营	资本运营能力	资本运营越成熟越分权
		母公司在业务公司所占股权比例	股权比例越大越能集权
相关要素		业务公司是否新进入行业	专业越不熟悉，越分权
		历史背景形成的软性控制力	越稳定，越能分权
		企业所处生命周期	企业越成熟，越容易分权
		地域性因素	离总部中心越远，越分权

2. 基于理念导向的顶层设计要求

（1）基本理念

集权有道：关键权力集中在总部，以加强战略规划实施的推动力量，对公司经营活动总体控制与统筹安排公司的核心资源。

分权有序：在集中关键权力的同时，要有程序、有步骤地考虑放权，首先要将与经营活动有关的权力下放到业务经营单位。

授权有章：对于授权给什么人，这个人具体拥有什么权力、操作范围有多大、流程是什么样的，都应该有章可循。

用权有度：对于权力的使用要有制衡机制加以约束，既要防止权力过度集中，又要杜绝放权后权力的滥用与失控。

权责对称：使最明白业务的基层主管承担责任，在流程中明确行权并承担责任，各部门的日常管理决策应遵循部门决策组织确定的原则，对决策后果承担个人责任。

有效监督：在风险可控的前提下，不断简政放权，并且建立配套透明的监督管理机制，实现玻璃箱式管理。

（2）决策原则

决策依据：决策的依据是公司的宗旨、目标和基本政策，在此基础上，基于足够的信息与事实、市场与客户进行决策。

民主集中制：需要集体决策的（各种管理委员会）事项，让不同意见存在和发表。一旦形成决议，就要实行权威管理。

专业化决策：对于需要专业判断的事项，安排专业人士参与决策，真理往往掌握在少数人手里。

3. 基于战略导向的顶层设计要求

（1）基于战略业务成长的需要

① 组织授权依据企业战略发展阶段、事业领域、干部能力成熟度等，逐步授权，对战略中需要“聚焦压强”或者需要“集中力量办大事”的关键事项，原则上采取集权方式，确保战略需要的关键资源得到优先配置。

② 基于企业顶层设计必须由高层亲自主导，不能授权。

③ 对于战略新业务单元，基于业务战略不确定性，要授权事业单元，鼓励新业务单元“先行先试、自主摸索”，同时不断以授权激励二级企业队伍的成长，激发组织活力。

④ 基于战略目标责任制分解，要配套下放相应权力，各部门承担战略绩效指标责任的同时，有相关资源调配权、利益分享权，基于战略打造“责任共担、价值共创、利益共享”的事业共同体。

（2）基于战略风险与效率均衡的需要

① 基于战略计划及预算内的事项要减少审批程序，不重复申请、审批，必要时直接下放权限，提升执行效率。

② 例外管理事项审批，在例外或特殊情况下（依据公司制度确定的例外事项边界），可走应急通道，但事后必须补办相关审批手续及备案。同时，对于流程制度没有约定的事项，要采取集中办公、集中处理方式，提升审批效率。

③ 职权是执行任务的权力，职责是完成任务的义务，建立责任承诺书和授权书制度，要对战略决策后果承担终极责任。

4. 关键问题及对策建议

（1）权力重心/决策重心过高

场景：大部分企业存在决策中心过高的现象，如果放权，则出现“一抓就乱，一放就死”的局面，如表 8－4 所示。

表 8－4　问题表现及归因

问题表现	弊端
• 事无巨细都需高层审批，依赖高层决策，导致流程过长，办事效率降低 • 员工及各级管理者依赖领导决策，按领导指令工作，很多决策事项等待上级过程中错过市场机会 • 决策民主度不高，不允许听到不同的声音，缺乏决策辩驳机制 • 高层忙业务，跑市场，老板出差一回来，门口排队等着集中签字，老板也没有精力去研究这些审批是否合理，或者干脆不签字	• 高度集权机制和部门责任模糊化，使各层级管理者养成了不主动承担部门责任的习惯 • 过度集权，大家对领导负责，而不是对事、对客户负责，导致责任上移 • 长官意识和领导权威而缺乏法治意识 • 过度集权导致下级琢磨老板的心思，不能实事求是，决策信息不对称

分析 1：这是企业文化习惯导致的，在企业成长期，创业者由一线成长起来，具有业务情结，喜欢亲力亲为，导致大家逐步养成了缺乏自我思考，事事以领导为中心、依赖领导决策和推动的习惯。

分析 2：这与管理者的决策能力有关，因为中高层管理者欠缺战略决策意识、相关业务事项的判断决策能力，导致无法授权。

分析 3：这是缺乏有效管理体系造成的，权责不清楚，部门管理者有多少审批权也不清晰，老板想授权，但一直放不下去。

分析 4：在分权或授权方面，需要把握集权与分权的平衡，这是由集分权各自弊端决定的。

集权的弊端会造成下属单位权责不对等，造成对实际情况熟悉或专业人士没有决策的权力，从而无法调动下属单位的积极性。

分权的弊端则可能导致总部对下属单位无法有效管控，比如下属单位盲目追求短期业绩，破坏战略协同。

分析5：在分权方面，要把确定事项按照授权原则进行管理，因为很多日常事项领导审批也是走形式，严重影响了办事效率，部门之间的沟通、决策和问题的解决应在直接参与作业的层面进行，凡事汇报给部门领导，由部门的领导进行沟通和解决问题的方式导致时间浪费和企业成本增加。因为部门领导对具体问题的了解比基层人员少，部门领导应该利用其经验给出适当的建议，而不是替代基层人员做出决定，反复的上下沟通可能会带来信息的失真。

建议1：在授权的基础上，通过信息机制、流程机制、对标机制、自律机制、审计机制、文化机制等对事业部进行体系化的有效管控，防范分支机构方向失误，以及运作失范。

建议2：决策的民主性要增强，内部要建立辩驳机制，要有人唱反调，执行层面不能唱反调，决策层面可以唱反调。

建议3：要改变组织自上而下的单向决策方式，使组织决策在整体面对市场和客户需求的反应最快、距离最短、内部交易成本最低。

建议4：要建立专业权威的审计部，强化总部管控力度与能力，在此基础上不断简政放权。

（2）混淆专业权限与行政权限

场景1：领导权威第一：很多事情都要让领导说了算，导致出现问题找不到负责人；领导主张的事情，从专业角度来看，哪怕是错的，专业人士可能也不愿意发表观点。

场景2：做不到专业决策：工作中出现部分上级对一些专业事项不知道该不该批，怕承担责任干脆不上报，造成决策责任上移。财务审批时，对工程的具体特点、模式还是有些不了解，影响到审批，结果出现工程积极性不高。

场景3：“点头不算摇头算”：大部分事项被卡在办事部门那里，迟迟也不递交办公会审议，实在催促得紧，才提交集团总部办公会进行拍板，以会议决策代替流程运行。一方面占用集团总部领导层的精力；另一方面也降低了企业运行效率。

场景4：授权与反授权现象：下属单位能够决策的事项，也向总部请示，总部如果给予建议，担心结果会造成决策责任主体上移，不提供建议，担心下属单位抱怨总部服务态度不佳。

场景5：知情权与审批权界限不清楚：下属有权决策某个事项，不必让上级审批，但是可通过备档或抄送、信息查询权限来解决，上级知道下级做什么，而不是每一个日常事项，每次都要审批。

分析1：权力分配方式自上而下，是基于组织赋予的责任，如军队组织，长官负责制，如果"战场失误"，要"军法处置"相关领导者，这是典型的行政权力。企业行政权力主要来自企业控制权，"打工者"再牛，最终得听"老板"的，这里不展开说明。

分析2：决策质量（决策效率与决策风险最佳结合点）往往由信息、专业能力、个人价值观决定的，比如在市场一线，接触客户与市场信息最直接、最快速，决策也就最接地气；决策正确与否，不是看谁的"官位高"，而是看谁的专业判断力强；基于价值观决策，遵循企业价值观，不会出现道德风险等。

建议1：对于权限分类，区分专业审批（合理性审批）与行政审批（合规性审批），涉及专业事项要有一定的决策权，而不是事事请示领导，避免出现行政权威大于专业权威。

建议2：对专业决策事项，要配备互补型团队成员；依托专业化的团队，形成专业化的决策管理模式。

建议3：对决策结果及时反馈，勤于复盘；如果出现重大战略偏差，能通过纠错机制及时修正。

建议4：会议集体决策：会而必议，议而必决，决而必行，行而必果，实行会议分类管理、看板管理、档案管理、考核管理，避免以会议落实会议，避免为了逃避责任而将日常琐事提交会议上决策。

建议5：区分决策风险点与效率点，对于风险不大的决策，要以效率为先，对日常性发生事项，在计划与预算控制下减少审批。

建议6：平衡好事前、事中、事后控制。强化事前控制（战略、计划、预算）、事后控制（审计），适当减少事中控制（业务审批）。

建议7：一定要通过流程授权，尽可能把日常事项程序化，通过信息化系统提升审批效率。

四、高效协同

1. 基于专业导向的顶层设计要求

（1）体系划分的标准

① 体系文件：质量、职业健康、安全等“贯标”体系文件，以及配套的相关类一级、二级、三级受控文件，还包括内控（风控）体系。

② 管理流程、制度：在公司范围内执行的具有较大稳定性的管理规章；按职能分类，如战略与文化类、财务管理类、人力资源管理类、营销管理类、生产管理类、技术管理类、行政管理类等。

③ 临时规定：带有明显时间性的临时管理规章。

④ 二级管理制度：各部门自己制定或修订的仅在部门内部执行的管理规章。

⑤ 行政公文：企业行政命令，例如各种决定、通知、要求等，经常以红头文件方式下达。按“财字”“销字”“生字”“技字”“人字”“综字”等分类。

⑥ 标准：分为基础标准、技术标准、管理标准和工作标准。

基础标准：在一定范围内作为其他标准的基础并普遍使用，具有广泛指导意义的标准。例如术语标准、符号、代号、代码标准、量与单位标准等。

技术标准：标准化领域中需要协调统一的技术事项所制定的标准。

管理标准：对需协调统一的管理事项（如与生产、质量、能源、计量、工艺、设备、安全、卫生、环保、物流等标准有关的重复性事项）所制定的标准。

工作标准：对需要协调统一的工作事项（即在执行相应技术标准和管理标准时，与工作岗位的工作范围、责任、权限、方法、质量与考核等，以及工作程序有关的事项）所制定的标准。操作岗位的工作标准又称作业标准。

本书所述协同体系主要指流程协同，对其他体系不作讨论。

（2）流程设计的专业要求

① 流程是为顾客创造价值的一系列逻辑相关的活动，符合“顾客导向、价值、输入、活动（流程节点）、活动之间有逻辑关系（节点之间具有顺序逻辑）、输出”六大要素，可以用流程来表示，具体包括跨部门流程、部门内部流程。

② 流程拥有者概念：其定义是指按照专业归口原则对流程责任归属者界定。

③ 流程功能定义：流程功能包括分权与科学决策、风险控制、增加协同与提升效率、提升工作质量与降低成本、企业经验与教训总结、形成组织行为习惯、增加日常事项结果可预测性。

④ 端到端流程的定义：为满足并能完整解决客户同一个相对独立需求的一系列相关子流程的组合，其中的关键点是完整解决、同一相对独立需求、子流程的组合。

⑤ 顶层设计理清流程与制度的关系，从广义上说，流程也是一种制度，是一种用图表表示的制度，更直接、更直观、更实用。在企业体系梳理时，要围绕流程进行梳理，制度作为附在流程后面的支持文件。当然有些不宜用流程表示的规定，直接用制度表示。

（3）优化目标与任务

① 流程化管理目标，可确保公司所有业务活动的有序化、规范化管理，并在目标导向下，与岗位规范有机地无缝链接，为信息技术采用和管理奠定基础。

② 业务流程化管理可使企业的经营管理变得更加系统、简明、适用、直观、增值和高效，并以流程为中心，打破部门壁垒，实现无边界管理。更敏捷地响应品牌及市场需求，扩大例行管理，减少例外管理，提高效率，堵塞漏洞。

③ 流程与相关制度等配套形成体系，实现“人人有职责、合作有流程，行为有制度，工作有工具，跟踪有表单，实施有方案”，如表 8 -

5所示。

表8-5 流程编制配套体系

要素	具体内容	要素	具体内容
职责	客户服务主管岗位职责	工具	客户满意度的衡量工具等
流程	客户关系管理流程	表单	客户区域分析表
制度	客户服务管理办法	方案	客户信用评级方案

④ 建立流程优化小组，对流程小组人员要全过程培训，有条件的企业实现内部流程工程师任职资格制度。流程重点需要强化流程绩效管理，建立面向流程的绩效，而不是传统岗位（点）绩效；建立流程制度信息平台，让流程制度执行更可视化、更便捷。其他部门要根据公司跨部门流程制度编制原则，建立本部门内部流程制度，这样一级公路、二级公路、三级公路，做到路路相通。

⑤ 通过培训实现各级管理者、员工对流程有基本认知，人人都做内部流程管理师，员工有履行流程节点责任的意愿和积极性，需要配套赋能与考核机制。如表8-6所示。

表8-6 流程机制及赋能体系支持

对象	要求
战略检验	基于战略视角，区分业务性质、管理要求，使流程建设既能全面铺开，又能重点突破
机制建设	每一个流程运转的关键推动力量是什么，内在的协调和控制机制怎么构建
资源支持	流程体系的优化和再设计，应考虑到各类资源要素是否支撑，今天和明天应有的状态是什么
流程审计	流程协同对专业化能力提出要求，可能需要再审视组织横向分工的合理性、纵向决策权限的分配等命题
跨部门培训	部门经理为所属流程制度的直接责任人，在跨部门讨论和培训的时候，必须由部门经理亲自讲解对应流程与制度的实施方法，以确保部门经理能够在工作中执行流程制度。在流程进行跨部门培训时，相关副总及总经理必须到会

续表

对象	要求
部门内部培训	在部门内部培训的时候，部门经理可以委派部门内部人员对所属部门员工进行流程制度培训，但部门经理必须参与监控及点评，以便进行解答和发现问题，并对流程制度的培训效果进行监控
培训考核	对组织内的所有人员进行流程制度培训后，必须组织对所有人员进行流程制度培训的考核，以便检查所属人员是否掌握了流程制度所要求的具体操作方法及步骤，确保流程有一个强有力的执行
不合格处理	对考核不合格必须重新进行培训，然后再进行考核，对于再次考核不合格者必须给予一定的处罚。对于新员工必须策划进行流程制度的培训
知识系统	将流程制度作为知识管理的内容放入 KM 系统，新员工转正一定要通过流程培训

（4）成果清单及设计步骤

流程制度顶层设计要基于公司战略与文化、上市公司内控等要求，同时做到体系衔接，如表 8－7 所示。

表 8－7　基于企业定位的流程体系建设

阶段	输出成果	内容简介
第一阶段	《企业流程制度管理评估与诊断》	对企业现有流程制度管理模式进行系统分析，针对薄弱环节、问题环节进行识别并提出优化建议
第二阶段	《流程与理念匹配性审查》 《流程与战略匹配性审查》 《与商业模式匹配性审查》 《流程清单梳理与优化》	基于公司文化理念与战略落地的要求，以及业务模式、管理模式、营销模式等需要，同时以解决问题为手段，借鉴先进标杆，形成新的目录指引
第三阶段	《部门权限匹配性审查》 《职责匹配性审查》 《跨部门流程优化设计》 《部门内部作业指引》	先梳理跨部门流程，再围绕跨部门流程进行部门内部流程编写，同时配套表单、制度，以及组织架构、权限等管理系统匹配性审查
第四阶段	《职责流程匹配性审查》 《权限流程匹配性审查》 《配套表单匹配性审查》 《岗位精细化操作手册》	岗位职责、对应权限、跨部门流程（配套制度、表单、工具、方案）、内部衔接子流程、岗位素质模型、岗位作业规范、岗位行为规范、岗位定额定员、岗位知识标准、岗位能力标准、岗位素质标准、岗位评价标准、岗位培训课程库、岗位诊断箱等

续表

阶段	输出成果	内容简介
第五阶段	《流程风险效率审计手册》《流程绩效管理手册》	基于流程导向，对关键效率点、风险点进行识别审计，并建立以客户为导向的流程考核指标体系
备注： 流程制度专业模块与组织管控模块、人力资源管理模块、绩效模块衔接		

（5）编写技术规范

① 流程编写按照一定要求编写，比如流程要编制目的（体现战略导向、理念导向），具体规范要求如表8－8所示。

表8－8　流程编制规范

维度	相关内容
编制目的	一般用动宾结构描述，如“规范工资的核算管理”等
适用范围	依据流程树，界定本流程的适用作业模块，如薪酬管理、品牌策划等
职责分工	只写到部门，流程拥有部门是哪个部门，配合部门是哪几个部门即可
流程时长	该流程走完的时间标准上限，等于各节点的时间标准之和
评价标准	评价该流程或其产出的标准，可以按KPI的思路归纳评价该流程“编制目的”是否实现的衡量标准，如薪酬发放的及时性、准确性等

② 流程制度顶层设计要基于战略定位、组织结构功能要求，按照流程树或者鱼刺图的方法，梳理流程清单需求。

③ 关于流程层级细分，要遵循流程基本概念，符合“顾客导向、价值、输入、活动、活动之间有逻辑关系、输出”的要求，同时基于流程化的组织需要，对需要跨部门、跨岗位的横向活动用流程表示，对于单一岗位的作业活动，如果比较重要且复杂，用作业指引来表示，其目的主要是为了做事按照专业程序开展。

④ 流程是为了正确地做事”，要达到这个要求，流程事项必须是确定性事项。因此，对不确定事项不能盲目套流程来规定，企业不是流程越多越好，而是管用就好，有些事项面临很多不确定性的场景，如果用流程表示，就会造成业务活动的“僵化”。

⑤ 企业体系不仅仅包括流程，还包括文字性制度，比如对人的行为等要用制度来规定。

2. 基于理念导向的顶层设计要求

① 流程是依据客户为导向，保证流程的输入、输出都能产生价值，否则是无效的过程，在此过程中遵循基本原则，如表 8 –9 所示。

表 8 –9　流程设计指导原则

原则	相关内容
客户导向	流程必须有客户，不仅仅指外部客户，也指内部客户，下道工序是上道工序的客户，强调流程从客户端到客户端，追求客户满意度
价值导向	流程必须使得业务活动产生增值，就是流程必须发挥功效，也就是流程必须具有 KPI（主要包括：提升工作质量、降低成本、控制风险、提升效率、企业经验与知识积累）
匹配性原则	流程要与整体战略、组织结构、权责体系相匹配，确保支持战略落地
竞争性原则	基于价值链管理导向，通过改善增值性活动、减少辅助增值性活动、剔除非增值性活动，降低运营成本，提高效率，如此才能超过竞争对手赢得顾客的青睐
可行性原则	流程要尽可能简约化，满足能够有效执行、便于关键节点控制的原则
目标性原则	流程要满足实施效果与管理目标一致的原则
适应性原则	流程要满足能够随着环境的变化而发生适时、迅速调整的原则

② 横向强调流程制度体系与战略与文化、组织、绩效打通，纵向强化流程、制度、表单、方案、表单相互配套。

③ 处于业务流程中各个岗位上的责任人，无论职位高低，行使流程规定的职权，承担流程规定的责任，以下道工序为用户，满足客户需求，适应市场快速响应的要求。

④ 按照专业归口，明晰流程拥有者部门，强调流程拥有者唯一，强化流程责任主体唯一。

⑤ 强化流程绩效管理，建立面向流程的统计和绩效考核体系，客户满

意度是建立流程各环节考核指标体系的核心。

⑥ 管理制度是刚性的，要在公司价值观和导向指引下，基于政策和制度，各级管理团队应实事求是、非僵化的执行、落实和操作，并对执行结果承担责任，据此不断优化企业的政策。

⑦ 强化流程制度与职责、权限形成体系，要求各管理模块相互匹配、相互融合，部分权限是通过流程审批节点进行体现，按照流程运作进行分权，因此流程节点中涉及权限要与分权手册匹配。

⑧ 从流程定义及应用功能介绍，流程是一种工具，不可能解决所有问题，事事都用流程表达，就会出现管控过度、效率低下。

⑨ 推行流程重整，扩大例行管理，减少例外管理，提高效率，堵塞漏洞，不断缩小审批数量，不断优化和缩短流程，系统地改进公司的各项管理，并使管理体系具有可移植性。

⑩ 流程是行权重要的载体，在流程中明确行使职权并承担责任，按照流程授权，形成“授权、行权、问责”一体化的闭环管理体系，确保责权利的统一。

⑪ 流程设计中每个流程节点，应明确责任人、时间及标准，建立流程追溯机制，确保流程链条上的人员真正负责，确保按流程执行提高效率，又能够有效预防、控制风险。

3. 基于战略导向的设计要求

（1）依据战略确定核心流程

① 战略管理本身就是主流程，战略活动牵引价值创造活动、支持活动等，因此战略是流程体系大厦的“顶层”。

② 基于流程概念，流程是基于价值导向、客户导向的一系列连续的活动环节，这些活动要么直接创造价值，要么为创造价值服务。那么价值内涵如何定义？这就要回到战略层面，企业战略上要“赢”，就需要清晰定义如何为客户提供有竞争力的价值。由此出发，识别企业核心流程，通俗地说，就是确定企业主跑道是什么。比如对于以技术领先为核心价值，就必须将研发流程纳入企业“核心跑道”。

③ 基于战略目标要层层解码出关键驱动因素，由一级关键驱动因素到

二级，由此类推，解码到可实施动作（流程节点），基于战略的不同层级关键驱动因素，形成企业一级流程匹配的二级、三级甚至更多层级的流程。比如产品研发流程，可以由自主研发、联合研发、对标研发等，这就变成三大二级流程，支持产品研发策略落地。

④ 在流程活动中，对支持战略的生产要素活动要纳入重点，比如人、财、物、技术等要素，不仅仅要通过流程实现资源优化配置，还要通过流程提升企业核心竞争力，是重要的流程活动。

（2）基于战略升级的流程再造

① 按照创造价值的方式，可以分为核心活动与辅助活动，对这两者活动区分的标准要基于战略导向。比如对一家资本运作的投资公司，其风险控制活动就不是辅助活动，是核心活动。

② 企业战略不变，流程优化属于局部调整；当企业战略变化，流程必须全面再造，适应战略事业拓展的要求，支持战略落地。比如企业实行大客户战略，就必须对客户管理体系进行配套，如表 8－10 所示。

表 8－10　基于“大客户战略”的流程解码

二级流程	流程分级/流程节点
客户档案管理	客户档案包括客户基础资料、经营现状，以及同本公司的业务往来情况 比较重要的内容有：服务区域、销售能力、发展潜力、经营方向；销售业绩、经营管理者和业务人员的素质、（经销商）下级客户结构、与其他竞争者的关系、信用状况、交易条件、存在问题及未来对策
客户信息管理	建立同客户进行及时有效沟通的渠道。例如：通过走访、召开客户座谈会、设立服务热线、通过公司网站在线咨询等；优化客户信息内部传递流程。通过网络共享将客户信息集中，并明确相关部门的责任，尽快回复客户问题，或对用户进行回访
客户贡献价值管理	客户贡献价值就是客户对企业的价值。可以通过客户所购产品的累计数量、利润贡献、采购份额、采购比例、稳定订货、行业影响力、付款能力、所购产品的重要程度来评价。通过客户贡献价值评价，可以将客户按重要程度进行分级，并适当给予不同的待遇
客户投诉	建立客户投诉处理程序，及时解决客户关于数量、质量和服务的异议

续表

二级流程	流程分级/流程节点
客户满意管理	实施客户满意战略，制定客户满意计划。该计划包括产品质量、品种结构、服务、交货期，以及价格等方面的内容，并明确年度目标和工作措施，客户满意计划应由生产、技术、科研、销售等部门分头制定部门客户满意计划，再由技术服务部汇总制定企业客户满意计划，每季度检查一次
客户需求分析	分析客户购买品种、数量、周期、所需服务的内容和方式、具体用途和技术要求，分析客户为什么会购买竞争者的产品，可否改进产品或服务来满足客户需求
客户需求预测	客户采购成本变化、客户的承受能力、客户未来购买欲望、客户对市场的看法、客户发展战略及规划、客户品牌变化、客户喜好变化
客户增值方案	为用户制定合理的采购计划，为用户提供有效的节省采购成本、提高性价比的策略

4. 关键问题及对策建议

（1）流程体系化程度不足

场景1：以问题为导向编制体系的结果导致管理更乱，一出现问题，就出一个制度。结果出现新问题，老制度管不了，又开始制定新制度，由于制定新制度时候没有细致检索现行制度，寻找现行制度缺陷予以弥补，导致制度数量不断增加，有效制度和无效制度混杂、新制度和旧制度交叉，制度越来越多，管理却越来越乱。正如钱穆先生在《中国历代政治得失》中说：“一个制度出了毛病，再定一个制度来防治它，变成了病上加病。”

场景2：缺乏顶层组织导致各自为政，管理制度归口企业管理部门统一管理，但实际上企业管理部门在专业管理领域是没有多大话语权的，企业管理部门一般是定期汇编管理制度，无法遵循统一编制的思路来制定制度，结果管理制度文本五花八门，多头发文、政出多门、重复发文、文件冲突经常发生。

场景3：有时领导岗位的变化，新官上任都会破旧立新，对原来制度体系不熟悉，所以就会按照自己的经验“打补丁”，导致制度体系越来越复杂，越来越“四不像”。

场景4：未能基于企业实际情况，导致体系不能支持业务，基于现状或超前一点点，一定不要过于超前来设计流程：尽量不要偏离现状，不要基于现状，站在的角度有一定的未来考虑，而不是说基于太远的未来，会导致流程走不动；比如有些企业追求流程"大而全"，运行后发现流程节点缺人，只能一人多职去审批。

建议1：出台体系管理规范流程，对制度建设基本要求、原则、方法、分类、执行、监督、考核等进行规范，如图8－1所示。

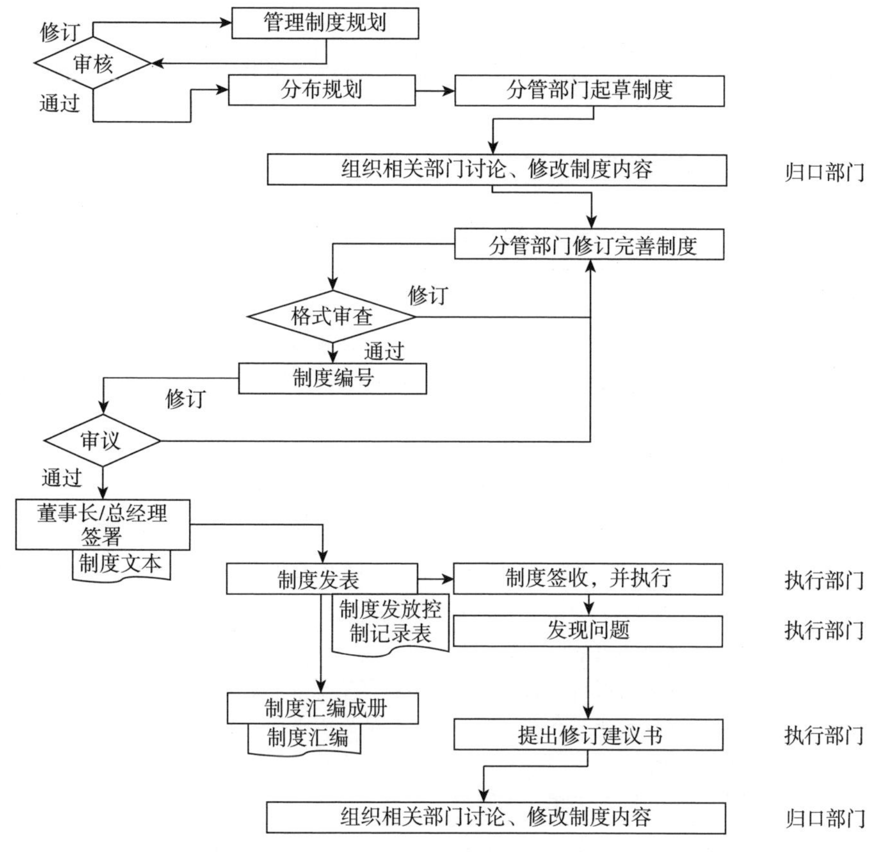

图8－1　体系管理流程图

建议2：成立体系专业工作小组，通过各专业、各层面人员组成一个跨专业、项目式团队，可以多吸收退居二线的各级领导，吸收业务部门人员。采用项目管理的方式，由若干个项目小组的组织，项目小组在规定期限内，完成对管理制度体系的规划、设计与搭建工作，收集素材资料，完成制度的编撰和修订，并确保制度通过评审。

建议3：小组成员各方面的人都要有代表，多听听不同的声音，最终达成合理流程的共识。

建议4：对明显存在的漏洞，如果不优化，会给组织带来严重损害；能够给公司带来很大价值的流程一定要做，如表8－11、表8－12所示。

表8－11　流程设计清单梳理

序号	中心/部门	跨部门流程数量	内部跨岗位流程数量	保持	优化	废止	新增

表8－12　流程设计清单梳理

建议	具体情况
新增	1. 符合流程定义五大要素：顾客、价值（流程有明确的KPI，如降低成本或风险、提高效率或质量等）、输入与输出（实施过程中附带有物流、资金流、人流或信息流的传递）、节点（节点之间有明确的逻辑） 2. 管理事务涉及公司两个以上的部门 3. 管理事务是否需要并且能够用固定的执行路径进行规范 4. 是否属于公司日常例行事项，是否能减少例外管理
优化	当流程未能满足遵循品牌和市场导向，以顾客满意度为核心，不能牺牲公司整体效率的原则时，应及时进行流程优化
修订	1. 本公司的经营决策发生重大变更时 2. 流程制度的内容与当前情况发生矛盾，无法正常实施时 3. 流程制度的条款不合理，不利于正常的生产经营活动，或实施后有可能造成不良后果时 4. 流程制度之间发生相互矛盾时
废止	1. 工作流程发生重大变化，原有的流程已不适应现有工作 2. 流程所规范的管理事务已不存在 3. 组织体系变革，部门或岗位间的工作流程不复存在

建议5：借鉴“插件”方式构建制度体系，基于不同的专业板块或同一业务的不同阶段，对组织、流程、规则和资源管理的要求各有差异，针

对业务的差异性构建管理制度体系，确定基础制度框架和基本制度体系单元，同时对流程优化要依据流程审计，如表 8 – 13 所示。

表 8 – 13　流程体系化审计表

优化建议 流程名称	流程节点描述优化建议	与本岗位职责匹配性审查	与本岗位权限匹配性审查	节点时间标准优化建议	风险点优化建议	配套表单优化建议	配套制度优化建议
上级领导建议							
项目组调研审查建议							
高层终审意见							

（2）流程风险控制与效率的矛盾

场景 1：没有做到效率和管控的平衡，实际上是偏重于控制，导致流程节点很多，在某些节点上增加一些额外的工作。

场景 2：片面追求完美，企业里面有一个偏执，有些东西很细，这个成本就太高了。没有必要为了程序而走程序。

场景 3：各部门对流程 KPI 的追求不一，出现“你要效率，我要控制成本与风险”，导致流程运行不畅。比如财务人员与业务人员冲突，财务是风险控制放在第一，业务人员是销售产品放在第一，结果就出现“财务人员卡住业务人员脖子”的现象。

分析 1：这是“小企业病”到“大企业病”的纠结，文件成为教条，致使企业越来越笨重，响应市场越来越慢，跨部门配合越来越难，出现了所谓“不管则乱，一管就死”的现象。

分析 2：流程过于复杂，沉重的内部体系运转不动，其实是管理成本高，客户不可能为我们的高成本买单。所以，企业要警惕管理过度、管理僵化、追求完美，一切为了企业能“赢”在效率。

建议 1：借鉴华为参照美国国会的“日落法”，即每增加一个机构，就必须减少两个机构；每增加一个流程节点，必须关闭另外两个流程节点；

每增加一个文件，就必须减少两个旧文件。

建议 2：有效区分与识别流程风险点与效率点，对流程节点，按照风险点与效率点进行分类，如表 8－14 所示。

表 8－14　对流程风险点进行分析

控制点	**风险类别：** 经营决策风险 违反法律法规 财务报告失真 资产安全威胁 徇私舞弊	风险描述	**控制目标类型：** 完整性控制（C） 准确性控制（A） 有效性控制（V） 接触性控制（R）	现有控制措施	**控制方法** 人工控制/自动控制	**控制类型** 预防性控制；发现性控制	**控制实施证据**

建议 3：按照一定的等级区分风险点，比如一级风险点，坚持“宁愿牺牲效率，也要控制好风险”；对于一级效率点，可以“宁愿容忍可承受的风险，也要保证效率第一”。据此，对企业主要流程效率点与风险点审计定期分析，如表 8－15 所示。

表 8－15　流程效率分析（示例）

项目	流程类型数	流程发生数	流程节点数	流程均耗时	节点均耗时
人事管理	20	4711	4	97	24
财务管理	17	575	8	238	29
采购	5	325	35	198	28
营销	5	16	5	174	38
平均	91	6276	6	183	31

（3）流程体系外循环，执行不到位

场景 1：部门相互配合，按横向的业务流程来完成。但是由于纵向部门设置对业务流程的割裂，造成后续流程停滞；不是部门支持流程，而是要求流程围绕部门转，从而导致流程的混乱。

场景2：领导出差，没有签字就不做，制度因为领导一句话就可以更改，不能固化，或者走极端，工作更多服从指令，偏离流程作业标准需求，导致客户体验下降。

场景3：信息流转到某个部门出现了停滞或变为私有，同时许多人并不重视邮件传达的内容，大多会直接忽略传达的邮件内容。

分析：企业成长期，制度体系相对滞后于业务发展，同时也留下按照上级指令做事的文化习惯；管理制度生成后，监管力度很低，大多数制度没有相应的检查评价机制。即使制度中有明确规定，不是实际运行中难以操作和执行，就是执行的灵活性、变动性很大。

建议1：领导者必须带头执行制度，要养成高效的审批习惯，如按照呈递文件放在各种颜色不同的公文夹中来提示审批时限。

红色：代表特急；绿色：要立即批阅；橘色：代表这是今天必须注意的文件；黄色：表示必须在一周内批阅的文件；白色：表示在周末之日必须批阅；黑色：表示是必须要签名的文件。

建议2：出台流程制度执行简本，将制度文本分解为执行简本，用多种分类方式，比如依据岗位将制度分解成口袋书。

建议3：如华为绝大部分员工的考核指标中都有5%～10%，甚至更高的团队协作指标，如惠普、IBM、联想也是将流程协同纳入考核。

五、卓越绩效

1. 基于专业导向的顶层设计要求

（1）目标管理支撑绩效管理

① 绩效管理是达成共识、目标达成，以及促进绩效提升的管理过程。由此推导，绩效管理要建立在目标共识（代表目标管理）上，绩效管理要促进绩效提升（代表绩效闭环管理）。

② 绩效管理要包括绩效目标制定（战略解码与述职）、绩效辅导（沟

通）、绩效评价（检讨）、绩效反馈并形成闭环体系。

（2）组织绩效与个人绩效形成闭环

① 组织绩效相对于个人绩效而言，分为公司绩效、部门绩效、任务小组绩效，组织绩效支持公司战略目标分解落实，同时要支持组织之间形成互为客户的合作关系。组织绩效从纵向来说，要落实到相关责任主体，也就是岗位绩效。

② 绩效管理分为组织绩效与个人绩效，从顶层设计的角度要做到二者相互衔接、相互支持

有些企业在绩效管理上没有组织绩效管理，直接到岗位绩效，变成传统的人事考核，到年底按照360度进行打分，基本都有人情分现象，结果每一个岗位的绩效都很优秀，但是组织绩效完不成或者战略目标没有达成，也没有责任主体对此负责。比如在业务条线，部分企业采用提成制的考核办法，导致业务人员孤军作战，缺少团队支持，在市场拼杀很难获胜。

2. 基于理念导向的顶层设计要求

（1）价值定位与分类原则

① 遵循责、权、利对等的原则，结合不同组织的战略定位及自身独特的价值，设计针对性绩效管理方案。

② 按照部门独特价值定位，可以分为投资中心、利润中心、成本中心、费用中心、收入中心。

投资中心：是指提升资产与资金回报率为主要责任，比如通过合理资本或资金运作，创造投资或财务收益，还包括对新产品、新项目机会的投资价值测算与决策，达到“财务指导业务”或者“产融一体化”的目标。

利润中心：是直接面向外部客户的独立经营体，对利润负责任，这是企业生存与发展的关键中心，要落实企业的盈利模式，这里也有面向内部客户的模拟利润中心，比如阿米巴经营体。当然有些企业，比如华为不设立模拟利润中心，华为认为内部利润中心，可能导致各部门不能把注意力放在内部的管理改进和效率提升上面，而是放在跟周边部门讨价还价上，

这对公司整体没有任何益处。

对于制造业还是可以按照工序设立内部利润中心，内部模拟市场化，特别是国企推行内部利润中心，可以激活市场意识，是值得尝试的。比如中船重工703所推行阿米巴经营体，一开始阻力大，但坚持下来大家都达成了共识，效果还是不错的。海尔及苏宁的“创客组织”也是基于企业划分为很多利润中心，基于总部平台经济，形成小组织运作模式，促进市场化与客户化组织的形成。

成本中心：定位是服务利润中心，是基于客户价值创造前提下的成本控制中心。通俗地说，成本中心控制成本，不能牺牲产品与服务品质实现成本降低，对可控成本要负主要责任，如果把收入中心比作“开源”，则成本中心就是“节流”，市场经济下，一定是“开源”为先，这也就说明有些企业成本管理很乱，但其效益并不差，因为“开源”做得好。当然，企业规模大了，成本也成为企业核心竞争力的一部分，没有控制好成本，在市场上很难取得“低成本”优势。

费用中心：为其他责任中心提供内部服务，无法进行直接的投入产出测量，基于全面预算为基础的费用定额管理，在内部效率改进与费用投入寻求最佳平衡点。

收入中心：主要是通过客户售卖产品与服务获得的收入，追求市场占有率、收入增长率、新产品开拓、回款率、客户满意度等目标，实现公司规模经济与市场地位提升。该中心与成本中心组合可以形成利润中心，因此在绩效管理上可以实现两个中心指标关联，减少销售与生产的矛盾。

（2）统筹兼顾原则

① 考核评价指向明确、指标简明、周期适宜；重视量化，不盲目量化；长期短期兼顾，个人绩效与组织绩效兼顾。

② 对于有长期绩效但短期绩效不明显的情况，比如新产品研发，要实现一定的费用保护政策，如战略项目补贴等政策。一些知识性、平台型的工作，其成果难以量化，本着不能量化尽量细化的原则对下属责任主体进行专项考核，不纳入KPI考核。

3. 基于战略导向的顶层设计要求

（1）绩效指标提取/指标库

① 基于战略成功要素的指标提取，由行业成功要素导入。一般来说，企业成功要素不仅仅包括短期的业绩目标，还包括影响未来发展的核心能力指标，如表8－16所示。

表8－16　基于战略成功要素的指标提取（示例）

角度	战略成功要素	指标名称		第一责任部门	第二责任部门	支持部门	跟踪部门
财务	F1 快速扩大经营规模	1	销售收入				
	F2 提高资金周转率及现金流	2	应收款逾期比率				
	F3 强化成本竞争力	3	BOM成本下降率				
		4	采购成本下降额				
		5	单机费用下降率				
		6	老的呆滞料金额下降额				
		7	新的呆滞料金额下降额				
客户	C1 主导产品市场地位	8	主导产品市场占有率				
	C2 产品与服务	9	综合用户满意度				
内部运营效率	I1 培植行业（独有）领先技术	10	新产品及技术项目达成率				
		11	专利项目数量完成率				
	I2 加强产品及配套工艺的创新	12	新产品平均开发周期				
		13	新产品销售比例				
	I3 打造卓越品质	14	出机异常率				
		15	质量改善达成率				
	I4 实施战略采购	16	战略供应商数量				
	I5 快速响应的产销供应链	17	物料准时交付率				
		18	产品生产周期				
		19	产品准时交货率				
		20	排程准时入库率				

续表

角度	战略成功要素	指标名称		第一责任部门	第二责任部门	支持部门	跟踪部门
学习与成长	L1 提升战略人才储备能力	21	关键岗位离职率				
	L2 提高劳动效率	22	人均劳动产出				
	L3 管理改善项目	23	项目综合实施进度				
	L4 员工赋能与职业规划	24	员工满意度				

② 基于企业盈利模式的指标提取，要从商业模式中提取关键绩效指标。以流通企业盈利模式及举措为例（本书第七章），提取绩效指标，如表 8－17 所示。

表 8－17　基于盈利模式的绩效指标提取（示例）

盈利模式	对应举措	对应指标
1. 推行产品结构盈利模式 2. 推行系统化解决方案的盈利模式 3. 推行规模经营盈利模式 4. 推行“供需网链”的结构盈利模式 5. 期货与现货配合盈利模式 6. 单一经营与金融相结合盈利模式 7. 推行品牌营销盈利模式 8. 创新服务盈利模式 9. 延伸产业链进行盈利 10. 扩大海外市场进行盈利 11. 通过提倡分销进行盈利	物流服务 电子商务 套期保值 加工配送 品牌营销 技术营销 服务营销 差异化经营 渠道建设 开发终端 国际贸易	新产品收入贡献 客户增值贡献 海外市场占有率 国际化人才储备 电商收入 价格预测准确率 战略客户数量 战略供应商数量 服务收入占比 新产品数量等
举例说明：产品结构盈利模式，要以新产品收入贡献进行测量，打破原来按照整体收入业绩来衡量绩效，因为这种模式很难体现战略意图。比如主导产品收入增长掩盖新产品在市场开拓的不力，这也就是美的当年根据产品分类组建事业部的原因之一，因为美的原来依托大家电渠道来销售小家电策略效果不佳，业务员更喜欢售卖大产品、容易卖的产品、成熟的主导产品		

③ 基于企业综合竞争力的指标提取，一般来说，企业综合竞争力指标以长期指标为主，比如产品研发能力、组织创新能力等。这里说明一下，

企业竞争力指标与绩效指标很多是重合的，但二者区别在于企业竞争力评价是基于行业、竞争对手的比较，其结果是以排名得分形式体现。

（2）绩效考核重点/KPI

① 应将提升核心竞争力的关键能力和改善企业的薄弱（瓶颈）能力作为未来2～5年的绩效考核重点，突出绩效评价的战略导向作用，以此有效引导各部门、各环节的工作紧密围绕公司的经营总方针和总目标，促使各部门和单位对实现公司业绩、公司战略的贡献。

② 把关系到公司生存与发展的要素要做到“横向到边、纵向到底”的分解，各部门依据自己的战略定位或者功能定位，要承担至少1项以上的关键指标。通俗一点说，不承担战略指标的部门可以撤销或者整合，不承担战略指标的部门要考虑是否有设立的必要。

③ 各部门的评价指标、权重、目标值，考评要素随公司不同时期的成长要求应有所侧重。

（3）目标制定/基于战略目标分解

① 企业每年定期编制一个未来5年的战略目标，基于外部对标、内部对标的基础上，对战略目标进行测算并选择合适的目标区间（基本值、挑战值），最终形成绩效评估的战略目标，同时目标要有配套关键策略与资源能力匹配，如表8－18所示。

表8－18　基于战略目标的分解

绩效指标	目标值数据			战略实施策略及资源能力		相关责任部门分解目标值					
指标名称	外部对标	内部对标	战略目标	关键策略	需要资源或预算	部门1	部门2	部门3	部门4	部门5	部门n

② 战略目标包括结果目标与过程目标、长期目标与短期目标。其中，过程目标是基于结果目标的分解，确保战略在日常经营管理行为中体现，企业发展始终不偏离战略主航道，如表8－19所示。

表 8－19 基于盈利模式的策略目标

标准 策略	细化行动措施	完成时间	行动成果或衡量目标	效果评价标准	进度评价标准	权重	评价人	实际得分

备注

1. **关键策略项**：围绕部门年度经营目标分解项，具体包括实现盈利的策略、实现收入增长的策略、开拓渠道的策略、客户服务的策略、产品优化策略、业务团队培养策略、招商推广策略、定价策略等，随同下一年度绩效合约责任书同步下发

2. **权重确定**：年度策略计划事项为 5～10 项，按照重要性分为：A＝40%，B＝30%，C＝20%，D＝10%，重要且紧急为 A，紧急但一般重要为 B，重要但一般紧急为 C，不紧急也不是很重要为 D

3. **绩效得分**＝100×∑实际得分×权重/∑得分标准×权重，年度不低于 5 项，少 1 项，扣 20 分

③ 组织绩效体系的构建要充分考虑到战略升级对包括价值链的重要环节等体系管理改进的要求，要关注预算计划的执行，聚焦核心竞争力的提升，要真正体现组织绩效体系对战略目标实现的支撑和对组织的行为引导作用。

4. 关键问题及对策建议

（1）绩效文化欠缺

场景 1：各自站在自己的角度理解与应用绩效管理工具，在绩效管理的用途、方式、方法上达不成共识，比如基层员工认为绩效就是奖罚手段甚至就是“变相扣钱”的考核工具；中层认为绩效管理是人力资源部门的事（应该是企业各级管理者的任务），高层对绩效管理口头重视，但实际上支持不足或坚持不够；人力资源部门以绩效沟通辅导形式代替“绩效教练”的角色。

场景 2：绩效管理缺乏相互信任机制、合作契约精神，破坏“绩效管理的合法性”，比如在绩效管理环节随意更改指标、不及时兑现绩效考核结果，还有为了所谓“公平”，人为调节绩效评估结果等。

分析 1：绩效理念很大程度决定了组织绩效的有效性，好的绩效管理模式遇到不成熟的管理者和脆弱的文化。

分析2：绩效文化缺乏，导致绩效管理效果不好，其责任往往被认为绩效管理工具出了问题或人力资源部成为替罪羊。

建议1：鼓励各层上下级主管之间建立定期的述职制度，沟通列入对各级主管的考评内容，考评与沟通结果要建立记录。

建议2：针对各季度绩效考核存在的问题进行仔细探讨，制定出下一季度解决问题的方案和改进计划。

建议3：签订绩效责任状，模拟甲乙双方，完善责、权、利，特别明确双方违约责任。

（2）绩效参数不合理，绩效“平庸化”

场景1：以指标代替战略目标，企业绩效指标数量过多，导致关键指标权重过小，比如战略目标要做行业前三名，但因为考核指标多，结果绩效考核结果优良，但是市场占有率没有进入行业前三，这就是大家关注绩效指标完成，没有关注战略总目标的达成。绩效指标未能均衡兼顾，导致出现追求产量但牺牲了品质的现象。

场景2：考核权重与周期，绩效指标考核权重设计过于主观，考核周期太长，疲于应付，容易走过场；考核周期太短，也不合理，考核成本过高。

场景3：指标目标设定不合理，比如上年完成越好的单位在次年指标被压缩的可能性越大。久而久之，没有单位会愿意做“快牛”了，无奈的“鞭打快牛”导致“快牛”越来越少。

分析1：绩效管理实际上是一种对业务、岗位的梳理和定位的过程。在目标设定阶段要求被考核者主动思考，理清部门或自己岗位对组织的独特价值，这种思考不仅有助于战略的落地和高层目标的分解，也有助于对未来的时间和精力进行有针对性的分配。

分析2：管理者和考核者还需要思考，部门或个人需要什么样的资源组合才能完成部门目标。在对自身的定位、周边的协调能力、个人的承诺、过程的资源调度、能力分析、风险控制进行全面的思考之后，最后落实到了个人绩效。

建议1：基于战略与SMART原则对指标进行选择，如表8－20所示。

表 8－20　绩效指标库选择

指标解释			指标选取 SMART 原则评价						重要性
一级指标	二级指标	指标定义	战略导向性	简单性	可计量	可改进	相关性	时间性	权重评分
客户类									
财务类									
运营效率类									
学习与成长									

建议 2：基于指标库中指标重要性判断排序，结合部门独特的价值定位、当前突出的矛盾进行权重值设定。

① 与部门价值定位（利润中心、收入中心、成本中心、服务中心、管控中心）相关业绩指标赋予较高权重（不小于 30%），对公司的瓶颈或战略重大贡献指标赋予较高权重（不小于 20%）。

② 对于非部门业绩类指标，原则遵循公司问题导向，对存在重复或关键问题，赋予较高权重（不小于 10%）。

建议 3：基于分层分类原则，对绩效考核周期进行设定。

① 不同考核对象，则考核周期不同，对高层主要以结果考核为导向、对中层以结果与过程兼顾的考核方式，对基层以过程考核的方式。日常考核采取抽查为主，同时按照绩效考核指标周期长短，有些指标按月度考核，有些指标可以按年终考核。

比如副总及以上人员为年度考核，总监及以下岗位实行季度考核与年度考核相结合；对新成立事业经营单元（SBU）、公司副总及以上人员、技术关键人才，探索与战略周期一致的中长期考核方式。

② 建议通过信息化手段，减少考核主观性、减少考核成本、减少考核暗箱操作等。

建议4：对绩效考核目标进行设定：

① 绩效考核目标值为保底值（企业盈亏平衡点或基本利润对应的点）、基本目标值（企业维持持续成长的中值）、挑战目标值（企业高于行业平均或者行业领先水平，具体依据企业行业地位来确定）。

② 依据战略目标、外部对标（行业前三名的数据）、内部对标（最近三年最好的业绩数据），拟定完成的考核目标建议值。

③ 保底目标值原则上不低于上年实际完成值，基本目标值原则上不低于上年实际完成值的120%，与此同时，也不超过140%。挑战目标值原则上不低于上年完成值的130%。

④ 原则上绩效考核目标值半年调整一次，减少频繁变动，遇到公司战略调整或由于不可抗拒因素（如市场需求突变、竞争格局变化）发生，可以适时调整，原则上调整幅度不得高于市场变化幅度或20%。

（3）职能部门绩效难量化，考核往往流于形式

场景：包括人力、行政、财务、政府关系部等。这几个部门目前人都不多，每个部门十多个人，基本从事的也都是服务保障工作。但部分由于服务意识不强，部分由于流程规定比较烦琐，确实产生了“管”业务的情况，特别是财务，业务部门反馈不好。但是如何落实到对这些部门的考核上面呢？

分析：职能部门没有直接外部客户，职能部门从价值定位上很难成为利润中心、收入中心，他们服务的是内部客户，这就要求员工必须与周边部门合作。被考核员工的行为和绩效，受到上级部门、周边部门的监控，他们的监控来源于各个部门不同的利益诉求，这个过程既体现了团队合作，也形成了团队的竞争和互相督促的氛围，打通了跨部门的流程墙并降低了管理风险。

建议1：建立内部客户服务采购标准，外部客户关注“QCDS”，即质

量、价格/成本、交货期、服务满意度，据此职能部门寻找内部客户，并就日常配合服务的关键事项达成内部合作协议，如表8－21所示。

表8－21　内部客户合作协议

本岗位提供服务内容	服务客户对象	承诺时间标准	承诺数量标准	承诺质量标准	客户评价标准
客户需要内容	服务客户对象	承诺时间标准	承诺数量标准	承诺质量标准	客户评价标准

按照表8－21由内部客户发出采购申请，采购部门根据各内部客户采购邀请进行汇总，如表8－22所示。

表8－22　内部客户合作考核表

协同项＼标准		配合要求（数量、质量、进度）	配合质量（40分）	配合进度（40分）	配合态度（20分）	权重	客户部门	实际得分
常规项								
非常规项								
备注：1. **事项来源：**由本部门的客户部门提出需要配合的事项，以及按照本部门职责需要提供其他部门服务的常规事项，本表按月度提报，一般在月度经营分析会期间提出，如果属于临时紧急任务，需要提前三天提出，本表经过总经理审核后备档，作为跟踪考核依据								

续表

标准 协同项	配合要求（数量、质量、进度）	配合质量（40分）	配合进度（40分）	配合态度（20分）	权重	客户部门	实际得分
2. **权重赋值**：根据本部门与客户部门相关度确定，A = 40%，B = 30%，C = 20%，D = 10%，具体由下达任务部门按照配合事项重要程度来确定，重要且紧急为A，紧急但一般重要为B，重要但一般紧急为C，不紧急也不是很重要为D							
3. **绩效得分** = 100 × ∑权重 × 实际得分/∑权重 × 标准得分							

建议2：设计关联考核指标，公司战略委员会、董事长、总经理或相关部门认为某部门有必要接受关联部门的考核时，可以直接制定关联考核指标，不赋予权重，直接以专项考核方式进行，如表8－23所示。

表8－23 绩效关联指标申请表

关联指标	被关联部门（考核对象）	要求关键部门采取举措	考核办法	正负激励额度
领导评审意见				

建议3：基于战略与创新要求设计工作亮点，依据核心职责或年度重要经营策略提取过程绩效指标，职能部门为“部门（岗位）工作亮点达成率”或者“年度策略方案执行率”指标，如表8－24所示。

表8－24 工作亮点计划/达成率

序号	具体改进事项	输出结果或具体要求	来源	进度（40分）	质量（60分）	评价人	权重	实际得分
							A	
							B	
							C	
							D	
							D	
说明： 1. **“来源”**：指部门年度目标或核心职能分解事项、上级领导安排的临时重大任务、工作创新改进的亮点（解决了什么、提升了什么、减少了什么、改进了什么、实现了什么等），以及没有完成或需要整改的事项，在季度经营分析会期间提出，分管副总初审，总经理审核后，交企业发展部留存，作为跟踪考核依据。								

续表

序号	具体改进事项	输出结果或具体要求	来源	进度（40分）	质量（60分）	评价人	权重	实际得分
2. **权重**：工作亮点事项一般为5~10项/季度，按照重要性分为：A=40%，B=30%，C=20%，D=10%，具体由直接上级、总经理按照改进事项的重要程度来确定，紧急且重要为A，紧急但一般重要为B，重要但一般紧急为C，不紧急也不重要为D。 3. **绩效得分**=100×∑权重×实际得分/∑权重×标准得分，每季度不低于5项，少1项，扣20分。								

建议4：基于流程协同的指标，依据涉及本部门核心流程，对关键节点审批质量、审批效率、风险控制进行考核，如表8-25所示。

表8-25　流程协同考核标准

审计标准 审计项目	涉及相关流程名称	涉及相关责任岗位	效率审计标准	风险审计标准	质量审计标准	审计频次

建议5：基于关键事件的附加绩效标准，对重大事故、重大违纪、好人好事等附加考核，直接以专项考核方式进行，如表8-26所示。

表8-26　基于关键事件附加绩效考核表

类别	加分条件	减分条件	绩效否决指标
季度附加绩效			
年度附加绩效			

建议6：按照价值管理要求确定考核方式，无论职能部门还是业务部门都必须立足于价值创造，没有价值创造的部门在组织上就不应该存在，这是职能部门绩效考核的前提。确定价值创造后，再进行价值评估，最后根据价值评估进行分配。

建议7：对职能部门来说，有些绩效考核指标体现了职能部门的价值，但不适合进行价值分配，比如员工满意度、客户满意度、员工流失率等指标，如果纳入价值分配，势必造成“管理者讨好员工”的现象，因此这些指标可以纳入分析改进指标。比如因为职业规划不足导致员工满意度低，就要对职业规划工作进行考核，而不是笼统的“员工满意度”指标。

（4）项目绩效考核与职责考核冲突

场景：项目奖金阶段性发放，参与的部门按规定比例分成，但是在项目实施过程中，有些项目实际有贡献的只有部分部门，而没有参与项目的部门也会分走项目奖，导致付出多的项目成员心理不平衡。另外，项目成员从事本职工作的同时参与项目工作，甚至同时参与很多项目，存在多维度绩效，如何针对这类人员进行绩效考核，也是企业中的难题。

建议1：建立项目绩效专项考核规范，项目考核作为日常绩效管理补充，需要纳入专项绩效考核体系，要结合项目全生命周期管理进行规范，如图8－2所示。

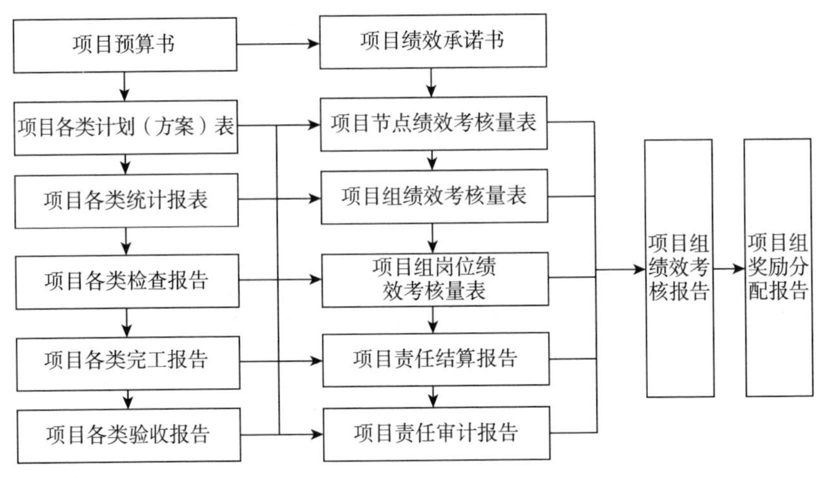

图8－2　项目绩效考核规范框架

建议2：项目绩效考核与日常绩效考核衔接，对于加班加点工作的人员，其项目绩效作为专项激励予以考核发放；对于在工作时间投入项目工作的人员，按照其时间分配的比例进行加权。

第九章

依赖于人才供应链的成长

一、顶层设计

1. 顶层诊断

人才供应链，顾名思义，就是按照“业务供应链”模式进行人才供求动态匹配，提升人均效能，降低供求不匹配造成的问题，如表9－1、表9－2所示。

表9－1 人才供应链诊断（供求问题）

问题	关键特征
人才需求规划难	公司战略不清晰，引进高学历人才缺乏事业牵引，缺乏成就感，另一方面因为薪酬高遭受大家非议
	因为业务淡旺季，人才需求弹性非常大，拟定的招聘计划，好几个月都不同意，等到同意去校招，只能捡漏，订单来了招人，订单下降了就要“砍人”
	因为市场波动，业绩不好的时候片面追求人员优化，没有战略预备队伍的培养定力，导致核心人才梯队断层
人才招聘难	很多面试的人说不来了，面试通过没来的，“我从没见过哪个公司人力资源部也要加班的”
人才流失多	目前公司在经营过程中，对人才需求非常迫切，培养到一定程度以后会流失掉，有什么好的方法能够经营好公司所需的人才及后备人才的储备问题
人才存活率低	关键部门人员流动性比较大，外部引进的经理流动性较大，人才存活率不高，导致人才招聘压力进一步加大，形成恶性循环
	本土文化与空降部队融入不够，新来的人施展不开，也不一定得到支持，很多人干着泄气了，缺乏让空降兵度过危险期的机制

续表

问题	关键特征
人才存活率低	企业过分依赖个人的成长，外来高端人才存活率低，没有从个人成长转向组织成长，实现集体奋斗

表9－2　人才供应链诊断（管理问题）

问题	关键特征
用人标准不合理	按照“全才、通才”要求人，追求“能人治企”，出现挖不到理想的人才，而本企业的人才跳槽后普遍能“升官发财”
	偏好用二流人才，认为其忠诚度高，导致缺少领军人才
	用人需求标准口径不一，人力需求表上的要求及岗位说明书与现状不符，岗位要求与岗位职责不明确
	人才测评方式不准确，公司缺乏系统的笔试题库，结构化面试提纲，求职者过来后未进行笔试就直接进行面试，面试准确度降低
人才晋升	晋升通道标准粗放，基本靠主观判断。公司发展很快，有能力马上就提拔，但晋升具体操作流程是粗放的
岗位胜任力不足	提炼不出好的管理工具，大家学习也不够，也没有引进顾问机构，大家还是“穿老鞋走新路”，都做事务性工作，大部分人是瞎忙
	高管团队缺乏宏观意识、全局意识、解决问题的意识，关键人才的能力与岗位不匹配
	中层管理者，特别是年轻人火速提拔，有执行力，但缺少管理经验，不接地气，不会带团队
	元老级管理者业务能力强，整天忙于跑业务，没有独立思考时间，没有通过学习给自己充电，还停留在经验管理层面
	内部培养力度不足，目前更多是培训，而不是培养。目前领导都是依靠业绩提拔，会做业务，不一定会带团队
	管理者过分关注考核，而忽视员工的成长，短期业绩至上的文化，导致业绩焦虑症
人力资源基础弱	人力资源管理职责比较完善，各项制度也比较健全，但这都是文案标准，实际没有做起来，没有建立基础工具库

续表

问题	关键特征
人力资源基础弱	新人入职管理不到位，新人入职后未发邮件给其工作相关联的同事做介绍，新员工开通门禁不统一
	人才库信息化等待建设人才信息库外部是有的，内部是没有的。内部也是计划在做，外部就是招聘，没有信息系统

2. 顶层设计的任务

（1）人才是第一资本

人才第一是“人才是最重要的资产”和“战略跟随人才”的姿态，它还意味着要为圈牢顶级人才而投入的时间和资源。

（2）支持HR转型

HR转型是聚焦业务的，HR转型应有两类成果：一是“利益相关者期望”得到满足；二是提升组织能力，企业不是因他们的组织结构而为人所知，而是因他们的独特能力而为人所知。

（3）强化领导者的责任

领导者可以评估自己的组织在吸引和保留顶级人才方面做得如何，同时还要评估这些人才在尽最大能力去获取最佳绩效方面做得如何。

通过打造既有胜任度又有认同度的员工队伍，领导者可以确保人才供应，帮助组织持续表现优异。要保障员工队伍的胜任力就需要领导们承担以下工作：引入新的人才、开发现有的人才、通过联盟或合作获取行业或专业精英的能力、解雇不良绩效的人员、留住最好的人才。

（4）员工胜任

员工必须既有胜任力又有对企业的认同度。有胜任力的员工拥有满足当前及未来业务需求的能力。员工胜任度可以通过以下方式追踪：评估拥有当前及未来工作所需技能的员工占比，与竞争对手比较当前员工情况，以及衡量员工的产能指标。企业人才被挖而不影响企业发展，则代表企业员工普遍胜任能力。

2. 基于专业导向的顶层设计

（1）基于人力资源专业模块整体框架

企业成长中，人力资源模块一般是从招聘开始发育，其他职能发育不足，但理想人才供应链打造需要多模块发育，如表 9－3 所示。

表 9－3 人才供应链系统架构

序号	模块	序号	模块
人才需求	人才标准 （岗位划分标准、任职资格标准、胜任素质模型、定额定员）	人才生态	以良性企业文化留人、吸引人 以合适的工作氛围留人、吸引人 以合适的管理方式留人、吸引人 以合适的领导风格留人、吸引人
	人才需求规划 （人才盘点、数量规划、质量规划、结构规划、人才需求分析、人才需求年度计划）	人均效能	绩效管理 （绩效计划、绩效考核、绩效辅导、结果应用）
人才供给	外部招聘 （招聘渠道、核心人才招聘、普通人才招聘）		薪酬管理 （岗位价值评估、薪酬调查、薪酬标准、薪酬预算、薪酬发放、薪酬分析、薪酬调整）
	内部人才开发 （分类培养、学习地图、行动学习、企业大学、培训管理、知识管理等）		激励机制 （短期激励与长期激励、物质激励与精神激励、正向激励与负向激励、多元激励与专项激励、责任激励与成长激励）
	干部与关键人才培养 （梯队建设、留人、战略预备队、继任者计划等）	基础管理	人员异动管理 （轮岗、晋升、降职、退出） 劳动用工管理 （劳动合同、考勤、劳动纠纷等） 人力资源制度流程建设 人力资源自身队伍建设 人力资源与业务衔接（HRBP） 人力资源信息化管理
供需平衡	职业发展标准 （职业通道、职业规划）		
	职位职称评定标准		
	人才测评管理		
	人员配置管理 （岗位胜任、竞聘机制、内外人才市场等）		

打造理想的人才供应链，包括六大模块。

人才需求：基于企业战略目标与人才标准，对人才数量、质量、结构进行盘点，生成中长期人力资源规划、年度需求计划。

人才供给：基于人才需求规划，通过内生外引的方式，其中内生是指内部人才的开发与培养，外引是指外部招聘或者人力资源外部，最终做到及时满足企业的用人质量、数量、结构的需要。

供需平衡：按照供应链JIT精益思想，在既定人工成本预算的约束下，实现人才供求动态平衡。

人才生态：人才供应链的形成离不开好的人才生态，好的人才生态才能促进人力资源生生不息；人均效能提升也离不开好的人才生态。特别知识员工与新生代员工占比越来越大，对人才生态要求越来越高。好的人才生态必须要好的文化土壤，这在第六章已经提及；好的人才生态还需要合适的工作氛围、合适的管理方式、合适的领导风格。

人均效能：人才供应链主要目标是提升组织效能、人均效能，这是“开源”，提升人均效能除了依靠科学合理的人员优化配置外，更多依靠机制驱动，绩效、薪酬、激励是激活人才价值创造的关键机制，因为这特别重要，将在第十章进行专门论述。

基础管理：人才供应链动态平衡，在实践中是很难做到的，因为人才不是“花钱就能买的”，内部人才培养需要一定周期，要借助扎实人力资源基础管理，不断提升人才配置水平。对于人力资源基础管理，由于篇幅所限，在本书中不进行专题论述。

（2）基于Snell人力资源模型分类设计

Snell模型以核心能力（“人才价值”与“人才特殊性”）将人才划分为“核心人才”“通用人才”“辅助类人才”“独特性人才”四类，据此分类进行人才梯队建设，如表9－4所示。

表9－4　人才分类及匹配管理模式

	核心人才	通用人才	辅助类人才	独特性人才
价值	高	高	低	低
独特性	高	低	低	高
人员举例	高级管理人员、高级技术人员、高级营销人员等	市场上的技能熟练人员、一般性职能管理人员	一般作业人员临时工、文秘、后勤支持人员	外部咨询专家、关系内部人、基础研究人员

续表

	核心人才	通用人才	辅助类人才	独特性人才
雇用模式	知识性工作	惯例性工作	合同性工作	合作、联盟
雇用关系	与组织共同成长	专注于工作	交易性关系	伙伴关系
HRM	基于承诺	基于市场	基于服从	基于团队
工作设计	职责丰富化、授权	严格界定、适当授权	充分界定、有限的职责	团队运作、职责丰富化、较大自主性
招聘	胜任力、学习能力、内部提升	外部招募、以往业绩	外包、任务合同	合作能力、以往业绩
发展	持续的在职培训、特定的特殊培训	短期的、有限的特殊培训	仅了解规则程序的短期培训	持续的在职培训、特定的特殊培训
评估	基于战略的考核、潜能开发、注重发展	注重发展、关注即时绩效	基于等级的考核，上级的考核	基于团队导向的目标考核
薪酬	外部公平性、技能或能力薪酬、股权、优厚福利	外部公平性（市场工资率）、根据绩效工资	计时工资、合同工资	团队报酬与激励、技能或能力薪酬

3. 基于理念导向的顶层设计

（1）基本准则与目标

人才是公司成长的最基本的要素，人才是第一资本，人才管理坚持公平、公正和公开的原则。

打造人才供应链，建设专业技术团队、专业管理团队、专业营销团队和专业作业团队。通过人才盘点，明确人才需求，制定人才规划。公司人才来源，以内生为主，外引为辅。重视从优秀大学招聘优秀毕业生，以及知识型年轻员工；以全球视野，引进适合关键岗位的高素质、高能级人才，尤其是技术和管理领域的领军人才。

（2）选人观

在认同公司价值观的前提下，注重人的能力素质、潜能、品格、学历和经验；对管理者，还要求做到“对企业要忠诚、对自身要反思、对工作要积极、对解决问题要主动、对员工要热情、对责任敢担当”。

（3）用人观

基于用人标准前提下动态竞争，建立岗位胜任资格标准、岗位能力素质评价标准、管理者领导力开发模型，关键和重要岗位要通过竞争上岗制，做到能者上、平者让、庸者下。

（4）育人观

培养目标：树立学习的标杆，以任职资格标准指导员工不断学习与改进，激励员工不断提高其岗位胜任能力。

培养方式：以内部培养为主，做好传帮带，将老员工经验教材化、标准化，通过内部授课，使得老员工的经验能够传承。

培训方向：按照分层分类的原则，针对不同岗位、不同对象，基于企业战略，结合现实问题，实现“训战”结合。

培训激励：鼓励内部讲师授课积极性，实现内部授课有偿制度；鼓励学员学习积极性，实行学分制度，将员工积分与薪酬、晋升等挂钩。

投入产出：根据公司利润完成情况，按一定比例计提培训费用。为了评价培训的效果，要建立培训产出效果评价体系。

（5）留人观

建立技术、管理双通道，建立技能等级评价制度，让人人都有晋升晋级机会，引入以奋斗者为本的机制，构建“奋斗者”管理体系，留住长期奋斗者。

建立一套有效的从工作实践中考察、发现、培养接班人机制，实施核心人才储备计划，特别是内部专业技术人才，确保事业后继有人。

（6）退出机制

对不愿或不能持续做出贡献的人，建议有情退出；对违反制度或因牟取私利而给公司造成严重损害的员工，根据有关制度强行辞退。

（7）对标实践

对标宁德时代新能源：处在偏僻之地，但吸引各地人才。

①“开放、平等、尊重”的人才生态观

员工认为，“我觉得公司的领导还是比较接地气的，很开放的。平等地讨论问题本身，也给了我们很多展示的机会。以前的公司，老板是唯一正确的，没有人可以反对”。

②“以领军人才吸引优秀的人才”的选人观

该公司有各行各业的优秀人才，标杆力量强大，很多人才不仅仅关注企业事业前途、薪酬待遇等，更在乎行业的领军人物，这有利于该公司招到各种精英人才。

上海复星科技集团是比较成功的多元化企业，多元化加大了人才引进与管理难度，而该企业是如何解决人才瓶颈的？

① 开放、包容、信任

以开放的心态培育出的开放的文化，乐意接纳比自己强的人加入团队，“把有能力的人变成自己人”，该企业坚信“用师者王，用友者霸，用徒者亡”。

同时，该企业能学习其他企业的长处：并不断提炼和修正原有的文化；允许不同的文化存在并柔性冲突。

② 团队、专业、学习

以团队的能力来弥补个人的不足，在企业日常管理和决策时，重视团队的作用，保证用最专业的人处理最专业的事情；配备互补型团队成员；依托专业化的团队，形成专业化的管理。

学习的文化，企业不仅为每一个成员提供发展的舞台，还要提供一个良好的学习环境，从而“比竞争对手学得更快”。

③ 事业牵引人才

该企业坚持“以发展来吸引人、以事业来凝聚人、以工作来培养人、以业绩来考核人”。

4. 基于战略导向的顶层设计

（1）以战略牵引人才

企业成长期，要基于战略打造事业人才高地，要以战略机会牵引事业扩张，事业牵引人才汇聚，人才驱动事业发展。

（2）建立基于战略的人才盘点

人力资源支撑企业战略升级，要将企业发展对人力资源的要求，动态、灵活地反映到人力资源管理中，对现有人力资源的数量、质量及结构进行分析，可以摸清“家底”，为人力资源需求的确定提供参考依据。借助人力资源数据库可以生成各类直观图表，便于人力资源的管理和研究开发。

（3）建立基于战略的人才储备

企业成长期的战略升级，必须需要匹配的组织体系支撑，但组织保障的核心是企业基于战略的人才供应链的形成，企业必须做到“有足够人才池可选、被选的人才能够打仗，如果不能打仗的人才必须有效分流管道”。这就要求企业通过人力资源需求和供给的研究分析，根据公司战略目标的要求，解决各公司、在不同发展阶段的人力资源优化配置问题，同时也为人力资源系统的发展提供了前瞻性依据，有效促进整个人力资源体系的持续健康发展。

（4）建立基于战略的人力资源管理体系

建立基于战略的人力资源管理体系，对人才进行分类管理，强化人才全过程管理、构建关键人才储备工程，以“聚焦与压强原则”，对核心人才采取“一网打尽”策略。

二、人才需求

1. 人才需求规划流程

人才需求规划分为人才标准建设、人才需求分析与规划。人才标准包括：职位划分标准、任职资格标准、胜任素质模型、定额定员标准；人力资源需求分析与规划包括：人才盘点、数量规划、质量规划、结构规划、人才需求分析、人才需求中长期规划与年度计划。

2. 人才标准建设

（1）人才标准定义

① 岗位划分标准

综合考虑企业的管理模式、工作流程和组织结构的要求，根据职责专业相似性、职责完整性、职责内容相关性，通过工作分析，对岗位进行分类。按照以下概念建立岗位图谱：职类（依据工作性质，如管理岗、技术岗、支持岗等）、职群（依据价值链定位，如研发类、营销类等）、职种

（基于“职群”再细分）、职等（基于岗位价值评价划分）、职级（基于职等的细分）、职务（基于头衔及职称的划分，如总监、高工）、岗位（也叫职位，基于职务+岗位职责定位，如首席研发工程师等）。

② 任职资格标准

依据战略、业务自身特点及其发展阶段对岗位任职者的基本要求，结合所在职位的职责定位，对胜任本岗位人员的专业要求，主要包括岗位知识、岗位技能、相关岗位工作经验，基于职业通道可细分任职资格要求，比如工程师、高级工程师等。

③ 胜任素质标准

素质是指在特定组织中导致高绩效的行为表现。它们明确了一般绩效水平和高绩效水平之间的行为差别。素质与任职资格中的知识、技能的区分，可以借助冰山模型来说明，知识和技能在冰山的顶部，比较容易发现和测量。冰山下的素质，尽管它们难于被发现，但是却对表面的行为有很大的直接影响。

素质模型是指针对特定的组织、族群、角色区分绩效的一系列相互关联的素质。这一系列的素质必须是与绩效直接相关的素质的组合，而且彼此之间有一定的关联性。

素质模型一般分为：领导力模型、全员通用素质模型、特定族群专业素质模型；素质模型开发基于战略能力要求、企业文化要求（企业精神、核心价值观等）、社会角色、个性特质、自我形象、动机等因素进行推导，最终形成企业素质词典。

（2）定额定员标准编制

① 难点及问题点

在人才标准中，任职资格等标准相对容易制定，最难确定的是定额定员标准。从用人部门及主管部门的用人计划管理来看，如果定额定员标准缺失，会导致“因人设岗”和“人浮于事”，还会造成各岗位苦乐不均，有人忙死了，有人工作量不饱满，导致大家都不愿意积极做事。比如各部门提出用人需求，是真实需求，还是无效需求？人力资源部门如何根据专业标准来判断其合理性？这是困扰人力资源管理者的难题，如表9－5所示。

表9－5　定额定员标准不一致的纠结

部门负责人	公司高层或主管部门
我们部门的人数不够，如何完成新的目标；按照现在的定员数量，我们不可能按计划完成既定目标	你们部门已经这么多人了，我感觉人员都有些臃肿了，新的一年应该提高岗位人效，我要求你们部门优化人员

② 基本概念认知

劳动定额是指单位工作日内有效工作时间，包括体力劳动时间、脑力劳动时间，其中脑力劳动时间很难测量，知识员工的劳动主要是脑力劳动，所以知识员工的劳动定额测量不是基于传统体力劳动时间。

劳动定员是在特定时期和特定条件下，为完成一定的经营任务，按照相应的人员要求而配备人员的数量标准。通俗地说，定员是各岗位配备人员的数量标准，定额是定员的基础。

③ 劳动定员核定

定员的核定是对现有岗位或新增项目、新增业务（工作）等定员数量的确定，在公司核定的定员总量范围内，根据项目或业务（工作）的实际情况，以及初步设计定员标准等进行核定。定员管理包括定员核定、定员变更、定员使用和定员合理化等工作。

④ 定员测定的方法

首先要对岗位进行分类，再确定对应定员方法，有些岗位不需要岗位技术测定就可以确定，把这些不需要测定的岗位识别出来，比如总经理、副总经理等。根据岗位分类，一般分为管理岗位定员、技术岗位定员和操作岗位定员，比如管理协调类主要是生产、技术、经营、行政等日常工作的具体组织、协调、承办者。

根据分类确定好定员方法，以劳动定额定员方法为基准，这种方法是基于前期劳动定额测定的结果，比较定量化，大家容易接受，同时综合运用以下方法相互验证，具体有：

按比例定员：一般针对管理人员编制，主要按照管理幅度进行。

按职责定员：根据职责专业性要求，比如特殊岗位，如出纳与会计不能为同一个人。

按工作定额定员：根据岗位工作量测定，进行定员。

按工作效率定员：根据外部数据，同样的岗位需要多少人，再结合本公司岗位工作人员实际效率来计算。

绩效定员：根据公司业绩目标进行定员，比如销售人员，按照销售额或者服务客户数量来定员等。

⑤ **工作定额测量**

● 通过岗位技术测定确定各项职责需要时间与频次，对非效率点，一般采取专业判断与访谈方法、对标法确定一个大概的范围，如图 9 – 1 所示。

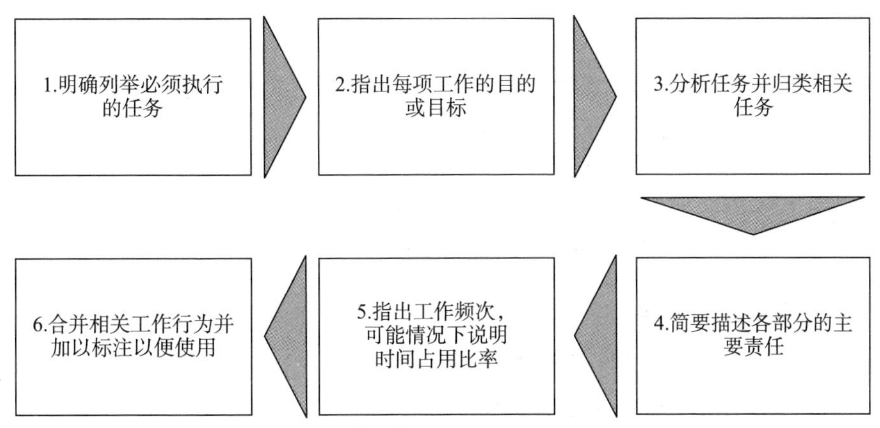

图 9 – 1　定额测量步骤图

● 关键工作定额测定方法：基于客户为导向职责梳理，以工作日志方法为主，对所有岗位工作量进行期量评估，确定每项工作频次与作业时间，如表 9 – 6 所示。

表 9 – 6　基于客户的工作定额测量

序号	工作内容	输出成果（文档或记录）	成果接受对象	时间定额			频次		时间汇总	
				自评	小组评价	行业标准	自评	小组评价	自评	小组

• 基于岗位技术测定（工作日写实、瞬间观测法），该方法主要针对制造业生产岗位一线员工的测量，在实践测量中很难做到精准，因此要结合经验评估法、岗位工资排序法（对于类似可以计件工资类的岗位，在某种程度上，其岗位收入也反映了其工作量大小），相互验证，最终选择合适的定额定员标准，如图9－2所示。

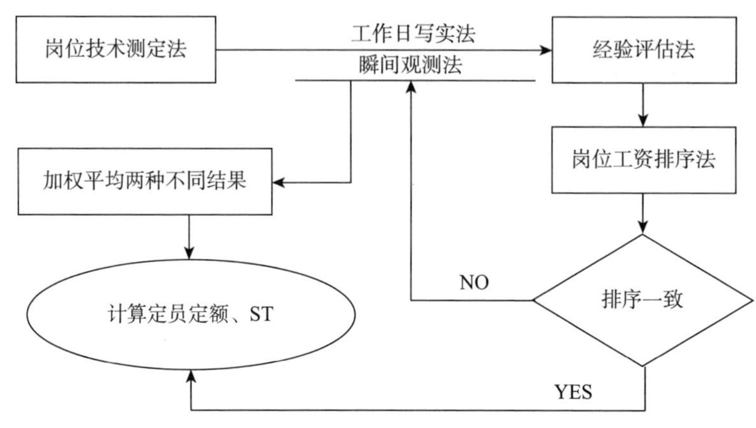

图9－2　定员定额综合测量

⑥ 定员定额计算

对于按照工作定额来定员的岗位，我们会给出具体计算公式，根据前面的岗位分类及岗位工作定额时间，确定定员：

岗位观测时间＝体力劳动时间＋有效看管时间

岗位测定工时＝岗位观测时间×宽放系数（考虑正常生理需要）

岗位理论定员＝岗位测定工时÷人均班工时标准（6.5小时）

岗位实际定员，要按照岗位特殊要求（比如安全作业对特殊工种的要求）、关键岗位用人风险（避免离职造成企业损失）等进行适当宽放定员数量。

（3）定额定员标准管理

① 定额定员编制时，如果员工素质相对较低并且吸引合适员工的难度较大，则同一岗位的人员编制需要适当扩大。

② 在精简编制时，还必须综合考虑人员编制现状与调整目标，以尽量确保编制的调整幅度不超过企业最大的承受能力。

③ 人力资源部根据公司经营战略要求，制定劳动效率总目标，并对目标进行分解，明确各单位年度定员指标，各单位根据下达指标进行分解，并制定具体措施和实施细则。

④ 每年度各单位对定员管理进行总结和分析，并提出改进措施和调整方案，并报人力资源部。

⑤ 人力资源部对各单位定员管理实绩进行评价，并根据实际情况对目标进行适当调整，报公司领导审定。各单位根据调整后的目标进行分解和实施。

3. 人力资源需求规划

（1）基本内容与要求

基于人才标准，通过人才盘点进行人才需求分析，形成人才数量规划、质量规划、人才结构规划，汇总形成人力资源需求规划。

人才盘点：基于人才盘点的要素，对内部人才存量进行梳理与分析，即对人才数量、质量、结构进行分析与总结；同时通过人才测评方法对现有人员进行考评。人才盘点的要素，如表 9－7 所示。

表 9－7　人才盘点指标及对应定义

指标项	指标意义
性别	衡量性别比例是否平衡，要保护女性就业权利
年龄	衡量员工队伍年龄结构
学历	衡量教育程度
专业	衡量专业知识类别
在职时间	衡量员工在职时间、稳定性
层级结构	衡量层级结构、人才梯队是否合理
属地	衡量人员区域分布、招聘吸引力
岗位类别	衡量各专业类别员工比例
业务人员占比	衡量一线业务人员与职能服务人员比例

人才需求分析：基于企业战略目标和业务发展目标与任务，结合现有人才盘点情况，对未来人才需求量进行分析，数量不足的缺口为新增用人

计划，数量富余的要进行人员优化，对人才质量、人才结构的需求进行规划。

数量规划：依据定额定员标准，结合企业战略要求、经营目标、组织架构等要求，按照上述定员计算方法计算即可。

质量规划：依据任职资格标准、胜任素质模型，确定对应资格及素质等级人才需求比例。

结构规划：是指按照各种分类标准统计的人数占比，比如性别、学历、年龄等。

（2）核心人才需求

基于企业战略需要引进高端人才，一般来说薪酬标准比较高，同时招聘也比较困难，在人力资源需求规划中是非常慎重的事情，如果规划超前，可能导致高端人才短期产出比较低，其他员工因为收入差距大而抱怨不公平；如果通过内部培养，因为高端人才培养周期长，会延误事业扩张计划。对这个难题的建议如下：

① 基于清晰的战略，识别支持未来战略成功的核心能力要求，结合行业成功要素，比如未来国际化，具有国际化经历人才是关键人才，据此进行梳理，对核心人才进行专项梳理，如表9－8所示。

表9－8　基于战略的关键人才识别

战略目标	关键人才范围	人才需求	人才现状	人才计划
三年经营目标必须具备的关键成功要素		数量要求 质量要求	数量要求 质量要求	数量要求 质量要求
三年管理目标必须具备的关键成功要素		数量要求 质量要求	数量要求 质量要求	数量要求 质量要求

② 基于Snell模型以核心能力（“人才价值”与“人才特殊性”）将人才划分为“核心人才”“通用人才”“辅助类人才”“独特性人才”。根据不同人才分类，依据其弹性系数大小进行一定缩放或放大需求量。比如

“通用人才”预测可以保守些，对“独特性人才”需求可以放宽。

（3）人力资源规划难点

场景1：人才需求弹性大，因为业务淡旺季，人才需求弹性非常大，拟定的招聘计划迟迟得不到批复，等到同意去校招只能捡漏，订单来了招人，订单下降了就要“砍人”。

场景2：宏观环境不确定性，组织结构调整、业务调整，对人才需求都出现未知的变动。

分析：企业成长阶段，用人需求越来越弹性，因此企业必须通过内部劳动力市场和外部劳动力市场的置换，构建内部人才链。

建议1：根据岗位图谱，可以分析不同层级，不同族群、序列，标注不确定性对人才需求影响最大的部门、岗位。

建议2：对标注岗位进行具体分析，结合供给市场弹性，制定不同的应对方案，比如对于薪酬弹性比较大的岗位，通俗地说，就是薪酬提高5个分位，招聘周期明显缩短。对这些岗位需求预测可以采取下限值；反之，采取上限值。

建议3：人力资源需求与供给，说到底是在人力资源投入预算约束条件下做出的计划，因此可以通过工资包形式，引导员工适应市场化波动的需求，业务多，加班多，工资高，反之也成立。

三、人才供给

1. 人才供给流程分析

基于人才需求规划，通过外部人才招聘、内部人才开发双轮驱动，满足人才数量、质量、人才结构的供给。其中，外部招聘包括：招聘渠道建设、按照核心人才与普通人才进行分类招聘；内部人才开发包括：分类培养、学习地图、行动学习、企业大学、培训管理、知识管理；对干部及核心培养则按照梯队建设、留人举措、战略预备队、继任者计划等，实现后继有人的要求。

2. 人才外部招聘

对人才外部招聘管理，主要集中在招聘渠道建设，同时区分核心人才招聘、普通人才招聘。

对于普通人才招聘，一般分为社会招聘、校园招聘，通过招聘平台搭建、招聘渠道建设与维护、招聘面试质量把关，提升到岗及时率，企业规模较大、行业特色比较明显的，可以与相应高效形成人才联盟，如华为招聘前置到高校，通过宣讲会等形式提前锁定优秀毕业生。

对于高级人才，更多是基于战略考虑，这需要高层领导亲自负责，各部门负责人负责，人力资源部是组织工作。比如对领军人才引进，需要在行业有资源的领导来引进；宁德时代新能源，地区偏僻，但行业高端人才不断加盟，有其事业吸引外，很多人才是冲着这里“高手、专家”而来，以优秀人才吸引优秀人才。

另外，“人人是伯乐”，要通过内部推荐。对公司刊登的各类人才，鼓励员工推荐认识的专家积极参与。

3. 内部人才开发

（1）分类培训，重点培养

基于人才需求规划与业务发展阶段，针对不同的岗位、员工采取精准培养是人才开发的大趋势，要按需育才、因材施教，遵循人才成长规律，把传统培训变成全方位培养机制。

① 从培训角度来说，一是对管理人员领导力的培训；二是根据员工的发展计划，每年排定正式的年度培训计划；三是岗位培训，让员工在平时的工作受到培训，其中包括正式的岗位技能的培训和非正式的师傅带徒/导师辅导计划等。

② 培训不是培养，培养更关注长期性、未来需求，培养的基本目标是创建人力资源池，推行职业生涯发展规划，全员共同发展，如丰田与各职业技能学院建立长期合作培养人才计划，工人从学生开始就接受丰田的理念和技能培训。

③ 培养人才最高目标是基于公司战略需要重点推行核心人才梯队培养、战略预备队建设、经理人继任计划（接班人计划）。

④ 培养人才与带队伍是管理者首要职责，如丰田提倡“造人先造车，在丰田公司，每一位经理人都必须承担教师的职责，因为培育杰出人才是丰田公司的第一要务”。

⑤ 在战争中培养人才，在战争中发现人才，可以让“低级别”的员工“越俎代庖”，从事一些高层次的工作，或参与一些项目，并通过经常性的安排，针对员工能力的不足项，扩大员工的工作范围，加强员工的在职历练。

（2）学习地图，前后衔接

学习地图是战略地图的延伸与落地保障，通过战略地图的成功要素与核心能力分解，形成基于战略的能力与成长地图。

① 重点是基于战略的能力培养，这与常规学习培训的目标是不一样的。常规地图解决当下工作技能需要，强调快速见效，“缺什么，就学什么”，比如新员工学习目标就是快速适应岗位工作需要。

② 学习地图与员工职业发展生涯是平行线，为员工职业晋升提供“跳跃”的动能，因此员工可以借助学习地图培养未来能力，也可以打破目前的能力瓶颈点，形成自己的个性化成长方案。

③ 学习地图与岗位晋升跑道链接在一起，员工喜欢做专家，就主修专家课程包，攒够“专家类”学习积分，为晋升专家职务做准备；如果觉得现在岗位枯燥，又可以去攒够“管理类”学习积分，为轮岗做准备，同时也可以培养懂业务又懂管理的复合型人才，打破传统任职能力固化、静态的缺陷。

④ 设计学习地图不是另起炉灶，要结合现有培训课程、学习资源、学习方式，按照学习对象形成不同的学习地图，诸如全员学习地图（与员工职业生涯规划接轨）、继任者计划学习地图（与经理人的事业发展规划接轨）、核心人才梯队学习地图（与人力资源规划人才结构规划接轨）。

⑤ 学习地图要与人才标准（岗位划分标准、任职资格标准、胜任素质模型）、知识管理等系统衔接，还要体现公司战略意图、公司文化需要、业务发展需要等。

(3) 行动学习

行动学习就是在行动中学习反思，在行动中体验，是将学习与实践合二为一的一种成人学习与培训的有效方法与模式，通俗的说法叫“干中学”，做到“工作学习化、学习工作化”，如表9－9所示。

表9－9　行动学习路径

问题出发	观察反思	转变认识	改进计划	行动体验
分头调研 界定主题 问题原因 评估总结	学习方法 定期沟通 深入反思 反思总结	研讨分享 营造氛围 课后作业 团队对话	行动展望 改进策略 团队研讨 实施方案 辅导检查	不断尝试 及时评估 效果回顾 总结改进 经验分享

行动学习有三个流派：科学方法派、体验式学习派和批判性反思派。行动学习无论什么流派，都必须满足下面的要求。

① 行动学习要解决实际问题，不是“纸上谈兵”，可以通过实际课题攻关来实现。比如上汽销售“争创班”，学员以神秘客户身份发现企业的问题，并结合学习提出改进方案，全程跟踪实施。

② 行动学习是团队学习与自我批判，实现共同反省。比如通过工作例会、讨论会、沟通会进行“头脑风暴”“研讨工作坊”等丰富多样的手段互相启发，交流观点和经验，信息共享，彼此成长。

③ 行动学习可以无处不在，要应用到日常工作中，将成功经验结构化加以推广并溶入，形成工作习惯。

④ 行动学习适合任何对象，比如安排新员工初期参与一些不太紧急的项目，并允许他们在项目中犯错误、积累经验。对公司引进外部项目，不断吸纳优秀员工进入，通过项目实战积累新经验。

(4) 企业大学

以前的大国企有自己的职工大学或者技校，因此企业大学不是新事物，企业大学与传统培训组织有其优势，如表9－10所示。

表 9－10　华为大学设立背景

阶段	培训方式
萌芽阶段	需求来自临时业务需要，培训不受控、培训量小
创新阶段	成立新员工培训中心、客户培训中心、各业务部门设培训专员，培训管理能力较弱、专业性不够、缺乏对培训体系总体考虑
发展阶段	建立任职资格管理制度，各业务部门设干部培训中心、管理能力强，培训执行逐步专业，对各部门员工培养贡献大，部门各自为政，资源共享差，缺乏对培训体系总体考虑
整合阶段	成立华为培训中心，培训管理能力强，培训执行专业课程、师资统一规划和建设，对华为培训体系进行总体规划
提升阶段	注册、成立华为大学，配合集团战略，提供对外、对内培训 与国际知名高校联合办学成为一流的企业大学

因此，企业大学不是要不要设立的问题，而是如何做好的问题。企业大学虽然称为大学，但不能完全像大学，要做到以下事项：

① 强调实战、实用，从实践中来，到实践中去，如同“黄埔军校”的办学宗旨，是培养将军的，不是培养学者。

② 企业大学师资专职讲师要少，兼职讲师要多，优秀的人都可以当兼职讲师，要让优秀的人培养更优秀的人。

③ 企业大学要有开放性，培训对象可以是外部客户、合作伙伴甚至同行，大学师资可以来自机构，也可以来自内部。

④ 企业大学定位要基于战略，要成为干部培养基地，要聚焦公司知识、通用技能、管理技能，普通培训侧重产品知识、专业技能。

⑤ 企业大学要基于战略发展，要关注未来，要引入先进管理理念，促进企业变革与管理进步。

⑥ 企业大学要基于公司统一的企业文化，传播企业价值观、标杆行为，促进公司品牌形象提升。

⑦ 企业大学要广泛整合外部学习资源，用创新手段去办学，比如可以与外部联合办学，共建网络管理学院。

⑧ 企业大学负责人要参与人力资源战略规划制定，要参与企业人力资源委员会机构设置。企业大学与人力资源部可以相互独立，但在人才培养

工作上要保持衔接。

⑨ 企业大学要与导师制、行动学习方法充分结合，形成团队学习实验室，承接基于公司发展的关键目标或课题。

团队学习实验室所推动的项目是运用一套经总结的有效的、系统的方法和流程，结合企业实际经营活动目标或者期望解决的问题，选定绩效改善或者解决项目主题，设定项目目标，通过外部专家的有效辅导方式，采用行动学习流程，导入提升组织核心学习力技术，结合团队学习、群策群力和解决问题分析问题等工具、方法的运用，并且评估团队成员实际能力现状，提供相应的学习解决方案，将工作项目与学习紧密结合，提升能力，解决问题，实现项目目标。

⑩ 企业大学的教学要与培养子弟兵的任务结合起来，建立与相关高校联合培养机制，加快学生到职业人的转变。

⑪ 企业大学在力所能及的情况下，可以为客户与供应商培养人才，为社会培养行业人才。

（5）企业导师制

① 企业导师制最早的形式是“学徒制”，主要是教手艺。现代企业导师制则通过认证，将高级别员工的能力、经验进行系统的总结和提升，并通过导师制，迅速、全面地把老员工的成功经验传递到低级别员工，避免低级别员工的重新摸索。现代导师制要从思想、技能进行全方位辅导跟踪，提升人才成材率。

② 明确导师资格，一般来说，工作一年以上，业务素质、价值观素质过硬，并且能够拿到新员工导师资格证，对继任者计划导师则要求为上级领导级别。

③ 全过程跟踪新员工，帮助熟悉工作环境、制定培养计划、主动沟通、有问必答、督导工作，参与新员工转正答辩。

④ 继任者导师制，导师最好不是直接领导，让其岗位职能尽量错开，可以开拓思维，促进无障碍沟通。

⑤ 对导师要培训与测评，新员工导师要专题讲解如何成为优秀的新员工导师；对导师考核要结合新员工转正成绩、新员工直接领导的评价及关

键事件评价，对导师原则以奖励为主，与其未来晋升挂钩。对考核不合格的导师取消资格证。

⑥ 新员工导师任期从新员工上岗开始，直到新员工正式转正时结束，如更换导师，由前任和继任做好培养交接工作。

⑦ 为了加强新员工的培养，促进导师与新员工的日常交往活动开展，在导师任职期间发放一定的活动经费。

（6）知识管理

① 标准知识库是公司战略及业务发展对员工所应具备知识的全集，知识库、案例库是公司成功经验的总结，也包括公司花了惨重的代价换来的血的教训，对其进行行之有效的总结，避免公司后来的员工进行重复的摸索，防止重复犯错。

② 强化知识共享机制建设，让学习的信息和效果及时共享，促进团队学习和无边界学习，建立在线知识信息系统，通过知识库赋能员工，便于员工随时自主查询学习，同时在遇到问题时，可以成为自主求助系统，摆脱依靠个别人拥有问题改善能力，要让全员都具有改善技能。

③ 通过内部知识分享与激励机制，要让有经验的员工将头脑中的隐性知识转换为显性知识，避免“口口相传”，在企业内部实现隐性知识的共享。

④ 内部知识不仅仅包括产品知识，还包括专业工具包，就是针对具体的工作事项或某个工作过程，它的最佳工作行为是怎样的，在哪个环节会用到什么样的工具、模板、表格，应该利用什么资源等，是一套能指导员工按最佳模式完成工作的操作指导书和工具包。

⑤ 企业业务最佳实践标准化、规范化、显性化、可复制化，持续纳入知识管理平台。另外，稳定的人事制度、有序的升迁制度、有序的接班人制度、工作足迹总结表，促进组织知识库持续积累（避免人才流失，带走知识）。

（7）培训管理

① 企业培训管理贯穿人才开发全过程，需要规范流程与匹配制度进行专业化管理，主要包括：指导原则、培训组织职责与分工、培养方式及定

义（在线学习、日常培训、在岗训练、导师制、轮岗、外部学习、训练营、学习坊、导师制、课题攻关等）、培训计划编制（需求分析、培训对象、授课师资、费用预算）、培训实施与评估（培训效果、培训档案、培训激励、总结与改善）等。

② 企业担心人员培训后“跳槽”，这个问题一方面可以通过培训协议来明确（特别是公司花钱培训）责权利；另外要加强人才培训后跟踪管理，培训、培养后必须要使用，做到企业与员工双赢。

③ 员工抱怨培训少，又抱怨公司培训占用了休息时间，对这个问题要客观分析，如果员工的工作的确很辛苦，就要合理安排学习时间，要化整为零，切割成小专题学习。

④“听起来激动，走起来摇动，坐下来不动”，这种培训倾向于“态度”类，对员工价值观、态度方面要用考核与激励机制去引导，而不是培训“洗脑”，可以借助绩效诊断箱设计课程，如表9－11所示。

表9－11　员工绩效诊断工具箱

岗位知识诊断：产品知识等	岗位技能诊断：任职资格
岗位素质诊断：价值观及态度	外部障碍：资源支持、管理支持

⑤ 培训是不是福利？对此答案几乎不一致，这是企业价值主张问题，无论是企业掏钱还是员工掏钱，都要强调培训投入产出比，培训效果要与部门负责人挂钩，纳入“学习与成长”考核KPI。

4. 核心人才培养

（1）人才梯队培养

梯队人才培养支持战略落地的关键，可以针对不同岗位推出“火车头计划”“精英计划”“飞鹰计划”等，如表9－12所示。

表9－12　梯队人才培养工程计划

步骤	实施要点	实施策略
梯队人才管理	职责分工、工作小组	过程管控：沟通、考核辅导、反馈

续表

步骤	实施要点	实施策略
梯队人才分类	管理、技术、营销等	依据 Snell 模型
基本条件	基于战略能力要求	基本资格条件筛选
梯队人才设置比例	比例合理，按期进行分配，确保梯队人才晋升空间	选有所用的原则。进入后备管理人才库的人员，应有明确的任用职位
梯队人才选拔	选拔周期、选拔程序，公平公正公开，自荐与推荐等	比照黄埔军校，分期培养，相关表单制作
梯队人才培育	个人自学、职业生涯发展规划、高层示范、帮带教练、外部学习、行动学习	共同培养，培训方案由实施主体单位制定、公司各部门及子公司作为培养基地，共同实施培训工作
岗位匹配与实践参与	挂职、见习、离岗测试、跨岗位实践、管理实务操作	自我管理/管理他人/管理团队/管理工作，弥补业务能力短板
考核考察	针对不同岗位的关键胜任力及公司选育人才的要求，制定有侧重的考核指标系统	资格审查：任职资格、专业考核、民主评议，能力潜质考核，无领导小组讨论
竞聘上岗	公司内部产生的所有职位空缺由梯队人才竞聘上岗	按照价值观、能力、业绩、态度，定量与定性测评相结合
动态管理	人才共享机制、激励机制、保护机制、退出机制	推荐部门因业务发生变化等原因没有任用的，公司可帮助推荐任用

（2）企业经理人继任计划

企业经理人继任计划（也叫接班人计划），通过评估、培训和发展有潜力的经理人员，以获得当前和未来管理职位所需的能力。接班人计划和员工发展计划，两者缺一不可、互相支持。员工发展计划为接班人计划提供了支持，避免了人才更替中出现断层的现象；而接班人计划则为员工发展计划提供了职位空缺，如表 9－13 所示。

表 9－13 企业经理人继任计划

序号	步骤	实施要点
1	基于战略的组织核心能力、核心价值	基于支持战略成功的关键要素、关键能力、核心价值主张

续表

序号	步骤	实施要点
2	确认关键岗位清单	基于组织核心能力涉及相关部门、岗位
3	设计关键职位能力模型	关键职位的能力模型（按照通用能力、专业能力、管理能力、价值观、素质等）
4	评估现任者和差距分析	现任者优势、短板在哪里，差距有多大
5	制定现任者的发展计划	关键职位的现任者的发展期望目标与计划
6	明确关键职位的继任候选人	关键职位的继任者（对应职位名单、具体人员名单）
7	评估继任候选人	关键职位的任职者与职位的能力模型之间的差距分析
8	制定继任候选人的发展计划、配备导师	关键职位的继任者的发展计划，发展计划类型发展计划希望达到的目标
9	继任候选人上岗建议	明确其优点、缺点、继任候选人应用建议及注意事项

① 对现任者，表现最佳，加快本岗位继任计划，现任者则进入更高阶领导继任候选人计划；对合格者，针对不足给予发展计划辅导；对不合格者，则给予训诫甚至淘汰。

② 按照导师制度，结合继任候选人的具体情况为其指派导师，导师一般避免是继任候选人的上级，让他们的岗位职能尽量错开，这样才能开拓双方的思维，促进无障碍沟通。

③ 导师将扮演着很重要的角色，定期与继任者面对面沟通，了解发展进度、继任者存在问题与困惑，给予行为和方法的指引。

④ 在继任者参加的每个发展活动过程中和结束时与该活动的组织者进行沟通，了解继任者的表现。

⑤ 导师每半年与继任者评估小组共同对继任者的能力进行评估，找出发展差距，并向继任者评估委员汇报继任者发展进度。

⑥ 绩效考核结果进入前25%的骨干人员有机会进入继任者候选人计划。

⑦ 坚持从成功的团队选拔继任候选人，衡量一个团队的成功，不是看

这个团队的级别有多高，而是看出了多少干部。

⑧ 高、中级干部任职资格的最重要一条，是能否举荐和培养出合格的接班人。不能培养接班人的领导，在下一轮任期时应该主动引退。仅仅使自己优秀是不够的，还必须使自己的接班人更优秀。

⑨ 中高层经理人员针对自己岗位要制定接班人计划，按照马上替代、1～2 年替代、3～5 年替代的计划，以 1～3 倍的人员数量进行配置，但要控制数量，确保继任候选人有机会晋升。

（3）战略预备队

战略预备队是华为的做法，很多企业也在对标学习。前面提到人才梯队培养、企业经理人继任计划，彼此之间相互支持，但各有侧重点。对于战略预备队，更多基于战略考虑，特别企业处于战略扩张期，比如扩张新业务、新区域、新产品等，需要提前培养人才，空投到这些事业领域，也有区域公司处于事业发展初期，需要能力级别更高的人才支援，与竞争对手相比，属于“降维打击”，也就是“少将当连长”，通过岗位人才高配，实现战略意图。

① 战略预备队聚焦公司业务战略，实现事业扩张为主要目标，聚焦公司核心能力，布局可能的新机会，实现企业发展重突破。

② 战略预备队成员强调事业使命感，有开疆辟土的进取心，不仅仅当期绩效优秀，还具备发展的潜能，这种潜能通过战略预备队激发出来。

③ 战略预备队如同军队预备役人员，随时到一线的战场作战，因此战略预备队培养方式，是特种兵培养模式，不是一般赋能培养模式，战略预备队必须培养输出优秀的将军、士官。

④ 战略预备队是特种兵，不是培养多面手，是通过选拔程序，在“入伍”前就特别“牛”，是各部队选拔出来的优秀者。

⑤ 战略预备队各分队可以根据未来业务需要，决定培养什么人、培养多少人、培养的人准备到哪去、如何培养。

⑥ 战略预备队基于未来发展，考核方式要以长期评估为主，要拿出战略规划补贴，同时优先提拔战略预备队人员。

5. 企业留人举措

企业要留什么样的人？企业如何留下需要的人？第一个问题基于企业的人才标准进行判断，这个比较容易操作；第二个问题的答案，不同企业在不同发展阶段需要有不同的举措，可以从人才流失问题进行研究，确保留人举措有效性、针对性。

① 按照人才分类原则，对新员工与老员工、普通员工与干部、管理人员与技术人员等不同的群体类别进行流失率分析，同时对标同类企业、同地区企业的数据，确定重点关注的群体。比如新员工流失原因分析，如表9－14、表9－15所示。

表9－14　新员工流失原因统计分析（1）

上级管理不当导致员工流失	惩罚文化导致员工流失
员工问题得不到上级正面反馈	因为失误扣钱、面临罚单导致不开心
为客户的错误买单导致心里不服气	公司检查标准严格导致处罚
上级过分迁就客户导致心里不服气	感觉公司制度处罚严格
武断执法导致员工感觉到委屈	公司制度非常严格，执行过于刚性
上级沟通不到位遭同事挤兑	因业务不熟悉导致扣罚
得不到上级认可及建议采纳	因为业务高峰出错被赔付
上级灌输制度导致员工逆反	罚款太多导致工作压力大
上级安排下级任务不清晰	以罚代管，惩罚带来逆反心理导致离职
不了解情况武断批评	企业喜欢苛责他人，不是正向鼓励
上级不能一视同仁	干得多、错得多，挨骂也多

表9－15　新员工流失原因统计分析（2）

劳动强度大	能力不足导致压力大
工作量过大导致心理不平衡	技能不过关引起差错导致压力过大
加班比较频繁，压力大	适应不了岗位学习导致压力大
休息环境导致工作状态不佳	业务没有学会仓促上岗导致客户不满
休息不到位导致身体吃不消（加班）	业务不熟悉导致压力过大

续表

劳动强度大	能力不足导致压力大
工作超负荷带来健康问题	赶鸭子上架，给新进员工适应期太短
组织氛围	**缺资源支持**
老员工负能量传播导致压力大	做事缺资源：缺授权
管理层喜欢“叼人”，缺乏尊重	对外来人才不配合，打冷战
存在派系，能够留下来的人都是高人	大单子全是领导的
新人上岗马上就要看到效果	领导不敢决策，天天开无效会议
薪酬公平性	**员工成长性不足**
薪酬规则不清晰导致期望值过高	晋升与晋级周期太长
薪酬结构设置不合理	职业通道不清晰导致晋升无望
薪酬分配感觉不公平	工作就是打杂，学不到东西
感觉付出与回报不对等	上级专业度不足，学不到真功夫

根据表 9－14 可以看出，新员工流失与上级管理方式关系最大，其次是公司惩罚文化。因此该企业要留住新员工，就必须转变管理者领导风格与企业文化氛围。管理者风格是把握灰度艺术的问题，这在本书第十一章专门论述。

根据表 9－15 可以看出，新员工因为能力不足，工作效率不高，加重员工劳动强度；企业负能量氛围、员工成长性不足，导致员工看不到未来；企业资源支持不足、薪酬公平性不足，导致员工做事做成的概率下降，员工做事意愿也被打折扣。因此，员工流失的原因是连锁效应、相互叠加的效应。

② 员工流失率不是越低越好，华为 36 万个工号，现在岗的是 18 万人，比如一家企业三年内中层干部流失率为 0，基层员工流失率为 100%，该企业中层干部流失率过低，反而不正常。这里要注意企业的“逆淘汰”问题，通俗地说，该走的不走，不该走的走了。

③ 人才在不同阶段有不同的诉求，新员工追求学习成长性与体面的薪酬，3～5 年员工或者中层干部追求收入提升与职务晋升空间；空降兵追求创业机会、创业支持、文化融合等；高层管理者追求未来事业成长性，以

及自己在事业中的贡献有多大、公司给予自主权有多大等。通俗地说，留人举措就是激发并满足基层的“饥饿感”、中层的“责任感”、高层的“使命感”。

④ 人才的价值由其劳动、知识、能力决定的，人才是否感觉到“开心”是由其心理决定的，留人的根本就是留人的“心”，干活累不死人，“心累”真会因为“想不开”而出问题。因此，留人需要“循天道、顺人心”，有些企业设立心理辅导站，比如阿里巴巴等企业设立“心灵按摩师”。对新生代知识类的员工，他们不仅仅是依靠“钱”就能收买他们的知识，不能依靠“驯兽模式”对待他们。对于这方面论述可参见本书第十章、第十一章。

⑤ 市场经济下，企业是功利组织，人才参与工作更多是为了自己的利益，即使家里有钱的员工可能不是为了谋生而工作，但不代表其利益诉求就比其他员工小。因此，企业留人先要人才结盟形成利益共同体，在此基础上推进事业共同体、命运共同体的形成，我们要充分认识到“我们长期还处在社会主义初级阶段”，超越利益去谈事业，至少目前看来是“空想共产主义”。

⑥ 企业通过人才标准留下了一批职业化员工，但这还不够，企业是事业组织，还需要一批企业家队伍，对企业的功臣、能臣、忠臣需要通过事业合伙制留下来，为共同目标长期艰苦奋斗。

四、供需匹配

1. 人才供需匹配定义

人才供需匹配是指人才数量、质量、结构三大要素的匹配，现实中，人才供需完全匹配是很少见的，因此需要运筹学思维来寻找最优路径，而不是追求绝对的标准。

供需不匹配就是“供大于求”“供小于求”两种表现形式，一般来说“质量上过剩”现象不多见，甚至不存在，因为“人才质量过剩”就会驱动战略快速成长，这也是目前大家呐喊“人才是第一战略”的原因，企业有高手想干什么战略都可以成功。人才供需不匹配表现为“人才质量不足”“数量过剩或不足”三种情况。

2. 人才质量匹配

对于“人才质量匹配度”可以依据人才标准（任职资格标准、胜任素质标准）进行人才测评，通过综合评价结果确定“人岗不匹配”的岗位，如表9－16所示。

表9－16　“人才质量匹配度”评价

被评估人	被评估者现任岗位	被评估者现任岗位的级别	考量因素（参考）	评委综合加权打分	评价结果建议
			专业知识		基本符合
			沟通谈判		期待提升
			解决问题能力		非常符合
			贡献/领导能力		不合格
			业务领域影响		基本符合

① 人才质量匹配，实现人力资源的合理配置和激活沉淀层。“合适的人放到合适的岗位上，就是人才。”

② 人才质量匹配，不是通过任命制，要组合运用选拔制＋淘汰制，用好竞聘制，GE的“活力曲线”就是通过竞争淘汰来发挥人的极限能力，不断优化人员结构，促进优秀人才的脱颖而出，并使人适合于职务，使职务适合于人。

③ 人才质量匹配，不仅仅靠死板的测评，要让“人才都有舞台”，每个员工通过努力工作和表现出的才干，都可能获得晋升。

3. 人才数量匹配

对“人才数量匹配度”通过定额定员标准核定，对于“供求不匹配”要通过内外人才大市场、竞聘机制、弹性用工制度、退出机制等组合拳来满足数量上动态平衡。

① 人才数量供给不足，通过超额利润分享制，比如按照“三三制”，因为缺员形成超额利润，1/3给企业、1/3给部门、1/3给员工，部门所得

可以用留存备用金的形式，弥补企业生产任务不足时，发放员工的基本奖金。

② 人才数量供给不足，是企业改进工艺装备、信息化技术的大好时机，通过新设备、新工艺引进，让技术进步减少用工需求。

③ 人才数量供给不足，要通过内部人才质量开发，提升全员的业务技能，通过技能提升减少用工需求，可以推行“一专多能”的方式，让一部分“能人”干2个人的活，拿1.5倍的工资，促进高能力、高绩效、高激励模式。

④ 人才数量供给不足，要通过多种用工方式来解决，特别是高端人才，可以树立“不为我所有，但求为我所用”的用人观，与外部形成人才联盟关系，比如联合办企业大学、技术研究院等。

⑤ 人才数量供给不足，要通过标准化作业、导师制、知识管理系统等，缩短新员工培养周期。

⑥ 人才数量供给不足，要对劳动方式进行优化整合，按照专业难度进行岗位划分与人员配置。

⑦ 人才数量供大于求，是推行竞争上岗机制、人才退出机制的最好时机，因此企业保持一定人才数量的冗余，是保证竞争机制实现的必要条件。如企业对人才“拔苗助长”现象，不仅仅是人才开发不足的问题，也是企业用人太紧张的原因。

⑧ 人才数量供大于求，如果是因为市场宏观原因，要采取自动降薪机制，比如3C行业、互联网行业、有淡旺季特点的行业，要建立与市场联动的薪酬机制，人才数量大于需求，其实考虑的就是人工成本约束问题。

⑨ 人才数量供大于求，如果是业务类单位，要采取薪酬包核算机制，比如阿米巴经营体，各小组织都面对客户，有没有客户订单决定该团队的收入，这样客户需求端出发，多开拓一个客户订单，就解决十几个人吃饭的问题。

⑩ 人才数量供大于求，如果是结构性过剩，要通过业务主辅分离、内部转岗、脱产再学习、部分跟不上发展的老员工提前内退、末位淘汰等手段，促进人员有效分流。

第十章

实现具有人均效能的成长

一、顶层逻辑

1. 提升人均效能，形成竞争新优势

企业人均效能越高，意味着企业的经营成本相对越低，人力效能越高，意味着企业的市场反响速度越快，越容易抢占先机，获得成功。因此，在未来的市场竞争中，企业人均效能的差距成为重要的指标。

2. 开发知识员工价值，提升价值创造效率

对于知识经济时代的"知识型工作者"价值管理，彼得·德鲁克在他的最后一本专著《21世纪的管理挑战》中写道："21世纪，组织最有价值的资产将是知识工作者及其生产效率。"

3. 价值要闭环管理，形成高绩效循环

企业管理根本上就是价值管理，其闭环管理如表10－1所示。

表10－1　企业价值管理闭环

	价值创造	价值评估	价值分配
价值命题	价值来源	价值贡献度	价值回报
要解决的问题	谁创造了价值	创造了多少价值	价值如何分配
命题作用	分配重心	分配依据	分配实现
对未来的影响	把价值做大	明确和区分价值贡献	回报和奖励价值创造者

创造价值（什么要素创造了价值）、评估价值（机会绩效、经营绩效、管理绩效）、分配价值（利益相关者）一体化。企业全力创造价值（做大蛋糕）、正确评估价值（分蛋糕）、合理分配价值（切蛋糕），提升人均效能才能提升人均可分配的价值，高收入吸引高效能人才，又促进人均价值创造的效率，这就形成了"高绩效循环"。

二、促进价值创造

1. 价值创造的四大要素

劳动、知识、企业家才能和资本创造了企业的全部价值。

劳动价值：按照马克思观点，商品价值凝结了人类无差别的劳动，机器人是资本投资的结果，不属于劳动，无论多少机器人干活，有人的企业就离不开员工的劳动价值。劳动消耗以后就融入产品或者服务价值中，与知识价值不一样，没有可转移性。

知识价值：知识可以看成知识资本，可以重复使用，一旦知识产权过期或者被新知识替代，其资本价值就会减少或者归零。当然，知识员工劳动中本来就含有知识价值，因此知识员工管理越来越难，就是因为知识员工可以带走知识。

企业家才能：劳动、知识、资本等创造价值的要素，不是简单叠加就能产生价值，需要企业家进行优化组合，这些要素组合产生价值的效率超过市场交易价值，企业家才有存在的价值，也就是科斯的产权理论（企业与市场边界的划分）。企业家在企业价值创造作用越来越重要，这是由企业家精神的稀缺性决定的，所以现在很多企业推行事业合伙人机制，目的就是产生更多的二级企业家。

资本价值：这里资本是传统货币或实物资产体现的资本，或者叫财务资本。按照马克思观点，资本用于扩大再生产，本身是没有价值创造，只是为价值创造提供了条件。在现实中，早就承认资本的价值，名正言顺的参与价值分配。当然，按照现代企业观点，客户价值要优先于资本（股东）价值，美国企业则更多倾向于股东价值优先。

2. 人是价值创造中的关键要素

企业价值创造关键要素是人才，这种趋势越来越明显，人才与知识已经成为人力资本、知识资本，并且优先于财务资本，对于财务资本，有了人力资本就更容易实现业务循环与资本循环，实现产融一体化、资本社会化等。

因此，企业关注点是如何提升劳动价值？如何“花钱买知识”？比如华为改变研发投资结构，提高了不确定性研发投入占比，支持同方向科学家合作出成果，华为不占有成果，让科学家当灯塔，既照亮华为，也能照亮其他人，拓宽了“金钱买知识”的路径。

其次，基于企业成长的未来，如何提升企业家价值？这需要形成事业合伙人等机制，让企业经理人成为二级企业家。

3. 价值创造从提升人均效率为出发点

劳动、知识与企业家才能的价值创造，体现在“人均效能”上。“人均效能”是由员工劳动意愿与劳动能力决定的，如何激活劳动意愿？如何提升劳动能力或降低劳动难度？

涉及人的问题都比较复杂，企业管理方式、专业化分工、流程化协同、人力资源配置、人力资源政策、企业文化与组织氛围等，这些因素都会影响人均效能提升。

特别是对知识员工，他们不喜欢权威管理，他们需要的工作氛围甚至弹性工作方式，需要平等沟通。企业要重视知识员工隐性知识的开发，为知识员工提供学习、培训机会，重视员工的个体成长和事业发展；形成完善的激励机制，激发员工的主动性和创造性等。

4. 提升人均效能的路径

（1）推行精益管理方式

通过精益管理方式减少劳动浪费，使员工能够用尽可能少的劳动量实现既定的目标。精益管理模式基于“人、机、料、法、环、信息”六大要素进行开展。

① 推行“现场、现物、现实”的“三现精神”，实现准时化生产，通过看板管理、作业任务清单，使现场信息传递、沟通与交流变得直观、直接、简单、明了，让大家正确做事，减少无效劳动。

② 以信息化、自动化带动精益化，将人的智慧编进机器之中，质量是在工序中完成的，当出现质量问题时，机器会自动停机，从而减少人的主观因素影响，从而减少管理监督人员，减少管理层级。

③ 要基于顾客低成本、高质量、短交期的要求，找到产品质量与生产

成本的平衡点，追求合理的利润，实现企业持续发展，避免牺牲品质确保成本，造成产品质量不稳定，客户满意度下降。

④ 做好时间与计划管理，没有计划，就会出现“计划赶不上变化，做到哪里算哪里”“开心就多做点，不开心就少做点”“事情是做不完的，不着急”。

因此，全员要坚持“日清日落、日清日高”的做事原则，把工作任务写在纸上，区分为重要而紧急、重要但不紧急、紧急而不重要、不紧急也不重要。重点放在重要的事情上，对于不重要的事情集中起来一起处理。对实现目标贡献越大的事情，要多花力气。

⑤ 建立稳定的流程后，运用改善工具以找出导致缺乏效率的根本原因，并应用有效对策。如丰田规定“透过不断地反思与持续改善，以变成一个学习型组织”。定期总结流程学习心得，把最佳实务标准化，融入员工对于改善标准的创意见解，把这些见解纳入新标准中，当员工异动时，替岗员工可以快速获取前任的成功经验。

⑥ 精益管理要求各级经营者能够“精打细算”，要做管理会计，用数字掌握现场的情况，坚持用数据说话，坚持用数据进行分析存在不足与提升空间，坚持测算投入产出比。

⑦ 精益管理是全员参与的自主管理，减少不增值活动；通过合理化建议、QC 课题攻关、提案制度、案例研讨、角色扮演、团队学习、专题学习、技术比武、创新工作室等形式，促进作业方法与生产方式的持续改进。

⑧ 精益管理要求绩效考核不仅仅重视结果，也要重视过程关键节点考核，结果考核虽然省事，但属于事后评价，因此绩效考核在过程中完成，绩效由一系列流程关键节点与其配套标准所构成。通过自检和互检来完成，由此持续改善就是绩效管理。比如对操作关键参数进行监控，而不是简单考核产品的“合格率”。

⑨ 精益管理是全员的优秀习惯，是一种文化，精益管理是长期工程，不能追求短期见效，推行精益管理，精益文化培育在前不能将精益模式仅作为一种技术工具，或用搞运动的方式推行精益模式，而不是作为持续改

善的精益文化。

（2）推行全员标准化管理

科学管理的核心就是标准化管理，标准化作业是企业全员智慧、生产经验与教训、知识管理、最佳标杆实践等提升效率手段的集成。

① 不仅仅是制造业要推行标准化管理，互联网企业也需要推行标准化管理，这里以亚马逊为例。

现实问题：2002年前的网络泡沫，以及公司规模扩大，亚马逊的内部结构复杂，协同难；企业内部管理杂乱无章，员工文身、酗酒、无组织、无纪律，新老员工之间有冲突等。

行动措施：基于精益六西格玛管理的标准化：比如在中心的收货处，收货员如果发现货品有异常，要立即按铃，10秒内，穿绿色衣服的助理必须赶到收货员处查询情况并处理。这10秒，就是该助理的一项KPI，同时建立亚马逊的用户卓越系统。

行动标准：领导者要有近乎严苛的高标准，即使在很多人看来这个标准已经很高了。同时，也要持续地提高标准的门槛，使得团队能够在产品、服务和流程上有高质量的产出，领导者能及时弥补遇到的缺陷和问题，不让它们出现在产品中。

行动效果：坚持标准化与持续改善，推行制度的精益化管理，目前精益管理已经成为亚马逊根深蒂固的文化之一。

对此，苏宁曾经也遇到这样的困惑，原来标准化让其在各地区开店立马见效，在苏宁易购时代，原来标准化作业是否要放弃？经过不断实践探索，继续坚持标准化，并且标准化要求更高，按照更小颗粒度的分类划分基础上进行标准化，成功实现管理变革。

② 针对人均效能提升的标准化，对制造业来说，主要是三大操作规程（安全操作规程、设备操作规程、工艺技术操作规程）；对于非制造业，主要是服务作业标准。同时，针对人的行为，企业需要基于价值观的行为标准、任职能力标准、绩效考核标准等。

③ 岗位工作的标准化是持续改善与授权员工的基础，员工由服从上级权威、专家权威到制度权威，从揣摩领导意图，听领导指令干活到看流程

信息，按作业标准要求干，如果出现问题首先要检讨流程标准，而不是生硬处罚员工。

④ 各岗位的作业标准，要清晰，要简化工作，而不是除了能人，谁都干不了，用二流的人才创造一流的业绩。同时，形成“铁打的营盘，流水的兵”，以标准化复制促进业务扩张。

⑤ 一个有效的管理者应该是一个规范化的高手，能把复杂无序的工作标准化、规范化、简单化，从而使普通员工可以完成原本无法完成的工作。

⑥ 管理者要赋能，标准化作业不代表“傻瓜操作模式”，员工素质低下、能力不能满足工作需要，都会造成工作的无序。应该承担某项工作的部门和人员，因能力不够而导致工作混乱无序。

⑦ 管理者带头形成按标准做事的习惯，摒弃口口相传的习惯，建议或报告要诉诸文字，并建立相应的台账。

⑧ 坚持标准持续性，比如当出现部门和人员变更时，工作交接不力，协作不到位，原来形成的工作流程经常被推翻，人为增加了从“无序”恢复到“有序”的时间。

（3）动态进行人力资源优化

将人力资源的优化配置贯穿于生产经营各个环节，以提高人力资源效能为核心，消除人力资源浪费、优化人才配置：

① 不断通过岗位分析，不断完善劳动定额标准与管理幅度标准，优化岗位设置，避免大材小用或小材大用。

② 对劳动时间有效管理，消除“怠工、冗员、职业怠倦、人才流失、人才潜能浪费、团队内耗”等消极因素。

③ 推行员工全面赋能与全员自主改善，如美国依靠内部专家设法改进流程，而丰田则赋予每一位员工技能、工具和许可权（如准时生产、看板管理、全面质量管理、质量管理活动小组、合理化建议、精益生产等），以便随时解决问题并防止新问题的发生。

④ 建立“互为客户”合作关系，比如每个领导对下属汇报都有及时回复的好习惯，每周给每一个下属节省 1 个小时，企业 2000 人，每年就能

节省10万小时，每小时人均成本30元计算，则每年就节省300万元。同时，下属及时对上级反馈信息，减少上级决策失误。

⑤ 通过岗位轮换制，培养员工多技能，相互理解作业内容，内部互相帮助。比如新员工招进后前三个月在工厂，后三个月在销售现场，让新员工了解和体验公司的实际运营与客户需求。

⑥ 有效控制人力资源成本，要围绕人才取得成本、开发成本和遣散成本建立人力资源成本控制模型。

⑦ 要依据不同的能力安排工作，“千里马不能与拉车的马一样的要求，给一样的草料”，按产品的难度、重要性来分配任务。

（4）推行全员目标管理

共同目标是组织成员合作的前提，个人目标与组织目标不一致，就做不到“力出一孔，利出一孔”。全员目标管理是人均效能提升的出发点与归宿，对此，苏宁文化变革后强调目标驱动。

从员工管理角度讲，苏宁的员工队伍由原来的体力型、经验型为主，变成现在的知识型、技能型为主，知识化员工是自我约束、自我驱动型的员工。与此同时，随着员工队伍的知识化，我们过去强调过程管控、外力驱动等工业时代的管理方式，必须向以目标成效为重心的管理转变，原来的以物质激励为驱动的管理，必须向以职业成就为驱动的管理转变。因此，我们只有通过有效的机制将员工的目标和企业的目标链接起来，以企业目标为指南针，以个人成就为发动机，让员工在追求实现个人目标的过程中实现企业目标。

围绕公司经营战略目标导向，强化目标规划能力，做到从上到下层层分解，做到“人人肩上有指标，人人成为经营者”。

① 公司层面，按照“细化指标、实化责任、强化考核”的要求，建立目标管理考核机制，对战略目标“横向到边、纵向到底”的分解，将发展的任务、工作的压力进行层层传递。

② 部门层面，各部门负责人要对照“你有没有给下属讲过部门的愿景

(规划),同时你有没有把部门的愿景(或规划)与公司的愿景(或规划)相结合”这两个核心命题进行思考。各部门负责人要清楚地知道,自己是否可以驾驭自己的部门。下面给出部门目标编制的建议,如表10-2所示。

表10-2　部门目标规划编制

规划内容	部门现状	部门目标	具体措施	时间
1. 部门主要职能定位				
2. 部门人才培养计划				
3. 沟通计划				
直接领导评语(包括对目标制定可行性、对方案措施提出建议,以及你如何保证你下属能够实施目标) 直接领导签字:				

③ 基于公司目标与部门目标,各部门负责人对照德鲁克对经理人的任务描述,确定自己在目标管理中的角色与任务。

决定目标,分配工作——经理人需要决定目标应该是什么,分析达成目标所需的活动、决策和关系,将工作分门别类,并分割为可以管理的职务,然后将这些单位和职务组织成适当的结构,选择合适的人来管理这些单位,以及需要完成的工作。

分层管理,制定衡量标准——经理人必须保证组织中每个人都有适用的衡量标准,衡量标准既把重心放在整个组织的绩效,也关注个人的工作绩效,并协助个人达到绩效目标。同时,经理人需要与部属和上司沟通这些衡量标准的意义和结果。

评估员工,奖罚分明——经理人透过管理,透过与部属的关系,透过奖惩措施和升迁政策,激励员工努力工作。同时,经理人透过管理方式,激发他们的潜能,强化他们的操守,训练部属以正直负责的精神完成任务。

④ 员工层面,要改变任务简单粗暴的层层分解下压,要将员工生活目标转化为职业目标、学习目标,如表10-3所示。

表10－3　员工目标编制

内容	目标制定	方案措施	时间
1. 生活目标（收入预期）			
2. 职业目标（晋升、业绩）			
3. 学习目标			
直接领导评语（包括对目标制定可行性、对方案措施提出建议，以及你如何保证你下属能够实施目标）			

⑤ 公司领导层要带头示范，公司领导层要会讲故事，还要让员工相信故事背后有机制保障，要让员工知道企业目标与个人目标的关系，使员工理解自己的活动是如何与公司的总任务和计划相关的，以使他们站在公司的角度来为公司效力。

⑥ 在制定目标的过程中，让员工尽量多地参与进来，允许他们提出不同的意见和建议。同样的目标，不同领导者去沟通，其结果是不一样的，在平等、正向的沟通环境中，员工更乐意接受目标。

⑦ 管理者基于目标驱动下要充分授权，实现从“要我干”到“我要干”的转变。同时给员工足够的资源支持，让员工感觉到是“一起干”，而不是“给我上”。

⑧ 在目标决策与实施过程中，通过沟通平台保证信息的上传下达，避免信息的残缺失真，以及真相的拖延、掩饰；高层能听到基层的声音，基层能有表达意见的管道；决策层既能纵观全面又能洞悉细节；操作层可以了解、理解公司的宏观状况和整体方向。

（5）激励驱动

员工的意愿则需要企业根据员工的特性进行针对性地激励，激发其内在动力。一般而言，意愿层是基础，也是最难以实现的层面。也就是说，效能提升的根本在于激发员工的积极性，让员工有强烈的意愿做事情，有强烈的意愿改进提升工作成果。而这样的激励，我们往往称之为绩效激励。

因此，目标确定后，要建立人人有劲的激励机制。一方面，要始终坚持“实干实绩”的用人导向，让“能者上，平者让，庸者下”，为干事创业的人创造环境和条件，让想干事、能干事、干成事的人有空间、有平台、有位子，另一方面，结合战略攻坚计划，建立与之相对应的年薪、股权激励、超额收益分红等多元化奖励机制，最大程度地挖掘员工创业的潜力，激发干事的动力，要使大家在绩效兑现时“看着心动、想着悸动、拿着抖动”。

苏宁要继续坚持立足长远、激励是最好的约束原则，我们要认可其业绩成就，以结果导向给予重奖，让好人不吃亏。同时，对不同的人才采取差异化的激励措施。我们要大胆地激励为苏宁事业而不畏艰难、敢于创新的人才，哪怕再小的成绩都要奖励，哪怕出现失误，也不予处罚。从价值管理的角度来看，在移动互联网时代，苏宁价值创造点下移，人人都可以成为价值创造者，每一个环节都可以是价值创造中心，苏宁必须激发全员的价值创造活力，明确价值创造的关键点、落脚点，将价值创造与个人成长、激励制度紧密结合，坚持激励就是最好的控制，营造“人人创价值，个个比贡献”的氛围。

（6）市场与客户驱动

企业市场价值导入内部价值创造，把外部市场目标转化成企业内部目标，把企业内部目标转化为每个人的工作目标，把市场链完成的效果转化为个人的收入。

如何模拟市场与内外客户化，形成全员聚焦客户价值创造，这方面举措都还在探索中，国内有海尔“人单合一”，国外的有“阿米巴经营体”，国内很多企业也在引入，其效果有待观察。基于客户价值驱动的管理模式，有两个难点：其一，信任与契约文化；其二，内部定价问题。另外，要避免“阿米巴经营体”变成“个体户集中营”，或者变成“承包制”，有关这方面的著作也很多，这里直接分享其案例来说明。

苏宁指出，苏宁的企业规模越来越大，要发挥大企业的优势，同时保持小企业的灵活，苏宁必须改变以往金字塔形的组织结构，使整体组织扁平化、网络化。苏宁必须成为一个联合舰队，在集团统一的规划和目标指引下，每一个产业、每一个SBU、每一个地区子公司，都以小团队的方式独立作战，立足于不同的市场为不同的消费者提供不同的产品和服务，面对不同的竞争对手开展不同的竞争。

稻盛和夫的《阿米巴经营》，强调彼此互为客户的协同文化，绝对是内部“讨价还价”，依靠企业全体智慧去发展企业，提升企业的劳动效率，让企业发生质的变化；让所有的员工都参与进来，让企业像一个握紧的拳头，然后让企业在团结一致的气氛中坚决前进并完成甚至超越企业的既定经营目标。

（7）长期价值创造

企业要实现战略意图的成长，必须坚持长期导向，要站在未来看今天，要为企业长期发展准备优势资源、打造核心竞争力。

① 企业在成长过程中兼顾短期业绩与长期核心能力形成，逐步加大长期价值贡献的改革，就必须区分长短期贡献的回报模式。

对企业的主导及成熟的业务，强调及时多产粮食，达标就要给钱激励；对长期发展业务，短期看不到效果，甚至面临不确定性的风险，除了给予一定的战略补贴外，还要对战略（战略业务、重大项目）具有重大贡献的员工，实行战略专项激励、超额奖金等，同时优先从战略事业单元中提拔人才。

② 基于战略业务价值未来性，优先采取事业合伙人机制，真正实现事业合伙人机制是支持战略，而不是为了简单的分钱。因此，合伙人机制建设要实现真正直接指向二次创业目标，能够落实公司的成长蓝图，这是评价机制设计能否成功的核心问题。

③ 基于战略业务责权利划分，实现共创、共担、共享机制，要能够引导价值创造，做大价值，要建立共担机制，通过风险倒逼机制强化合伙人意识，将共创共担落到实处。

④ 基于战略业务长期奋斗，通过机制设计要能够充分激发合伙人的奋

斗精神，使命感和责任担当意识，并能够鼓励变革创新。

⑤ 基于战略业务长期价值坚守，合伙人必须高度认同公司文化和价值观，遵守组织的价值主张与承诺。

三、规范价值评估

1. 基于绩效与绩效管理概念的顶层设计

① 绩效是具有一定素质的员工围绕职责达到的阶段性成果，以及在过程中的行为表现。

由此推导，绩效产生的前提是员工具备一定素质（代表能力指标）；绩效是围绕自己的职责定位（代表业绩指标）；绩效是阶段性成果（代表考核周期）；同时绩效还体现了过程中的行为表现（代表态度、价值观、境界等指标），因此绩效评价要基于“价值观、态度、能力、业绩”四大维度。

② 绩效要遵循价值观立场，比如对于损害客户价值情况，即使为企业赢得可观的利润，也是要采取“一票否决”的；态度与能力不仅仅要转化为当期业绩，还有影响未来业绩，因此绩效评价中也要纳入评估范畴。

③“能力”在短期代表现有能力与经验，有些企业还强调“潜能”，决定其未来持续创造绩效的潜力；“态度”在短期代表当下的优秀行为，有些企业还强调“境界”，决定其未来的事业格局；当然“业绩”可以考核短期业绩与长期业绩。

④ 过去企业推行的“德勤、能、绩”考核，现在还有很多企业在年底会评估一次，这是人事考核，因为没有基于战略目标分解、没有基于数据与事实，因此不能叫绩效管理。还有就是通过绩效打分发奖金做法，属于绩效考核方式，也不是绩效管理，因为绩效考核并没有促进持续提升绩效的环节。

2. 岗位绩效评估

在目标牵引与利益驱动为主的“业绩考核”体系基础上，引入科学合理“价值评估”体系，按照“劳动、知识、企业家才能及资本”四大要素确定价值评估要素。

① 上面没有提及岗位价值评估，这方面工具都比较成熟，根据岗位价值评估确定薪酬等级标准，按照“点数法”进行打分排序，结合宽带薪酬确定各岗位薪酬标准，这套方法在实践应用中，员工还是比较认可的。这不是本书的重点，在此不再赘述。

② 对价值观、能力（包括潜能，依据任职资格、胜任素质等确定）、态度（价值观之外，但非常重要的品质，根据不同岗位设定），这三个考核指标基于主观的评价，因此需要量化行为评价标准，并且要基于事实的矩阵，如表10－4所示。

表10－4　岗位行为考核表（价值观、态度、能力）

序号	维度	评价办法		案例
1		基本分		
		加分表现		
		扣分表现		
2		基本分		
		加分表现		
		扣分表现		

③ 对岗位业绩考核，基于组织绩效KPI的分解，对于职能部门由于分解比较难，可以采取OKR模式，强调关键事件的结果；对团队指标，可以通过权重给予关联。另外，岗位绩效分为高层绩效（强调结果）、中层绩效（过程与结果兼顾）、基层绩效（强调过程）。

④ 绩效考核前提是契约精神，要按照岗位责任绩效承诺书与授权书制度，特别是中高层干部，要强调责任承诺，这就改变传统绩效考核就是为了兑现奖金的思维方式，绩效目标达成是干部责任，没有特殊原因，不达标不是不发放绩效奖金的问题，要实行诫勉谈话、留职察看甚至降级使用。

⑤ 对于中高层干部，也可以对企业宗旨进行考核，增强员工对企业宗

旨的认同感，如表 10－5 所示。

表 10－5　企业宗旨行为考核量表

维度	指标名称	行为标准	权重	考核周期	自评	直接上级评分	直接下级评分	加权得分
让员工工作更美好	管理高效							
	激励员工							
	取信员工							
让员工生活更美好	关心员工							
	服务员工							
	致富员工							
让员工健康成长	培养员工							
	授权员工							
	成就员工							

⑥ 在绩效考核中，价值观、能力、态度评价的分数不能与业绩考核得分加权相加。价值观、能力、态度是主观考核得分，其次价值观、能力、态度必须转化为业绩才有意义，没有业绩，依靠这些主观得分，可能出现“公司业绩没有完成，岗位绩效都能达标”的现象。当然，考核价值观、能力、态度还是必要的，这代表了未来继续创造业绩的保障，避免“追求短期目标导向”。

四、用好价值分配

1. 价值分配的原则

企业提供一份与工作成绩和生产效率挂钩的报偿，激发员工贡献的愿望，但企业“分钱”不是简单的事情，需要遵循以下基本原则：

① 战略导向原则。薪酬体系是实现公司发展战略的重要杠杆，吸引、保留和激励对未来发展战略实现具有价值的优秀员工是薪酬体系的本质作用。

② 市场竞争原则，为确保公司取得超越行业平均水平的发展速度，在薪酬方面，公司也确保总体薪酬水平高于行业平均水平，保证薪酬在市场上的竞争力。

③ 公平性原则。通过对员工所创造价值的评定来决定员工的最终收入，分配依据是岗位特点、个人能力、工作业绩及行业薪酬水平，以体现外部公平、内部公平和自我公平。

④ 业绩牵引原则。价值创造是薪酬分配的基础，没有价值就没有分配。业绩是价值的直观体现，通过建立客观的业绩评价体系，将员工的薪酬分配与业绩评价结合起来，引导员工关注价值创造。

⑤ 效率性原则。在薪酬分配上，公平不等于平均，要敢于拉开差距，坚持向为公司创造重要价值、向对公司战略发展有重要影响的关键员工倾斜，体现分配效率。

⑥ 经济性原则。公司在经营利润得到保障的条件下，考虑资源分配时，优先考虑提高总体薪酬水平，并通过不断分析与优化，在人力成本与激励效果间达成平衡。

2. 价值分配体系构建

价值分配坚持市场导向，核心人才薪酬水平高于行业或区域平均水平；坚持向为公司创造重要贡献、向对公司战略发展有重要影响的关键员工倾斜，建议按照以下步骤：

① 分配目标。普惠认同公司的合格员工，构建公司与员工的利益与命运共同体，同时让最杰出的员工获得更高的回报。

② 分配效果。衡量标准是提升公司的竞争力和成就（关键指标行业领先），以及全员的士气（员工敬业度）和员工对企业的归属感（员工满意度）。

③ 激励形式。统筹兼顾物质激励与精神激励、短期激励与中长期激励、正向激励与负向激励、多元激励与专项激励、责任激励与成长激励。

④ 分配科目。建立工资、奖金、福利、专项激励、晋升激励、荣誉激励、授权激励等全面激励科目，探索股权激励、期权激励、积分激励等新形式。

⑤ 薪酬总额。纳入预算，总额可控，薪酬总额与公司利润目标达成联动。

⑥ 差异激励。按照普通劳动者、一般奋斗者、卓越奋斗者进行分类设计，劳动者偏向标准激励、短期激励；奋斗者偏向长期激励、晋升激励、特殊激励等。

⑦ 考核发放。原则上不发不经过考核的激励，严格考核并按考核结果兑现奖罚，杜绝暗箱操作，反对弄虚作假、营私舞弊。

3. 重点命题注意事项

基于“价值观、态度、能力、业绩”四大维度的考核结果，在实践应用中要注意以下事项：

① 处理好价值观与绩效的关系，根据上海复星、阿里巴巴、美国通用等越来越多的企业，对关键岗位及管理者强调价值观考核的重要性，从招聘考核到绩效考核，实现全过程考核，并结合业绩给予相应处理，如美国通用公司的处理，如表 10－6 所示。

表 10－6　业绩与价值观考核处理矩阵

考核情况	处理结果
业绩达标，价值观与公司吻合	提供奖励和晋升的机会
业绩没达标，价值观与公司不吻合	马上走人
业绩没达标，价值观与公司吻合	重新分配工作
业绩达标，价值观与公司不吻合	马上走人，人才风险更大

② 绩效考核坚持“业绩结果”，管理最终要落实到结果上，而不是以个人“工作量”来分配价值，如审计岗位、安全岗位，企业违纪行为减少、安全事故减少，企业可能认为这些岗位“可有可无”，因此对此类岗位评估不能照搬销售岗位的价值分配模式。

③ 个人收入可以保密，但价值分配办法必须透明，被考核者无从知道自己被奖惩的原因，也就无法改进，失去了改进绩效的作用。

④ 处理好物质激励与精神激励，只“画饼”不能充饥；一切用“钱”

激励，长期下去就可能导致“功利主义”文化，没有钱就不干，谁给钱给谁干，这也不可取。激励不一定就是给钱，可以给荣誉、给职位，比如华为奖励专家专属的停车位、坐头等舱待遇等。

⑤ 处理好团队激励与个人激励，如个人销售提成制，培养了“个体户”，完全依靠部门奖金包可能导致“大锅饭”现象。

⑥ 按能力付薪、按业绩付酬，要根据能力大小给予不同的任务目标，确保能干的人不吃亏。比如销售任务分配，能力差的员工觉得累，能力强的员工吃不饱，能力强的、弱的都不满意。

⑦ 价值分配要基于事实，不能机械地执行文件条款，比如有些人业绩不错，但得罪人多，绩效考核不理想，必须进行“再审”。

⑧ 坚持适度的末位淘汰，避免懒人、庸人占着位置不作为、不创造价值的人能够出局，使得真正创造价值的人脱颖而出。

⑨ 市场业绩好，普惠员工；当市场不景气，公司遇到什么问题时，启动自动降薪机制。

⑩ 人力资源激励政策要差异化，要区分劳动者（法定薪酬）、一般奋斗者（法定薪酬+目标奖）、超级奋斗者（超额利润分享、股权激励等长期激励模式）。

⑪ 股权激励要照顾不同人群。如苏宁先后经过三次股权激励：第一次是面向创业员工，体现了对创业员工历史贡献的认可；第二次则面向核心中高层员工，体现苏宁强化管理团队责任与激励；第三次则面向管理层级核心岗位的人才，体现苏宁人才资本化，重视人才的贡献与激励。

⑫ 员工的工资不能波动太大；但骨干的长期激励要动态，职位晋升动态、股权激励动态、收入要动态，特别要避免拿了股权，卖掉走人，公司的股权会越来越稀释。

第十一章

实现具有人才生态的成长

一、顶层逻辑

1. 人才生态“修复”的方向

（1）支持职能化向流程化管理转变

① 人才生态支持组织变革，基于企业流程化组织打造，原来职能式管理方式需要优化，如表11－1所示。

表11－1　职能式管理与流程化管理对比

比较	职能式管理	流程化管理
管理方式	员工的工作依靠管理者发布的命令	员工的工作根据流程要求的工作标准自主进行
绩效考核	衡量和奖励与部门成本和部门预算挂钩	衡量和奖励与提供给业务流程顾客的结果相挂钩
工作动机	动机与取悦上级有关	动机与取悦业务流程顾客有关
管理角色	每个管理者管理的员工不能超过8人，管理者是指挥者	每个管理者管理的员工较多，管理者由监督者变为教练
信息管理	管理者“拥有”信息，他们收集、控制、统一管理信息	每个人都能按权限得到信息系统处理的工作所需信息
管理目的	管理者保护着自己的“地盘”	管理者往往将员工集中在一起工作，他们协调冲突，强调取得更好的业务流程结果

② 管理为经营服务，各级管理者打造客户化、流程化的组织生态，通过管理支持活动、让业务流程活动增值；各部门长官围着流程转、市场转、客户转，带领员工创造客户价值。

（2）满足知识型员工的诉求

① 企业创业期“简单、粗暴、短期见效”的管理方式而被固化成企

业文化习惯，但面对新生代知识员工，他们需要客观、公平、自主、被尊重等诉求，过去的管理方式对人才生态的破坏越来越大。

② 企业创业期“服从领导”的思维，与法治思维的冲突不可避免；“唯 KPI”的思维，缺乏关爱；强势领导风格可能演变为“官僚主义”“个人主义”，听不进建议，老员工习惯了，但对新员工或者空降人才是格格不入的，如表 11 －2 所示。

表 11 －2　破坏人才生态的关键问题

问题	相关表征
服从权威	工作中只要出现错误，被责骂或挨罚，比较压抑，严格的问责制，以压力驱动员工的执行力，但是有些错误本来就是管理者自己的错误，但“领导永远是对的”
硬压任务	片面强调执行力，工作不达标，领导不听任何客观理由，有时候把不达标的责任无限放大，比较压抑
处罚文化	有时不是单一部门或者个人的问题，而是公司系统遗留的历史问题，并非个人责任，但也会被罚，并且处罚比较生硬，没有思想沟通工作，虽然处罚最后是签字了，是憋屈的签了，并不是想通了，这样就会积下了很多的怨气
苛责文化	领导批评人不讲艺术、不分场合，导致员工不敢反映问题。苛责文化形成以后，领导不骂，工作推动力度就很弱，因为被批评受不了的员工走了不少；留下来的人，为了少挨骂，就被动地听领导的安排。因为苛责文化、压力文化导致大家缺乏安全感、归属感，公司只有依靠相对的高工资留人

③ 企业成长中诸如“服从与自主、定量与定性、人情与法治、理性与激情”等矛盾，管理者要通过“灰度”实现对立统一。

2. 人才生态“修复”的目标

（1）营造好的组织氛围

企业管理的核心是人，得人心者得天下，管理本质就是管人心，对事的管理可以讲科学，但对人的管理还需要艺术，“用来测量一个公司成就的工具，既不是财务报表上的数字，也非挂在墙上的曲线图，而是瞬间捕捉到的一种气氛、一种感受、一种感染人心的力量”（松下幸之助）。这种气氛可以看成是“组织氛围”，在有毒的空气中，人才很难存活。因此，只有在好的组织氛围下，才可能形成好的生生不息的人才生态。

（2）把握管理灰度

① 任正非指出：“在变革中任何黑的、白的观点都是容易鼓动人心的，而我们恰恰不需要黑的或白的，任何事情都不会以极端的状态出现，我们需要黑白之间的灰度。”管理学科有科学的一面，也有艺术的一面。所谓艺术就是在坚持底线的前提下，懂得在开放、妥协中寻找共同点、双赢点，避免以暴制暴，实现文明进化。

② 管理哲学是辩证法，世上没有绝对的事情，管理灰度能够避免“从一个极端走向另一个极端”，让组织与个体达到随心所欲而不逾矩，在“混沌”状态中把握“度”的平衡，形成“灰度”的管理模式。

③ 灰度是很难把握的，也不是一成不变的，需要根据企业战略需求、不同发展阶段，对灰度进行澄清，形成大家达成共识的标准，成为内部统一语言，降低内部交易成本，形成好的组织氛围。

二、合适的工作氛围

1. 家庭文化与契约精神

（1）坚持契约精神，支持大组织运作

创业依赖亲朋好友圈是基于信任与简单，但是企业做大必须公司化运作，家庭是小组织，公司是大组织，要契约化、法治化，否则无法凝聚成千上万的非血缘关系的员工。当年郭士纳挽救蓝色巨人IBM，将其文化理念由“慈爱的父亲”改为“高绩效文化”。

企业公司化，提倡“工作关系第一”“人情关系第二”，如果过分注重“亲情”，大家凭着感情做事，就可能会伤害制度权威。

（2）营造家氛围，打造命运共同体

企业不仅仅是利益关系和分工关系，更高的追求是命运共同体，大家像兄弟姐妹一样友好相处、互相帮助，一起承担起企业发展的终极责任，共同实现事业和家庭的梦想，这是“家文化”积极一面，比如苏宁则主张

“树家庭氛围，指导协调帮助，责任共当”。

（3）严格执法，友情操作

制度是无情的，但操作是有情的，严格执法的同时，要照顾员工情绪。比如做好每一位离职员工的思想工作，让他们没有任何思想包袱地离开，做到离开企业后仍旧说企业好。

某企业反对“家文化”，要求离职员工2小时内必须离开公司，导致员工比较反感。华为电气干部部，因末位淘汰一名员工，遭到该员工的投诉，华为专门在内部网上提出对干部部相关责任人的批评，认为他们没有做好思想工作，导致离职的员工意见很大。

2. 员工满意与员工敬业

（1）员工满意要转化为员工敬业

有些企业通过外部机构进行员工满意度调查，甚至将员工满意度纳入干部考核指标。但根据调查结果，中国企业员工敬业度在世界排名比较靠后，表明员工满意度提升不一定能够提升员工敬业度。

员工满意度不断提升，但要把对公司的满意转化为对工作的热爱、对工作的成就感，做到员工与公司双赢。因此，企业必须坚持奋斗为本，没有奋斗就没有未来，对员工也是不负责任的。

（2）奋斗不是加班或带病上班

奋斗不是加班或带病上班，不是背离人性关怀，而是干部与员工同甘共苦的精神，上级要保证下属劳逸结合，不对下属施加恐惧。比如员工生病了就应该请假休息，不要宣扬“带病作业”的事迹，德胜洋楼对带病上班的员工要“处罚”。

鼓励员工为任务突击与客户需要而加班加点，但也一定要避免因为上级的管理无能、公司制度混乱导致不必要的加班。

（3）幸福是奋斗出来的，坚持奋斗为本

对高层，奋斗精神通过使命驱动，并不完全依靠物质刺激，而是享受奋斗的过程、让公司富有前途的事业成就感。

对中层，奋斗精神通过压力驱动，通过述职、业绩排名、岗位轮换、关键负面事件就地免职等机制，克服惰性，持续奋斗。

对基层，奋斗精神通过激励驱动，以“饥饿感”构成基层员工中每个个体的“狼性奋斗”精神。

3. 批评文化与表扬文化

（1）批评要基于事实，兼顾艺术

工作出现失误、目标没有达成，被上级批评是正常的事情。比如乔布斯等很多大人物就是这样的领导者，他对员工很苛责，被员工称之为“现实扭曲力场”，但是，他的“骂人”动机是出于事业情怀，他骂人的“行为”是基于事实，最终赢得了员工的认同。

批评人讲艺术、分场合，至少要尊重人格，通过批评把员工说服，才叫本事。比如告诉员工，“你的工作做得不错，但凭你的能力还能做得更好；我对你的要求与其他员工的要求是一样的；你也可以同样的要求对我”，员工被批评不但不会生气，还可能佩服你。

（2）带头自我批判，批评人把握适度

企业成长过程中，创业者以“苛责”的领导风格驱动了员工执行力，一旦形成“苛责文化”以后，不骂人，工作推动力度就弱；或者留下来的员工缺乏安全感、归属感，他们可能看在“高工资”的份上，忍下来不跳槽，这无形中增加了员工薪酬，但员工还不领情。

当然，在工作中也不要随意见人就夸“棒极了”，要在员工确实做出了成绩的时候，及时并具体地指出他对公司的贡献，将他的业绩公之于众。这种激励员工的方式能够真正赢得员工的信任和支持，能够对企业的凝聚力产生巨大的影响。

最后，先自我批判，才有资格去批评他人。在批评人的时候，有理性，不说教，指导与帮助他人，让人觉得这是对自己的关心。不发动群众性批判运动，不无限上纲、无情打击，把握适度。

4. 压力驱动与成就驱动

（1）传递市场压力感

市场瞬息万变，市场危机天天有，企业时时保持压力感与危机感是非常必要的。“不管你拥有多少资源，永远把对手想得强大一点。”（马云），任正非多次拉响“华为的冬天”的警报。因此，企业将市场压力感传递为全体员工共担，进而将危机转变为动力，领导、员工上下一心，积极提升企业的各项能力和竞争力，从而更好地应对可能的市场危机。

因此，危机感是基于市场的基本规则就是优胜劣汰，适度危机感是组织面临市场求生存的需要。企业要通过无依赖的压力传递，将外部市场的压力传递到组织内部。对于员工安全感，不是对员工终身就业的承诺，不是取消淘汰制度，而是赋予终身就业的能力，支持成长成就的机制。

（2）增加工作成就感

人人都得敬畏市场，基于市场必须保持危机感、压力感，但在日常工作中不能人为制造“紧张气氛”，不能把人当成工具，片面压目标，而忽视人才自身价值的追求。比如空降兵基本认同薪酬标准，否则也不会来这个企业，那为什么还有空降兵存活不了？主要原因之一，他们认为自身价值未得到实现或者认可。

让员工充分参与其本领域的决策，有了强烈的参与感与自主性，工作的责任感就会大大增加。其次，在其工作职责范围内应充分信任与授权，给员工提供成长成就的舞台。

5. 全面认可激励

（1）基本概念与必要性

全面认可激励与二八激励原则是互补的。全面认可激励基于人人都需要激励，人人都是价值创造者；二八激励原则认为20%的人决定80%的贡献，采取不对称激励。

我们研究日本丰田企业管理最大的特点就是全员性，比如全员质量管理（TQM）、全员设备保全（TPM），日本企业强调全员性，甚至认为随意表扬一个员工，是对其他员工的伤害。因此，全面激励不是什么新激励，强调全员性。

当然，在知识经济时代，如日本企业不随意表扬一个员工，也不是最佳方案，知识员工追求成就与认可，基于行为认可的非物质激励，符合大多数员工的心理诉求，对知识型员工、新生代员工，认可激励是一种正能量场，甚至比金钱激励更有效。

全面认可激励可以基于271原则，前20%员工以业绩认可得到更多物质激励（二八激励原则），中间 70% 员工需要行为认可激励来激活，不违背价值分配原则，不增加更多的激励成本。

（2）认可激励的范围

对于认可激励的范围比较灵活，甚至很难用标准来量化。彭剑锋教授认为："认可激励是指员工只要做出有利于公司、有利于客户价值实现、有利于自我成长的事，都能得到公司和员工肯定或奖励的一种激励方式。"因此，激励认可范围可以足够宽。

① 员工绩效认可：对绩效结果优秀的、绩效进步较快的、对公司长期绩效有贡献的，都可以给予一定的积分奖励。

② 员工学习与发展认可：对员工"我要学"行为、员工学习成绩优异、员工自愿做内部讲师、主动分享知识与经验、员工积极参与内部竞聘上岗等行为给予认可激励。

③ 员工持续改进认可：创新活动、小改小革、降本增项、对标挖潜、破解悬赏难题、修改制度、合理化建议等行为给予认可激励。

④ 合作认可：主动帮助同事补位、参加集体活动、承担模糊地带的工作、给同事提供工作建议等行为给予认可激励。

⑤ 价值观行为认可：践行公司价值观、主动捍卫公司价值观、参加企业文化建设活动等行为给予认可激励。

⑥ 客户认可：客户感谢信、客户点赞、客户满意度高、解决客户难题等行为给予认可激励。

⑦ 员工关爱认可：在员工生日、公司成立纪念日、重大节假日给予员工一定的奖励积分，以示对员工的关爱。

⑧ 社会荣誉认可：对家庭好成员、社区好村民、社会好公民等荣誉给予认可激励。

（3）认可激励的应用

认可激励是一门懂人性的激励艺术，用"心"激励是精神激励效果的前提，认可激励是精神激励，也要强调公平性，不能变成企业政治；通过激励积分兑换学习机会、休假福利、竞拍商品、享受特殊待遇（比如免考勤、专享停车位、领导聚餐）等。

三、合适的管理方式

1. 严格管理与人性管理

（1）严格管理

面对市场竞争与客户，企业提高服务标准，这是企业赢得竞争的需要。因此，严格管理是基于客户的严标准、严要求。

严格管理不是简单粗暴，不是以处罚为目的，严格管理不是道德绑架，不是不允许员工犯错误，不是夸大错误或贴标签，严格管理不是脱离事实，不是不接受员工陈述的理由和申诉。

（2）人性化管理

人性化管理不是讲人情、搞关系、一团和气，使规章制度形同虚设，人性化管理不是放任员工，而是激发人的创造力，人性化管理就是在了解人性的基础上，牵引员工“利出一孔，力出一孔”。

（3）把握二者的“度”

人性化管理与严格管理是一种辩证关系，比如员工打卡问题，有人说打卡的企业没有前途，这就是个极端说法，要根据企业成长所处阶段、企业自主管理意识程度等。

某研发部员工为了技术测试加班十个多小时，第二天在家睡着了，没有请假，结果被人力资源部处罚，员工知道后愤然提出离职。

对于以上问题，其实就是没有结合企业实际，对于不能适应弹性工作的岗位，要严格执行考勤制度。但是，知识员工的工作是弹性的，固定的工作场所和工作时间对他们没有太大的意义，特别是互联网时代，知识员工随时随地进行思维并从事知识创新活动。

2. 定性管理与定量管理

（1）知识成果很难测量

知识成果具有无形性。由于在知识型企业里，员工一般以跨越部门，以及组织边界的团队的形式工作，很少独立工作。因此，劳动成果多为团队智慧的结晶而无法分割，导致个人绩效难以衡量。更重要的是，知识员工的工作成果多为知识产品的缘故。比如在知识型企业，知识员工创造的是知识密集型的产品或服务，其工作的成果也许凝聚在一个新软件系统的设计中，而其中包含的知识无价。

（2）长期价值很难测量

坚持效益可量化，这个导向支持了业务扩张，但也导致现在不能量化的评价活动很难被支持，很难取得业绩收入的事情不会主动去做。比如一些支持性的或者是平台型的部门工作，因为它的成果难以业绩量化，如果大家主动去做了，老板认为你花钱没有效果，很容易被老板“干掉”。

（3）把握二者的“度”

“不能量化就不能被管理”，在数字化时代，企业要由“定性管理”转向“定量管理”。比如企业决策需要基于大数据分析，企业薪酬激励效果需要数据说话，否则主观成分较大，考评结果的公正性容易受到质疑，“能够量化就去量化，不能量化要细化，”对业务部门考核要有量化的业绩来计量，但是对于知识员工、职能部门员工要基于绩效提升，不能盲目要求事事量化，要聚焦关键事件与绩效辅导，要基于持续改进。

3. 过程管理与结果管理

（1）要结果，不唯结果

没有结果，一切都归零，但“结果导向”的文化，也催生了“设备带病作业抢产量”“外来人才短期没有业绩，就无法待下去”“这个项目做了没有效果，那就再做一个项目”“牺牲品质追求产量”等现象。所以，我们要结果，不能“唯”结果论英雄。

（2）高层领导要重点关注结果

高层领导做高度，正确把握企业运营的方向，高层领导工作重点关注未来，聚焦公司战略目标、重大问题或瓶颈，不偏离战略主航道。对高层领导考评以目标与结果为导向，述职考评不宜过多，以年度述职为主，确保高层有足够时间解决关键命题，高层干部考核评价以事业合伙人机制，激发对长期使命追求，避免短期业绩导向。

（3）中层管理者要关注过程与结果

中层领导做宽度，摒弃本位主义，促进纵横协同和当期业务绩效完成，要辅导下属，优化工作方法与流程，让工作更高效。中层领导要定期进行绩效检讨与改善，对其激励要长短期兼顾。

（4）基层员工优先关注过程

基层员工做深度，强调工匠精神、过程执行力，强调“日清日结、日清日高”。要做工作日志，做到“事前问清楚、事中快反馈、事后快总结”，通过日常例会形式述职，基层员工及时考核、及时奖励。

员工汇报工作时，多谈结果，少谈过程，开展工作时先关注过程，后检查结果。

4. 对人管理与对事管理

（1）组织沟通中强调“对事不对人”

在问题分析处理中，重事实、讲逻辑，以分析问题发生的原因为出发点，以补救或者避免再次发生为根本点。

在日常沟通过程中，要善于倾听，不对人进行贴标签，形成组织上下敢讲话、讲真话，求真务实的氛围。

（2）对人与对事评价要区分

对事的管理讲科学，对人的管理要兼具艺术；对事评价，坚持宜细不宜粗；对人评价，宜粗不宜细。

对人评价和认可，既要看短期，又要看长期，不能因为一件事就否定一个人。对人评价不盲目“标准化”，“金无足赤，人无完人”，优点突出的人往往缺点也很明显，对具有创造性潜能的优秀人才往往有着强烈的个性，要包容其个性。

（3）把握二者的“度”

实际工作中，很难做到对事不对人。同时，在某些特定情形下必须“对事也对人”或者“得理不饶人”，比如出现低级错误，就要对责任人问责。

在重大决策讨论时，鼓励建设性的冲突和辩论，引导团队达成共识。当共识无法达成的时候，则引导团队做一个智慧的选择，而不是为了安抚大家而做简单的折中。

工作中首先要对自己所做的事情负责到底，而不是仅仅对自己的上级负责。

四、合适的领导风格

1. 服从意识与自主意识

（1）服从意识导致被动工作

员工服从意识带来了执行力，这是基于权威或者考核驱动，可能制约了企业的创新活力。以任务与上级指令为导向，上级不安排工作下级就坐等，上级不指示下级就不执行，上级不询问下级就不汇报，上级不检查下级就拖着办。

服从意识的背后是高度集权，大家依赖上级指令工作，不敢拍板、不敢担责，事事以领导为中心、依赖领导决策和推动的习惯，企业老板具有业务情结，喜欢亲力亲为，导致大家缺乏自我思考。

（2）知识型员工喜欢自主管理

知识型员工不太喜欢被别人命令，而喜欢根据自己的意愿做事。但当大家在一起讨论而达不成一致时，就需要进行决策并采用命令方式强制执行。

（3）信任与放权下属

企业专业化分工，下级在自己的职责领域往往比上级更专业，这就要求领导信任下属，放手让他们去发挥自己的创造力，自己制定决策，采取他们自己认为是最好的工作方法。

（4）树立“做事”文化

让有责任心的人拥有更多的权利和机会；让混事者没有市场，不担当、不作为者人人斥之。大力营造“想干事、能干事、干成事”的做事氛围，反对“按部就班、得过且过；不求有功、但求无过”。

2. 长官意识与客户意识

（1）长官意识的表现

任务虽已布置，但是没有检查、监督。不主动深入调查情况，掌握第一手资料，只是被动地听下级汇报，不做核实就做决定或者向上级汇报，出了问题，责任还可以往下级身上推。

决策民主度不高，不允许听到不同的声音，缺乏决策辩驳机制。如果企业家的智慧、经验与情感没有组织化，那么制度权威、流程权威就很难建立起来，只有领导权威的企业一定是会议多、请示多、汇报多，加班也一定多。

企业的经营管理依靠权力推动，基于客户的责任体系无法运营。人人变得谨小慎微、唯唯诺诺，眼中只有上级，没有客户，追求的是让领导满意，最有效、最直接的方式就是投其所好。

（2）欠缺客户意识的表现

我已与对方联系过，什么时候得到回复我无法决定，延误工作的责任应该由对方负责，我只能等。追究责任也不怕，我某月某日把这份文件送给对方，这里记录得很清楚，对方不回复我能怎么办？你和对方联系吧，以免耽误工作。

职能部门不主动去为一线提供服务，而是坐等一线的联系，有时还很不耐烦，认为多等一会有什么了不起，却没有设身处地去为现场着想，严重地影响了一线问题的及时解决。

总部与分公司沟通对接，有时候要领导出面协同才可以；没有建立内部客户满意度机制。

（3）客户意识为先

① 客户对整个公司的满意度，整个效率和客户的满意度就是公司生存的所有前提，也是唯一的前提和基础。

② 要提倡小团队作战、项目化的自组织机制，允许先开枪后瞄准的容错机制，让冲杀在市场一线的员工积极与用户互动，快速响应用户个性化需求，打造极致的用户体验。

③ 要真正树立客户为先的处事原则，客户包括内部客户、外部客户。外部客户要积极响应、内部客户要积极协同，各部门之间、各工序之间互为客户。

④ 没有客户，就没有我们存在的理由；不能损害客户利益，也不是做无利可图的事业，而是合理赚取利益。因此，优势资源要向价值客户倾斜，与价值客户共同成长。

⑤ 市场需求一定与客户支付能力相关，我们要为客户提供经济适用的产品与服务，我们不盲目打价格战，但我们必须有价格竞争优势，通过内部精益管理、开源节流，帮助客户省钱。

⑥ 市场竞争是常态，我们不盲目追求所谓的营销策略赢得市场竞争份额，但我们必须坚持为客户提供具有独特优势的产品与服务，能够为客户选择我们找到最有说服力的理由。

⑦ 从客户中来，到客户中去，眼睛盯着用户，倾听客户声音，不靠搞人情关系或违心承诺去迎合客户，要扎扎实实地做好产品与服务，让客户做我们产品的代言人。

3. 追求效率与追求完美

（1）追求完美是基于客户价值

完美是追求高品质或极致，对与客户服务或者价值创造直接相关的服务和行为，努力追求完美，追求极致；而在价值创造非直接相关的环节，可以采用不断迭代、持续进步来向着完美接近。

（2）反对完美主义

① 完美主义就是任何事情都要追求细节、追求极致，把完美当作个人偏好，事事追求完美，人人追求完美。比如管理者事无巨细、亲力亲为，导致下属无所适从；有时不计较投入产出比，比如华为反对无价值的胶片主义，甚至容忍内部文件中出现错别字。

② 完美主义意味着对结果追求的苛刻，它是迭代的大忌，会影响到效率，过于完美的规则往往牺牲了企业的活力。

（3）把握二者的“度”

① 要基于价值导向，考虑投入产出比，在无价值的环节不要盲目追求完美；要聚焦关键矛盾，对待问题要抓住主要原因、关键的少数、次要的多数。

② 要围绕战略目标追求卓越，基于超越竞争对手的标准，不要因为领导的偏好，花大量的时间追求完美；要关注业绩结果，聚焦事情是否做成，对过程细节不要管控过度，要大胆授权。

③ 要基于用人之长，看人之长，“宁要有缺陷的战士，不要完美的苍

蝇”；要基于岗位角色，高层领导要善于抓大放小，基层领导要追求细节。

4. 个体英雄与团队作战

（1）个人英雄

活下去是这个企业的唯一使命。怎么活下来呢？谁能为公司拿到合同，拿到救命钱，谁能为公司带来产品，从一无所有到有产品，谁就是公司的英雄。按照业绩提成的办法，在过去培养了很多“头狼”，公司也不亏待这些“个人英雄”，导致这些人成为管理者后不习惯系统思考，只关注仗打得漂亮，而忽视组织能力、流程优化、人员能力提升等。

（2）集体奋斗

过去以企业家为主的高管团队是创造价值的主体，通过执行团队实现价值快速创造。未来创造价值的方式从“绿皮车”时代向“高铁”时代转变，每节都有发动机。积极探索合伙机制，从过去为老板做事转变为自己干，人人成为经营者，让平凡人都能做出不平凡的事。

（3）团队协同

① 团队协同是一种工作方式。是指团队成员间分工不分家，为了共同的目标，各自发挥专业能力特长，相互配合，彼此成就。

② 团队协同是一种工作氛围。是指团队成员间通过合作，团队成员彼此给予正能量。团队成员主动协同、乐于协同。

③ 团队协同是一种格局，在协同中不斤斤计较、不求回报，从自身做起，能做到时时、事事和处处合作；能站在团队的角度，主动纠正不好的思维模式和行为方式。

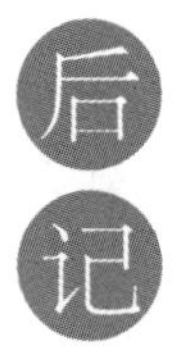

顶层设计是企业成长的导航，是事业理论、事业理想、事业理念的宣言书，由事业理念到事业信念、事业行动，以事业信念应对未来不确定性与挑战，以事业行动汇聚成长的力量，实现企业成长新旧动能转换，迎接“良币驱逐劣币”的新时代，致力于企业良性成长。

笔者遵循“从客户中来，到客户中去”的原则，本书大部分材料与心得来源于客户实践。笔者先后从国企到民企、从被管理者到管理者、从甲方的管理者到为乙方提供管理咨询服务的顾问，从不同角度看待企业成长、思考企业成长、感悟企业成长，本书不是笔者一个人的成果，它是团队同事共同的智慧结晶。

因此，首先要感谢客户伙伴，他们分别是杭州珀莱雅（方玉友总经理）、上汽车享网（夏军总经理）、山东泰昌（刘健总经理）、上汽销售（傅立国总经理、丘缅岚主任）、苏宁、宁波金田铜业、宁波舟山港集团、深圳创世纪（罗育银总经理、赵跃强总监、王忠军经理）、深圳恩普医疗、深圳崇达、宝钢研究院、东风汽车（崔永健处长）、上海浅深（王建军校长）、贵阳新天药业、中船重工 703 所（于剑锋部长）、青岛佑兴外贸集团（陈松总经理）、阳光保险、江苏电力、三峡基地发展、长江电力、苏州船用、一汽等客户。

同时也感谢同事们的大力支持，他们是李志华、陈明、张倩、吴宏斌、刘建胜、胡金钢、姚富贵、汤狂虎、万里明、张铁山、沈佳、曾节胜、杨孟德、冀辉涛等，这本书属于团队合作的成果。

最后，感谢我的家人，他们为我提供了良好的创作环境。

推荐作者得新书！

博瑞森征稿启事

亲爱的读者朋友：

感谢您选择了博瑞森图书！希望您手中的这本书能给您带来实实在在的帮助！

博瑞森一直致力于发掘好作者、好内容，希望能把您最需要的思想、方法，一字一句地交到您手中，成为管理知识与管理实践的桥梁。

但是我们也知道，有很多深入企业一线、经验丰富、乐于分享的优秀专家，或者忙于实战没时间，或者缺少专业的写作指导和便捷的出版途径，只能茫然以待……

还有很多在竞争大潮中坚守的企业，有着异常宝贵的实践经验和独特的洞察，但缺少专业的记录和整理者，无法让企业的经验和故事被更多的人了解、学习……

对读者而言，这些都太遗憾了！

博瑞森非常希望能将这些埋藏的"宝藏"发掘出来，贡献给广大读者，让更多的人从中受益。

所以，我们真心地邀请您，我们的老读者，帮我们搜寻：

推荐作者

可以是您自己或您的朋友，只要对本土管理有实践、有思考；可以是您通过网络、杂志、书籍或其他途径了解的某位专家，不管名气大小，只要他的思想和方法曾让您深受启发。

可以是管理类作品，也可以超出管理，各类优秀的社科作品或学术作品。

推荐企业

可以是您自己所在的企业，或者是您熟悉的某家企业，其创业过程、运营经历、产品研发、机制创新，等等。无论企业大小，只要乐于分享、有值得借鉴书写之处。

总之，好内容就是一切！

博瑞森绝非"自费出书"，出版费用完全由我们承担。您推荐的作者或企业案例一经采用，我们会立刻向您赠送书币 1000 元，可直接换取任何博瑞森图书的纸书或电子书。

感谢您对本土管理原创、博瑞森图书的支持！

推荐投稿邮箱：bookgood@126.com　　推荐手机：13611149991

1120 本土管理实践与创新论坛

这是由 100 多位本土管理专家联合创立的企业管理实践学术交流组织，旨在孵化本土管理思想、促进企业管理实践、加强专家间交流与协作。

论坛每年集中力量办好两件大事：第一，“**出一本书**”，汇聚一年的思考和实践，把最原创、最前沿、最实战的内容集结成册，贡献给读者；第二，“**办一次会**”，每年 11 月 20 日本土管理专家们汇聚一堂，碰撞思想、研讨案例、交流切磋、回馈社会。

论坛理事名单（以年龄为序，以示传承之意）

首届常务理事：

彭志雄　曾　伟　施　炜　杨　涛　张学军　郭　晓　程绍珊　胡八一
王祥伍　李志华　陈立云　杨永华

理　　事：

张再林　卢根鑫　刘文瑞　王铁仁　周荣辉　罗　珉　房西苑　曾令同
黄民兴　陆和平　孟广桥　宋杼宸　张国祥　刘承元　叶兴平　曹子祥
宋新宇　吴越舟　吴　坚　杜建君　戴欣明　仲昭川　刘春雄　刘祖轲
张茂泽　段继东　陈立胜　梁　涛　何　慕　秦国伟　贺兵一　罗海容
张小虎　陈忠建　郭　剑　余晓雷　黄中强　朱玉童　沈　坤　阎立忠
张　进　丁兴良　朱仁健　薛宝峰　史贤龙　卢　强　史幼波　黄剑黎
叶敦明　王　涛　李文才　王　强　张远凤　陈　明　廖信琳　岑立聪
方　刚　何足奇　周　俊　杨　奕　孙行健　孙嘉晖　张东利　郭富才
叶　宁　何　屹　沈　奎　王明胤　王　超　马宝琳　谭长春　杨竣雄
夏惊鸣　张　博　段传敏　李洪道　胡浪球　孙　波　唐江华　程　翔
翟玉忠　刘红明　杨鸿贵　伯建新　高可为　李　蓓　王春强　孔祥云
戴　勇　贾同领　罗宏文　张兵武　史立臣　李政权　余　盛　陈小龙
尚　锋　邢　雷　余伟辉　李小勇　苗庆显　孙　巍　陈继展　全怀周
林延君　王清华　初勇钢　陈　锐　高继中　聂志新　黄　屹　沈　拓
徐伟泽　潦　寒　谭洪华　崔自三　王玉荣　蒋　军　侯军伟　黄润霖
朱伟杰　金国华　吴　之　葛新红　周　剑　崔海鹏　李治江　陈海超
柏　龑　唐道明　刘书生　朱志明　曲宗恺　杜　忠　黄渊明　王献永
范月明　吕　林　刘文新　赵晓萌　张　伟　韩　旭　韩友诚　熊亚柱
秦海林　孙彩军　刘　雷　贺小林　王庆云　黄　娜　俞士耀　田　军
丁　昀　张小峰　黄　磊　罗晓慧　赵海永　伏泓霖　任彭枞　梁小平
鄢圣安　马方旭　乐　涛　杨晓燕　欧阳莉华　陈　慧　张　璐

企业案例·老板传记

	书名．作者	内容/特色	读者价值
企业案例·老板传记	**你不知道的加多宝：原市场部高管讲述** 曲宗恺　牛玮娜　著	前加多宝高管解读加多宝	全景式解读，原汁原味
	借力咨询：德邦成长背后的秘密 官同良　王祥伍　著	讲述德邦是如何借助咨询公司的力量进行自身与发展的	来自德邦内部的第一线资料，真实、珍贵，令人受益匪浅
	娃哈哈区域标杆：豫北市场营销实录 罗宏文　赵晓萌　等著	本书从区域的角度来写娃哈哈河南分公司豫北市场是怎么进行区域市场营销，成为娃哈哈全国第一大市场、全国增量第一高市场的一些操作方法	参考性、指导性，一线真实资料
	六个核桃凭什么：从0过100亿 张学军　著	首部全面揭秘养元六个核桃裂变式成长的巨著	学习优秀企业的成长路径，了解其背后的理论体系
	像六个核桃一样：打造畅销品的36个简明法则 王　超　范　萍　著	本书分上下两篇：包括“六个核桃”的营销战略历程和36条畅销法则	知名企业的战略历程极具参考价值，36条法则提供操作方法
	解决方案营销实战案例 刘祖轲　著	用10个真案例讲明白什么是工业品的解决方案式营销，实战、实用	有干货、真正操作过的才能写得出来
	招招见销量的营销常识 刘文新　著	如何让每一个营销动作都直指销量	适合中小企业，看了就能用
	我们的营销真案例 联纵智达研究院　著	五芳斋粽子从区域到全国/诺贝尔瓷砖门店销量提升/利豪家具出口转内销/汤臣倍健的营销模式	选择的案例都很有代表性，实在、实操！
	中国营销战实录：令人拍案叫绝的营销真案例 联纵智达　著	51个案例，42家企业，38万字，18年，累计2000余人次参与……	最真实的营销案例，全是一线记录，开阔眼界
	双剑破局：沈坤营销策划案例集 沈　坤　著	双剑公司多年来的精选案例解析集，阐述了项目策划中每一个营销策略的诞生过程，策划角度和方法	一线真实案例，与众不同的策划角度令人拍案叫绝、受益匪浅
	宗：一位制造业企业家的思考 杨　涛　著	1993年创业，引领企业平稳发展20多年，分享独到的心得体会	难得的一本老板分享经验的书
	简单思考：AMT咨询创始人自述 孔祥云　著	著名咨询公司（AMT）的CEO创业历程中点点滴滴的经验与思考	每一位咨询人，每一位创业者和管理经营者，都值得一读
	边干边学做老板 黄中强　著	创业20多年的老板，有经验、能写、又愿意分享，这样的书很少	处处共鸣，帮助中小企业老板少走弯路
	三四线城市超市如何快速成长：解密甘雨亭 IBMG国际商业管理集团　著	国内外标杆企业的经验+本土实践量化数据+操作步骤、方法	通俗易懂，行业经验丰富，宝贵的行业量化数据，关键思路和步骤
	中国首家未来超市：解密安徽乐城 IBMG国际商业管理集团　著	本书深入挖掘了安徽乐城超市的试验案例，为零售企业未来的发展提供了一条可借鉴之路	通俗易懂，行业经验丰富，宝贵的行业量化数据，关键思路和步骤

互联网+

	书名．作者	内容/特色	读者价值
互联网+	**新营销** 刘春雄　著	新营销的新框架体系是场景是产品逻辑，IP是品牌逻辑，社群是连接逻辑，传播是营销逻辑	助力品牌商实现由传统营销到新营销的理念和行动的跨越，助力企业打赢升级转型之仗
	企业微信营销全指导 孙　巍　著	专门给企业看到的微信营销书，手把手教企业从小白到微信营销专家	企业想学微信营销现在还不晚，两眼一抹黑也不怕，有这本书就够

续表

互联网+	**企业网络营销这样做才对:B2B大宗B2C** 张　进　著	简单直白拿来就用,各种窍门信手拈来,企业网络营销不麻烦也不用再头疼,一般人不告诉他	B2B、大宗B2C企业有福了,看了就能学会网络营销
	互联网时代的银行转型 韩友诚　著	以大量案例形式为读者全面展示和分析了银行的互联网金融转型应对之道	结合本土银行转型发展案例的书籍
	正在发生的转型升级·实践 本土管理实践与创新论坛　著	企业在快速变革期所展现出的管理变革新成果、新方法、新案例	重点突出对于未来企业管理相关领域的趋势研判
	触发需求:互联网新营销样本·水产 何足奇　著	传统产业都在苦闷中挣扎前行,本书通过鲜活的案例告诉你如何以需求链整合供应链,从而把大家熟知的传统行业打碎了重构、重做一遍	全是干货,值得细读学习,并且作者的理论已经经过了他亲自操刀的实践检验,效果惊人,就在书中全景展示
	移动互联新玩法:未来商业的格局和趋势 史贤龙　著	传统商业、电商、移动互联,三个世界并存,这种新格局的玩法一定要懂	看清热点的本质,把握行业先机,一本书搞定移动互联网
	微商生意经:真实再现33个成功案例操作全程 伏泓霖　罗晓慧　著	本书为33个真实案例,分享案例主人公在做微商过程中的经验教训	案例真实,有借鉴意义
	阿里巴巴实战运营——14招玩转诚信通 聂志新　著	本书主要介绍阿里巴巴诚信通的十四个基本推广操作,从而帮助使用诚信通的用户及企业更好地提升业绩	基本操作,很多可以边学边用,简单易学
	阿里巴巴实战运营2:诚信通热卖技巧 聂嵘海　著	诚信通TOP商家赚钱的密码箱,手把手教你操作,拿来就用	图文并茂,内容齐全,直接可以对照使用
	抖音营销如何做:未来抖商 刘大贺　著	解密从0到1亿粉丝的实操路径,深度剖析抖音营销全系统策略	企业做抖音营销的第一书
	微商团队长:从入门到精通 罗品牌　著	由浅入深,涵盖微商团队长必学技能的方方面面	只要照着做,就能当好微商团队长
	互联网精准营销 蒋　军　著	怎么在互联网时代整体策划、包装品牌和产品,并在此基础上为企业设计商业模式,技术实现并运营落地	为有基础的小微企业(大企业的新项目)1年实现销售额过亿,2年对接资本,3年左右准IPO
	今后这样做品牌:移动互联时代的品牌营销策略 蒋　军　著	与移动互联紧密结合,告诉你老方法还能不能用,新方法怎么用	今后这样做品牌就对了
	互联网+"变"与"不变":本土管理实践与创新论坛集萃·2016 本土管理实践与创新论坛　著	本土管理领域正在产生自己独特的理论和模式,尤其在移动互联时代,有很多新课题需要本土专家们一起研究	帮助读者拓宽眼界、突破思维
	创造增量市场:传统企业互联网转型之道 刘红明　著	传统企业需要用互联网思维去创造增量,而不是用电子商务去转移传统业务的存量	教你怎么在"互联网+"的海洋中创造实实在在的增量
	重生战略:移动互联网和大数据时代的转型法则 沈　拓　著	在移动互联网和大数据时代,传统企业转型如同生命体打算与再造,称之为"重生战略"	帮助企业认清移动互联网环境下的变化和应对之道
	画出公司的互联网进化路线图:用互联网思维重塑产品、客户和价值 李　蓓　著	18个问题帮助企业一步步梳理出互联网转型思路	思路清晰、案例丰富,非常有启发性
	7个转变,让公司3年胜出 李　蓓　著	消费者主权时代,企业该怎么办	这就是互联网思维,老板有能这样想,肯定倒不了
	跳出同质思维,从跟随到领先 郭　剑　著	66个精彩案例剖析,帮助老板突破行业长期思维惯性	做企业竟然有这么多玩法,开眼界

续表

行业类:零售、白酒、食品/快消品、农业、医药、建材家居等			
	书名．作者	内容/特色	读者价值
零售·超市·餐饮·服装	**总部有多强大,门店就能走多远** IBMG 国际商业管理集团　著	如何把总部做强,成为门店的坚实后盾	了解总部建设的方法与经验
	超市卖场定价策略与品类管理 IBMG 国际商业管理集团　著	超市定价策略与品类管理实操案例和方法	拿来就能用的理论和工具
	连锁零售企业招聘与培训破解之道 IBMG 国际商业管理集团　著	围绕零售企业组织架构、培训体系建设等内容进行深刻探讨	破解人才发现和培养瓶颈的关键点
	中国首家未来超市:解密安徽乐城 IBMG 国际商业管理集团　著	介绍了乐城作为中国首家未来超市从无到有的传奇经历	了解新型零售超市的运作方式及管理特色
	三四线城市超市如何快速成长:解密甘雨亭 IBMG 国际商业管理集团　著	揭秘一家三四线连锁超市的经验策略	不但可以欣赏它的优点,而且可以学会它成功的方法
	新零售　新终端 迪智成咨询团队　著	梳理和提炼新零售的系统打法,将之落地在新终端建设上	让新零售这一看似形而上的商业概念有了可以落地的立足点
	新零售动作分解:建材　家居　家具 盛斌子　著	第一本锁定在家居建材、家电、家装等耐用消费品领域谈新零售的书	第一本谈新零售的具体动作、策略、方法、招术的书,拿来就用
	新零售进化趋势与未来格局 李政权　著	通过业态、品类、体验、场景等,逐一呈现新零售的未来进化	就新零售未来的发展方向与进化趋势给出一个确定性的未来
	涨价也能卖到翻 村松达夫　【日】	提升客单价的 15 种实用、有效的方法	日本企业在这方面非常值得学习和借鉴
	移动互联下的超市升级 联商网专栏频道　著	深度解析超市转型升级重点	帮助零售企业把握全局、看清方向
	手把手教你做专业督导:专卖店、连锁店 熊亚柱　著	从督导的职能、作用,在工作中需要的专业技能、方法,都提供了详细的解读和训练办法,同时附有大量的表单工具	无论是店铺需要统一培训,还是个人想成为优秀的督导,有这一本就够了
	百货零售全渠道营销策略 陈继展　著	没有照本宣科、说教式的絮叨,只有笔者对行业的认知与理解,庖丁解牛式的逐项解析、展开	通俗易懂,花极少的时间快速掌握该领域的知识及趋势
	零售:把客流变成购买力 丁　昀　著	如何通过不断升级产品和体验式服务来经营客流	如何进行体验营销,国外的好经营,这方面有启发
	餐饮企业经营策略第一书 吴　坚　著	分别从产品、顾客、市场、盈利模式等几个方面,对现阶段餐饮企业的发展提出策略和思路	第一本专业的、高端的餐饮企业经营指导书
	餐饮新营销 杨　勇　程绍珊　著	在新环境下,对餐饮营销管理进行了全面深入的解读,提供了方式方法	全面性、系统性,区别于市面上的纯操作类作品
	电影院的下一个黄金十年:开发·差异化·案例 李保煜　著	对目前电影院市场存大的问题及如何解决进行了探讨与解读	多角度了解电影院运营方式及代表性案例
	赚不赚钱靠店长:从懂管理到会经营 孙彩军　著	通过生动的案例来进行剖析,注重门店管理细节方面的能力提升	帮助终端门店店长在管理门店的过程中实现经营思路的拓展与突破
耐消品	**商用车经销商运营实战** 杜建君　王朝阳　章晓青　等著	从管理到经营,从销售到服务,系统化运作全指导	为经销商经营开阔思路,掌握方法
	汽车配件这样卖:汽车后市场销售秘诀 100 条 俞士耀　著	汽配销售业务员必读,手把手教授最实用的方法,轻松得来好业绩	快速上岗,专业实效,业绩无忧

续表

耐消品	**润滑油销售:这样说这样做更有效** 张金荣　著	针对渠道、经销商、终端的超实用话术	上车看,下车用,3 分钟就能学会。
	新经销:新零售时代,教你做大商 黄润霖　著	从选址、产品、促销、团队、规模阐述新经销变与不变的市场手法和操作思路	实地拜访近 100 位经销商在传统营销手法上的创新、新营销工具的发现
	珠宝黄金新营销 崔德乾　著	营销、品牌、产品、连接、场景、社群、服务、传播、管理及产业价值链	新营销在珠宝行业的实战应用,业内必备第一书
	跟行业老手学经销商开发与管理:家电、耐消品、建材家居 黄润霖　著	全部来源于经销商管理的一线问题,作者用丰富的经验将每一个问题落实到最便捷快速的操作方法上去	书中每一个问题都是普通营销人亲口提出的,这些问题你也会遇到,作者进行的解答则精彩实用
白酒	**酒水饮料快消品餐饮渠道营销手册** 朱伟杰　著	主要针对快消品(酒水、饮料)的餐饮渠道,提供了区域、商圈、不同业态的规划和促销安排等多种工具,并提出了经销商、批发商等相关人员的管理方法	一本酒水饮料如何在餐饮渠道销售的全能手册,内容深入翔实,可以直接照搬套用,这样的便利简直千金不换
	白酒到底如何卖 赵海永　著	以市场实战为主,多层次、全方位、多角度地阐释了白酒一线市场操作的最新模式和方法,接地气	实操性强,37 个方法、6 大案例帮你成功卖酒
	变局下的白酒企业重构 杨永华　著	帮助白酒企业从产业视角看清趋势,找准位置,实现弯道超车的书	行业内企业要减少 90%,自己在什么位置,怎么做,都清楚了
	1. 白酒营销的第一本书(升级版) **2. 白酒经销商的第一本书** 唐江华　著	华泽集团湖南开口笑公司品牌部长,擅长酒类新品推广、新市场拓展	扎根一线,实战
	区域型白酒企业营销必胜法则 朱志明　著	为区域型白酒企业提供 35 条必胜法则,在竞争中赢销的葵花宝典	丰富的一线经验和深厚积累,实操实用
	10 步成功运作白酒区域市场 朱志明　著	白酒区域操盘者必备,掌握区域市场运作的战略、战术、兵法	在区域市场的攻伐防守中运筹帷幄,立于不败之地
	酒业转型大时代:微酒精选 2014－2015 微酒　主编	本书分为五个部分:当年大事件、那些酒业营销工具、微酒独立策划、业内大调查和十大经典案例	了解行业新动态、新观点,学习营销方法
快消品·食品	**中国快消品营销的这些年** 史贤龙　著	作者精华文章的合集,一本书浓缩了过去十五年,中国营销的实战历程与前沿思考	快消品营销行业的案例和方法都原汁原味呈现,在反映当时风貌的同时,展望与反思
	营销中国茶:2 小时读懂茶叶营销 史贤龙　著	从不同视角对中国的茶营销进行了思考,内容涉及中国茶产业战略困境、茶企规模化、茶品牌崛起、茶文化、茶营销、茶消费、茶零售、茶道等	内容丰富扎实,文字流畅,浓缩的都是精华,让你 2 小时读懂茶叶营销
	这样打造快消品标杆市场 罗宏文　著	帮助你解决如何成功打造标杆市场和进行持续增量管理两大问题	一套系统的方法论,通俗易懂,可以直接套用
	5 小时读懂快消品营销:中国快消品案例观察 陈海超　著	多年营销经验的一线老手把案例掰开了、揉碎了,从中得出的各种手段和方法给读者以帮助和启发	营销那些事儿的个中秘辛,求人还不一定告诉你,这本书里就有
	快消品招商的第一本书:从入门到精通 刘　雷　著	深入浅出,不说废话,有工具方法,通俗易懂	让零基础的招商新人快速学习书中最实用的招商技能,成长为骨干人才
	乳业营销第一书 侯军伟　著	对区域乳品企业生存发展关键性问题的梳理	唯一的区域乳业营销书,区域乳品企业一定要看

续表

快消品·食品	金龙鱼背后的粮油帝国 余　盛　著	讲述金龙鱼品牌及母公司丰益国际的商业冒险故事	在精彩的阅读体验中学到营销管理的方法
	食用油营销第一书 余　盛　著	10 多年油脂企业工作经验，从行业到具体实操	食用油行业第一书，当之无愧
	中国茶叶营销第一书 柏　龑　著	如何跳出茶行业"大文化小产业"的困境，作者给出了自己的观察和思考	不是传统做茶的思路，而是现在商业做茶的思路
	调味品企业八大必胜法则 张　戟　著	八大规律性的关键成功要素，背后都有本土调味品企业的成功实践	"观点阐述 + 案例描述"，行业必读
	调味品营销第一书 陈小龙　著	国内唯一一本调味品营销的书	唯一的调味品营销的书，调味品的从业者一定要看
	快消品营销人的第一本书：从入门到精通 刘　雷　伯建新　著	快消行业必读书，从入门到专业	深入细致，易学易懂
	变局下的快消品营销实战策略 杨永华　著	通胀了，成本增加，如何从被动应战变成主动的"系统战"	作者对快消品行业非常熟悉、非常实战
	快消品经销商如何快速做大 杨永华　著	本书完全从实战的角度，评述现象，解析误区，揭示原理，传授方法	为转型期的经销商提供了解决思路，指出了发展方向
	快消品营销：一位销售经理的工作心得 2 蒋　军　著	快消品、食品饮料营销的经验之谈，重点图书	来源与实战的精华总结
	快消品营销与渠道管理 谭长春　著	将快消品标杆企业渠道管理的经验和方法分享出来	可口可乐、华润的一些具体的渠道管理经验，实战
	成为优秀的快消品区域经理（升级版） 伯建新　著	用"怎么办"分析区域经理的工作关键点，增加 30% 全新内容，更贴近环境变化	可以作为区域经理的"速成催化器"
	销售轨迹：一位快消品营销总监的拼搏之路 秦国伟　著	本书讲述了一个普通销售员打拼成为跨国企业营销总监的真实奋斗历程	激励人心，给广大销售员以力量和鼓舞
	快消老手都在这样做：区域经理操盘锦囊 方　刚　著	非常接地气，全是多年沉淀下来的干货，丰富的一线经验和实操方法不可多得	在市场摸爬滚打的"老油条"，那些独家绝招妙招一般你问都是问不来的
	动销四维：全程辅导与新品上市 高继中　著	从产品、渠道、促销和新品上市详细讲解提高动销的具体方法，总结作者 18 年的快消品行业经验，方法实操	内容全面系统，方法实操
农业	饲料营销有方法：策略　案例　工具 陈石平　著	跳出饲料看饲料，根据饲料营销的关键成功要素（KSF）提出 7 大核心命题	紧跟农牧产业发展大势，提高饲料企业营销竞争力
	新农资如何换道超车 刘祖轲　等著	从农业产业化、互联网转型、行业营销与经营突破四个方面阐述如何让农资企业占领先机、提前布局	南方略专家告诉你如何应对资源浪费、生产效率低下、产能严重过剩、价格与价值严重扭曲等
	中国牧场管理实战：畜牧业、乳业必读 黄剑黎　著	本书不仅提供了来自一线的实际经验，还收入了丰富的工具文档与表单	填补空白的行业必读作品
	中小农业企业品牌战法 韩　旭　著	将中小农业企业品牌建设的方法，从理论讲到实践，具有指导性	全面把握品牌规划，传播推广，落地执行的具体措施
	农资营销实战全指导 张　博　著	农资如何向"深度营销"转型，从理论到实践进行系统剖析，经验资深	朴实、使用！不可多得的农资营销实战指导
	农产品营销第一书 胡浪球　著	从农业企业战略到市场开拓、营销、品牌、模式等	来源于实践中的思考，有启发
	变局下的农牧企业 9 大成长策略 彭志雄　著	食品安全、纵向延伸、横向联合、品牌建设……	唯一的农牧企业经营实操的书，农牧企业一定要看

续表

医药	**在中国,医药营销这样做:时代方略精选文集** 段继东　主编	专注于医药营销咨询 15 年,将医药营销方法的精华文章合编,深入全面	可谓医药营销领域的顶尖著作,医药界读者的必读书
	医药新营销:制药企业、医药商业企业营销模式转型 史立臣　著	医药生产企业和商业企业在新环境下如何做营销?老方法还有没有用?如何寻找新方法?新方法怎么用?本书给你答案	内容非常现实接地气,踏实谈问题说方法
	医药企业转型升级战略 史立臣　著	药企转型升级有 5 大途径,并给出落地步骤及风险控制方法	实操性强,有作者个人经验总结及分析
	新医改下的医药营销与团队管理 史立臣　著	探讨新医改对医药行业的系列影响和医药团队管理	帮助理清思路,有一个框架
	医药营销与处方药学术推广 马宝琳　著	如何用医学策划把"平民产品"变成"明星产品"	有真货、讲真话的作者,堪称处方药营销的经典!
	医药行业大洗牌与药企创新 林延君　沈　斌　著	一方面,围绕着变革,多角度阐述药企的应对之道;另一方面,紧扣实践,介绍近百家医药企业创新实践案例	医改变革 10 年,医药企业如何应对大洗牌?重磅出击的药企人必读书
	新医改了,药店就要这样开 尚　锋　著	药店经营、管理、营销全攻略	有很强的实战性和可操作性
	电商来了,实体药店如何突围 尚　锋　著	电商崛起,药店该如何突围?本书从促销、会员服务、专业性、客单价等多重角度给出了指导方向	实战攻略,拿来就能用
	OTC 医药代表药店销售 36 计 鄢圣安　著	以《三十六计》为线,写 OTC 医药代表向药店销售的一些技巧与策略	案例丰富,生动真实,实操性强
	OTC 医药代表药店开发与维护 鄢圣安　著	要做到一名专业的医药代表,需要做什么、准备什么、知识储备、操作技巧等	医药代表药店拜访的指导手册,手把手教你快速上手
	引爆药店成交率 1:店员导购实战 范月明　著	一本书解决药店导购所有难题	情景化、真实化、实战化
	引爆药店成交率 2:经营落地实战 范月明　著	最接地气的经营方法全指导	揭示了药店经营的几类关键问题
	引爆药店成交率:专业化销售解决方案 范月明　著	药品搭配分析与关联销售	为药店人专业化助力
	处方药合规推广实战宝典 赵佳震　著	推广体系搭建、推广人员岗位工作内容、推广服务外包商管理等六个方面	解决"医药代表转型"和"推广服务外包商管理"的困惑
	医药代理商实操全指导:新环境　新战法 戴文杰　著	结合医药市场政策环境解读新环境下医药招商的战法,着重分析药品产业链的盈利机会	医药销售业务人员的必备读物
	攻略基层诊所:医药营销这样做 张江民　著	对基层诊所的开发、维护和动销,拿来就用的方式方法	实战是本书的主旨,只要用心去看,就能在基层诊所市场中运用
	互联网医药的未来 动脉网　编著	介绍了互联网医药发展的现状与趋势	帮助创业者和投资人看清未来,把握当下
	处方药零售这样做 田　军　著	阐述了处方药零售的重要性,以及做处方药零售市场的具体措施和方法	系统性了解和掌握处方药零售方法
建材家居	**成为最赚钱的家具建材经销商** 李治江　著	从销售模式、产品、门店等老板们最关注和最需要的方面解决问题、提供方法	只要你是建材、家具、家居用品的经销商老板,这就是一本必读的书
	定制家居黄金十年 韩　锋　翁长华　著	梳理了定制家居的商业模式和发展情况	帮助定制家居看清方向,把握当下
	家具建材促销与引流 薛　亮　李永峰　著	十大促销模式的详细方法和工具	让你天天签大单

续表

建材家居	**家具行业操盘手** 王献永　著	家具行业问题的终结者	解决了干家具还有没有前途？为什么同城多店的家具经销商很难做大做强等问题
	建材家居营销：除了促销还能做什么 孙嘉晖　著	一线老手的深度思考，告诉你在建材家居营销模式基本停滞的今天，除了促销，营销还能怎么做	给你的想法一场革命
	建材家居营销实务 程绍珊　杨鸿贵　主编	价值营销运用到建材家居，每一步都让客户增值	有自己的系统、实战
	家居建材门店6力爆破 贾同领　著	合盘道出一线品牌销量秘籍	6力招招见血，既有招数，又有策略
	建材家居门店销量提升 贾同领　著	店面选址、广告投放、推广助销、空间布局、生动展示、店面运营等	门店销量提升是一个系统工程，非常系统、实战
	10步成为最棒的建材家居门店店长 徐伟泽　著	实际方法易学易用，让员工能够迅速成长，成为独当一面的好店长	只要坚持这样干，一定能成为好店长
	手把手帮建材家居导购业绩倍增：成为顶尖的门店店员 熊亚柱　著	生动的表现形式，让普通人也能成为优秀的导购员，让门店业绩长红	读着有趣，用着简单，一本在手、业绩无忧
	建材家居经销商实战42章经 王庆云　著	告诉经销商：老板怎么当、团队怎么带、生意怎么做	忠言逆耳，看着不舒服就对了，实战总结，用一招半式就值了
工业品	**销售是门专业活：B2B、工业品** 陆和平　著	销售流程就应该跟着客户的采购流程和关注点的变化向前推进，将一个完整的销售过程分成十个阶段，提供具体方法	销售不是请客吃饭拉关系，是个专业的活计！方法在手，走遍天下不愁
	解决方案营销实战案例 刘祖轲　著	用10个真案例讲明白什么是工业品的解决方案式营销，实战、实用	有干货、真正操作过的才能写得出来
	变局下的工业品企业7大机遇 叶敦明　著	产业链条的整合机会、盈利模式的复制机会、营销红利的机会、工业服务商转型机会……	工业品企业还可以这样做，思维大突破
	工业品市场部实战全指导 杜　忠　著	工业品市场部经理工作内容全指导	系统、全面、有理论、有方法，帮助工业品市场部经理更快提升专业能力
	工业品营销管理实务 李洪道　著	中国特色工业品营销体系的全面深化、工业品营销管理体系优化升级	工具更实战，案例更鲜活，内容更深化
	工业品企业如何做品牌 张东利　著	为工业品企业提供最全面的品牌建设思路	有策略、有方法、有思路、有工具
	丁兴良讲工业4.0 丁兴良　著	没有枯燥的理论和说教，用朴实直白的语言告诉你工业4.0的全貌	工业4.0是什么？本书告诉你答案
	资深大客户经理：策略准，执行狠 叶敦明　著	从业务开发、发起攻势、关系培育、职业成长四个方面，详述了大客户营销的精髓	满满的全是干货
	两化融合管理系统贯标流程与方法 戴　勇　张华杰　张百荣　编著	全面梳理贯标流程和方法	帮助企业成功贯标
	一切为了订单：订单驱动下的工业品营销实战 唐道明　著	其实，所有的企业都在围绕着两个字在开展全部的经营和管理工作，那就是“订单”	开发订单、满足订单、扩大订单。本书全是实操方法，字字珠玑、句句干货，教你获得营销的胜利
金融	**交易心理分析** （美）马克·道格拉斯　著 刘真如　译	作者一语道破赢家的思考方式，并提供了具体的训练方法	不愧是投资心理的第一书，绝对经典
	精品银行管理之道 崔海鹏　何　屹　主编	中小银行转型的实战经验总结	中小银行的教材很多，实战类的书很少，可以看看

续表

金融	**支付战争** Eric M. Jackson 著 徐 彬 王 晓 译	PayPal 创业期营销官，亲身讲述 PayPal 从诞生到壮大到成功出售的整个历史	激烈、有趣的内幕商战故事！了解美国支付市场的风云巨变
	中外并购名著专业阅读指南 叶兴平 等著	在 5000 多本并购类图书中精选的 200 著作，在阅读的基础上写的读书评价	精挑细选 200 本并一一评介，省去读者挑选的烦恼，快捷、高效
	新三板信息披露全流程：操作与工具 和珩科技 著	详细拆解董秘日常工作过程中所需的信息披露流程	董秘案头必备用书
	成功并购 300 本：一本书搞定并购难题 浩德军师并购联盟 著	从财务，税务，法律等角度详细解答疑问	能解决 80% 的并购问题
	互联网时代的银行转型 韩友诚 著	以大量案例形式为读者全面展示和分析了银行的互联网金融转型应对之道	结合本土银行转型发展案例的书籍
房地产	**产业园区/产业地产规划、招商、运营实战** 阎立忠 著	目前中国第一本系统解读产业园区和产业地产建设运营的实战宝典	从认知、策划、招商到运营全面了解地产策划
	人文商业地产策划 戴欣明 著	城市与商业地产战略定位的关键是不可复制性，要发现独一无二的“味道”	突破千城一面的策划困局
	中国城市群房地产投资策略 吕俊博 著	全方位、多角度分析城市群房地产现状是趋势	让亿元资产投资更理性、更安全
	电影院的下一个黄金十年：开发·差异化·案例 李保煜 著	对目前电影院市场存大的问题及如何解决进行了探讨与解读	多角度了解电影院运营方式及代表性案例
能源	**全能型班组：城市能源互联网与电力班组升级** 国网天津市电力公司 编著	借鉴国内外优秀企业的转型升级思路，通过对于新型班组组织模式和运行机制的大胆设想，力图构建充分适应内外环境变化的全能型班组	看看庞大的国企在新环境下是如何顺应时代的
	国网天津电力全能型班组建设实务 国网天津市电力公司 编著	本书聚焦于天津电力公司在探索全能型班组转型升级时的优秀实践	电力行业的班组实践，具体、可操作性强

经营类：企业如何赚钱，如何抓机会，如何突破，如何“开源”

	书名．作者	内容/特色	读者价值
抓方向	**让经营回归简单．升级版** 宋新宇 著	化繁为简抓住经营本质：战略、客户、产品、员工、成长	经典，做企业就这几个关键点！
	混沌与秩序Ⅰ：变革时代企业领先之道 **混沌与秩序Ⅱ：变革时代管理新思维** 彭剑锋 尚艳玲 主编	汇集华夏基石专家团队 10 年来研究成果，集中选择了其中的精华文章编纂成册	作者都是既有深厚理论积淀又有实践经验的重磅专家，为中国企业和企业家的未来提出了高屋建瓴的观点
	活系统：跟任正非学当老板 孙行健 尹 贤 著	以任正非的独到视角，教企业老板如何经营公司	看透公司经营本质，激活企业活力
	重构：快消品企业重生之道 杨永华 著	从 7 个角度，帮助企业实现系统性的改造	提供转型思想与方法，值得参考
	公司由小到大要过哪些坎 卢 强 著	老板手里的一张“企业成长路线图”	现在我在哪儿，未来还要走哪些路，都清楚了
	企业二次创业成功路线图 夏惊鸣 著	企业曾经抓住机会成功了，但下一步该怎么办？	企业怎样获得第二次成功，心里有个大框架了
	老板经理人双赢之道 陈 明 著	经理人怎养选平台、怎么开局，老板怎样选/育/用/留	老板生闷气，经理人牢骚大，这次知道该怎么办了

续表

抓方向	**简单思考:AMT 咨询创始人自述** 孔祥云　著	著名咨询公司(AMT)的 CEO 创业历程中点点滴滴的经验与思考	每一位咨询人,每一位创业者和管理经营者,都值得一读
	企业文化的逻辑 王祥伍　黄健江　著	为什么企业绩效如此不同,解开绩效背后的文化密码	少有的深刻,有品质,读起来很流畅
	使命驱动企业成长 高可为　著	钱能让一个人今天努力,使命能让一群人长期努力	对于想做事业的人,'使命'是绕不过去的
思维突破	**盈利原本就这么简单** 高可为　著	从财务的角度揭示企业盈利的秘密	多方面解读商业模式与盈利的关系,通俗易懂,受益匪浅
	经营:打造你的盈利系统 高可为　著	从盈利角度梳理了系统化的经营方式	让企业掌舵者把控经营全局
	创模式:23 个行业创新案例 段传敏　著	23 位行业精英的创新对话	创业者、转型者的实战参考
	企业良性成长:用顶层设计突破瓶颈 刘建兆　著	全方位介绍企业顶层设计的方法和思路	帮助企业用顶层设计突破成长瓶颈
	移动互联新玩法:未来商业的格局和趋势 史贤龙　著	传统商业、电商、移动互联,三个世界并存,这种新格局的玩法一定要懂	看清热点的本质,把握行业先机,一本书搞定移动互联网
	画出公司的互联网进化路线图:用互联网思维重塑产品、客户和价值 李　蓓　著	18 个问题帮助企业一步步梳理出互联网转型思路	思路清晰、案例丰富,非常有启发性
	重生战略:移动互联网和大数据时代的转型法则 沈　拓　著	在移动互联网和大数据时代,传统企业转型如同生命体打算与再造,称之为"重生战略"	帮助企业认清移动互联网环境下的变化和应对之道
	创造增量市场:传统企业互联网转型之道 刘红明　著	传统企业需要用互联网思维去创造增量,而不是用电子商务去转移传统业务的存量	教你怎么在"互联网+"的海洋中创造实实在在的增量
	7 个转变,让公司 3 年胜出 李　蓓　著	消费者主权时代,企业该怎么办	这就是互联网思维,老板有能这样想,肯定倒不了
	跳出同质思维,从跟随到领先 郭　剑　著	66 个精彩案例剖析,帮助老板突破行业长期思维惯性	做企业竟然有这么多玩法,开眼界
	互联网+"变"与"不变":本土管理实践与创新论坛集萃·2016 本土管理实践与创新论坛　著	加速本土管理思想的孕育诞生,促进本土管理创新成果更好地服务企业、贡献社会	各个作者本年度最新思想,帮助读者拓宽眼界、突破思维
	消费升级:实践　研究(文集) 本土管理实践与创新论坛　著	38 位管理专家及 7 位学者的精华思想,从经营、管理、行业及思想研究四个方面阐述中国企业在消费升级下的实践与研究	思想启发,行业借鉴
财务	**写给企业家的公司与家庭财务规划——从创业成功到富足退休** 周荣辉　著	本书以企业的发展周期为主线,写各阶段企业与企业主家庭的财务规划	为读者处理人生各阶段企业与家庭的财务问题提供建议及方法,让家庭成员真正享受财富带来的益处
	互联网时代的成本观 程　翔　著	本书结合互联网时代提出了成本的多维观,揭示了多维组合成本的互联网精神和大数据特征,论述了其产生背景、实现思路和应用价值	在传统成本观下为盈利的业务,在新环境下也许就成为亏损业务。帮助管理者从新的角度来看待成本,进一步做好精益管理

续表

<table>
<tr><td>财务</td><td>财报背后的投资机会
蒋　豹　著</td><td>以具体的公司案例分析,教你迅速看出财务报表与企业经营的关系、所反映的企业经营现状,从而找到投资机会</td><td>前四大会计所员工为读者解密财报,发现投资机会</td></tr>
<tr><td colspan="4">管理类:效率如何提升,如何实现经营目标,如何“节流”</td></tr>
<tr><td colspan="2">书名．作者</td><td>内容/特色</td><td>读者价值</td></tr>
<tr><td rowspan="18">通用管理</td><td>让管理回归简单·升级版
宋新宇　著</td><td>从目标、组织、决策、授权、人才和老板自己层面教你怎样做管理</td><td>帮助管理抓住管理的要害,让管理变得简单</td></tr>
<tr><td>让经营回归简单·升级版
宋新宇　著</td><td>从战略、客户、产品、员工、成长、经营者自身等七个方面,归纳总结出简单有效的经营法则</td><td>总结出的真正优秀企业的成功之道:简单</td></tr>
<tr><td>让用人回归简单
宋新宇　著</td><td>从用人的原则、用人的难题与误区、用人的方法和用人者的修炼四大方面,总结出适合中小企业做好人才管理工作的法则</td><td>帮助管理者抓住用人的要害,让用人变得简单</td></tr>
<tr><td>历史深处的管理智慧1:组织建设与用人之道
刘文瑞　著</td><td>对历史之典故、政事、人事、政制进行管理解析,鉴照企业人才的选用育留</td><td>推动理论与实践的对接,实现理性与情感的渗透,用中国话语说明管理智慧</td></tr>
<tr><td>历史深处的管理智慧2:战略决策与经营运作
刘文瑞　著</td><td>对历史之典故、政事、人事、政制进行管理解析,鉴照企业战略设计与经营实践</td><td>推动理论与实践的对接,实现理性与情感的渗透,用中国话语说明管理智慧</td></tr>
<tr><td>历史深处的管理智慧3:领导修炼与文化素养
刘文瑞　著</td><td>对历史之典故、政事、人事、政制进行管理解析,鉴照企业领导职业能力提升与文化修养</td><td>推动理论与实践的对接,实现理性与情感的渗透,用中国话语说明管理智慧</td></tr>
<tr><td>管理的尺度
刘文瑞　著</td><td>对管理中的种种普遍性问题进行了批评</td><td>提高把握管理尺度的能力</td></tr>
<tr><td>管理学在中国
刘文瑞　著</td><td>系统性介绍了管理学在中国的发展和演变</td><td>了解管理学在中国的发展脉络,更清晰理解管理学的本质</td></tr>
<tr><td>看电影,懂管理
刘文瑞　著</td><td>16部经典电影,带你感悟管理智慧</td><td>能够帮助读者放松身心,驰骋想象,在不知不觉中增长智慧</td></tr>
<tr><td>管理:以规则驾驭人性
王春强　著</td><td>详细解读企业规则的制定方法</td><td>从人与人博弈角度提升管理的有效性</td></tr>
<tr><td>打造集成供应链:走出挂一漏十的改善困境
王春强　著</td><td>详解集成供应链全过程</td><td>帮助企业优化供应链管理</td></tr>
<tr><td>用好骨干员工:关键人才培养与激励
王　敏　著</td><td>系统化分享关键人才打造与激励方法</td><td>企业能实在用人的最大化价值</td></tr>
<tr><td>改变世界的管理学大师1:管理学的前世今生
刘文瑞　编著</td><td>介绍了古典管理学时期的大师事迹和思想</td><td>深入了解管理大师们的思想和智慧</td></tr>
<tr><td>成为企业欢迎的咨询师
张国祥　著</td><td>从调研到落地,手把手教你咨询流程</td><td>不走弯路,方便直接的学到老咨询师的套路</td></tr>
<tr><td>员工心理学超级漫画版
邢　雷　著</td><td>以漫画的形式深度剖析员工心理</td><td>帮助管理者更了解员工,从而更轻松地管理员工</td></tr>
<tr><td>老板有想法,高层有干法:企业中的将帅之道
王清华　著</td><td>深入剖析老板与高管的异同</td><td>各司其职,各行其是,相辅相成</td></tr>
<tr><td>分股合心:股权激励这样做
段磊　周剑　著</td><td>通过丰富的案例,详细介绍了股权激励的知识和实行方法</td><td>内容丰富全面、易读易懂,了解股权激励,有这一本就够了</td></tr>
<tr><td>边干边学做老板
黄中强　著</td><td>创业20多年的老板,有经验、能写、又愿意分享,这样的书很少</td><td>处处共鸣,帮助中小企业老板少走弯路</td></tr>
</table>

续表

通用管理	**成为敏感而体贴的公司** 王　涛　著	本书为作者对企业的观察和冥想的随笔记录。从生活中的一个现象入手，进而探索现象背后的本质	从全新角度认识公司
	中国企业的觉醒：正直　善良　成长 王　涛　著	围绕着企业人如何发生转化展开，对中国人、中国文化及由此导致的企业现状的观察和思考	企业除了要利润，还需要道德
	有意识的思考：轻松化解问题的7个思考习惯 王　涛　著	本书是对思想、思考过程、思考方式进行的细致观察	养成好的思考习惯，更深刻地看问题
	中国式阿米巴落地实践之从交付到交易 胡八一　著	本书主要讲述阿米巴经营会计，"从交付到交易"，这是成功实施了阿米巴的标志	阿米巴经营会计的工作是有逻辑关联的，一本书就能搞定
	中国式阿米巴落地实践之激活组织 胡八一　著	重点讲解如何科学划分阿米巴单元，阐述划分的实操要领、思路、方法、技术与工具	最大限度减少"推行风险"和"摸索成本"，利于公司成功搭建适合自身的个性化阿米巴经营体系
	中国式阿米巴落地实践之持续盈利 胡八一　著	把企业做成平台，企业才能做大（格局）；把平台做成阿米巴，企业才能做强（专业）；把阿米巴做成合伙制，企业才能做久（机制）	中国式阿米巴落地实践三部曲的最后一部，告诉你企业如何做大做强做久
	集团化企业阿米巴实战案例 初勇钢　著	一家集团化企业阿米巴实施案例	指导集团化企业系统实施阿米巴
	阿米巴经营的中国模式 李志华　著	让员工从"要我干"到"我要干"，价值量化出来	阿米巴在企业如何落地，明白思路了
	欧博心法：好管理靠修行 曾　伟　著	用佛家的智慧，深刻剖析管理问题，见解独到	如果真的有'中国式管理'，曾老师是其中标志性人物
	领导这样点燃你的下属 孟广桥　著	领导者如何才能让员工积极主动地工作？如何让你的员工和下属保持工作的热情，自动自发？看了这本书就知道	只要你希望手下的"兵将"永远充满工作的斗志，这本书将使你获益良多
流程管理	**1. 用流程解放管理者** **2. 用流程解放管理者 2** 张国祥　著	中小企业阅读的流程管理、企业规范化的书	通俗易懂，理论和实践的结合恰到好处
	跟我们学建流程体系 陈立云　著	畅销书《跟我们学做流程管理》系列，更实操，更细致，更深入	更多地分享实践，分享感悟，从实践总结出来的方法论
	人人都要懂流程 金国华　余雅丽　著	当前各企业流程管理方面最为典型的痛点现象及问题案例	通俗易懂，适合企业全员阅读
质量管理	**IATF16949 质量管理体系详解与案例文件汇编：TS16949 转版 IATF16949：2016** 谭洪华　著	针对 IATF 的新标准做了详细的解说，同时指出了一些推行中容易犯的错误，提供了大量的表单、案例	案例、表单丰富，拿来就用
	五大质量工具详解及运用案例：APQP/FMEA/PPAP/MSA/SPC 谭洪华　著	对制造业必备的五大质量工具中每个文件的制作要求、注意事项、制作流程、成功案例等进行了解读	通俗易懂、简便易行，能真正实现学以致用
	ISO9001：2015 新版质量管理体系详解与案例文件汇编 谭洪华　著	紧密围绕 2015 年新版质量管理体系文件逐条详细解读，并提供可以直接套用的案例工具，易学易上手	企业质量管理认证、内审必备
	ISO14001：2015 新版环境管理体系详解与案例文件汇编 谭洪华　著	紧密围绕 2015 年新版环境管理体系文件逐条详细解读，并提供可以直接套用的案例工具，易学易上手	企业环境管理认证、内审必备

续表

质量管理	**ISO9001:2015 完整文件汇编:制造业** 贺红喜　著	按照 ISO9001 标准并超出标准的要求,提供了一套完整的制造业的质量管理体系文件	原汁原味完整收入,直接可以拿来就用
	SA8000:2014 社会责任管理体系认证实战 吕　林　著	作者根据自己的操作经验,按认证的流程,以相关案例进行说明 SA8000 认证体系	简单,实操性强,拿来就能用
	精益质量管理实战工具 贺小林　著	制造类企业日常工作中所需要的精益管理工具的归纳整理,并进行案例操作的细致分析	可以直接参考,实际解决生产中的具体问题
战略落地	**重生——中国企业的战略转型** 施　炜　著	从前瞻和适用的角度,对中国企业战略转型的方向、路径及策略性举措提出了一些概要性的建议和意见	对企业有战略指导意义
	公司大了怎么管:从靠英雄到靠组织 AMT 金国华　著	第一次详尽阐释中国快速成长型企业的特点、问题及解决之道	帮助快速成长型企业领导及管理团队理清思路,突破瓶颈
	低效会议怎么改:每年节省一半会议成本的秘密 AMT 王玉荣　著	教你如何系统规划公司的各级会议,一本工具书	教会你科学管理会议的办法
	年初订计划,年尾有结果:战略落地七步成诗 AMT 郭晓　著	7 个步骤教会你怎么让公司制定的战略转变为行动	系统规划,有效指导计划实现
人力资源	**HRBP 是这样炼成的之"菜鸟起飞"** 新　海　著	以小说的形式,具体解析 HRBP 的职责,应该如何操作,如何为业务服务	实践者的经验分享,内容实务具体,形式有趣
	HRBP 是这样炼成的之中级修炼 新　海　著	本书以案例故事的方式,介绍了 HRBP 在实际工作中碰到的问题和挑战	书中的 HR 解决方案讲究因时因地制宜、简单有效的原则,重在启发读者思路,可供各类企业 HRBP 借鉴
	HRBP 是这样炼成的之高级修炼 新　海　著	以故事的形式,展现了 HRBP 工作者在职业发展路上的层层深入和递进	为读者提供 HRBP 在实际工作中遇到种种问题的解决方案
	新任 HR 高管如何从 0 到 1 黄渊明　著	全景式展现新任高管华丽转身全过程	助力新任高管安全着陆
	HR 的劳动法内参 李皓楠　著	100 个劳动法案例和分析	轻松掌握劳动法知识,方便运用
	把面试做到极致:首席面试官的人才甄选法 孟广桥　著	作者用自己几十年的人力资源经验总结出的一套实用的确定岗位招聘标准、提升面试官技能素质的简便方法	面试官必备,没有空泛理论,只有巧妙的实操技能
	人力资源体系与 e-HR 信息化建设 刘书生　陈　莹　王美佳　著	将作者经历的人力资源管理变革、人力资源管理信息化咨询项目方法论、工具和成果全面展现给读者,使大家能够将其快速应用到管理实践中	系统性非常强,没有废话,全部是浓缩的干货
	回归本源看绩效 孙　波　著	让绩效回顾"改进工具"的本源,真正为企业所用	确实是来源于实践的思考,有共鸣
	世界 500 强资深培训经理人教你做培训管理 陈　锐　著	从 7 大角度具体细致地讲解了培训管理的核心内容	专业、实用、接地气

续表

人力资源	**曹子祥教你做激励性薪酬设计** 曹子祥　著	以激励性为指导，系统性地介绍了薪酬体系及关键岗位的薪酬设计模式	深入浅出，一本书学会薪酬设计
	曹子祥教你做绩效管理 曹子祥　著	复杂的理论通俗化，专业的知识简单化，企业绩效管理共性问题的解决方案	轻松掌握绩效管理
	把招聘做到极致 远　鸣　著	作为世界 500 强高级招聘经理，作者数十年招聘经验的总结分享	带来职场思考境界的提升和具体招聘方法的学习
	人才评价中心．超级漫画版 邢　雷　著	专业的主题，漫画的形式，只此一本	没想到一本专业的书，能写成这效果
	走出薪酬管理误区 全怀周　著	剖析薪酬管理的 8 大误区，真正发挥好枢纽作用	值得企业深读的实用教案
	集团化人力资源管理实践 李小勇　著	对搭建集团化的企业很有帮助，务实，实用	最大的亮点不是理论，而是结合实际的深入剖析
	我的人力资源咨询笔记 张　伟　著	管理咨询师的视角，思考企业的 HR 管理	通过咨询师的眼睛对比很多企业，有启发
	本土化人力资源管理 8 大思维 周　剑　著	成熟 HR 理论，在本土中小企业实践中的探索和思考	对企业的现实困境有真切体会，有启发
企业文化	**36 个拿来就用的企业文化建设工具** 海融心胜　主编	数十个工具，为了方便拿来就用，每一个工具都严格按照工具属性、操作方法、案例解读划分，实用、好用	企业文化工作者的案头必备书，方法都在里面，简单易操作
	企业文化建设超级漫画版 邢　雷　著	以漫画的形式系统教你企业文化建设方法	轻松易懂好操作
	华夏基石方法：企业文化落地本土实践 王祥伍　谭俊峰　著	十年积累、原创方法、一线资料，和盘托出	在文化落地方面真正有洞察，有实操价值的书
	企业文化的逻辑 王祥伍　著	为什么企业之间如此不同，解开绩效背后的文化密码	少有的深刻，有品质，读起来很流畅
	企业文化激活沟通 宋杼宸　安　琪　著	透过新任 HR 总经理的眼睛，揭示出沟通与企业文化的关系	有实际指导作用的文化落地读本
	在组织中绽放自我：从专业化到职业化 朱仁健　王祥伍　著	个人如何融入组织，组织如何助力个人成长	帮助企业员工快速认同并投入到组织中去，为企业发展贡献力量
	企业文化定位·落地一本通 王明胤　著	把高深枯燥的专业理论创建成一套系统化、实操化、简单化的企业文化缔造方法	对企业文化不了解，不会做？有这一本从概念到实操，就够了
生产管理	**精益思维：中国精益如何落地** 刘承元　著	笔者二十余年企业经营和咨询管理的经验总结	中国企业需要灵活运用精益思维，推动经营要素与管理机制的有机结合，推动企业管理向前发展
	300 张现场图看懂精益 5S 管理 乐　涛　编著	5S 现场实操详解	案例图解，易懂易学
	高员工流失率下的精益生产 余伟辉　著	中国的精益生产必须面对和解决高员工流失率问题	确实来源于本土的工厂车间，很务实
	车间人员管理那些事儿 岑立聪　著	车间人员管理中处理各种“疑难杂症”的经验和方法	基层车间管理者最闹心、头疼的事，‘打包’解决

续表

生产管理	**1. 欧博心法:好管理靠修行** **2. 欧博心法:好工厂这样管** 曾　伟　著	他是本土最大的制造业管理咨询机构创始人,他从400多个项目、上万家企业实践中锤炼出的欧博心法	中小制造型企业,一定会有很强的共鸣
	欧博工厂案例1:生产计划管控对话录 **欧博工厂案例2:品质技术改善对话录** **欧博工厂案例3:员工执行力提升对话录** 曾　伟　著	最典型的问题、最详尽的解析,工厂管理9大问题27个经典案例	没想到说得这么细,超出想象,案例很典型,照搬都可以了
	工厂管理实战工具 欧博企管　编著	以传统文化为核心的管理工具	适合中国工厂
	苦中得乐:管理者的第一堂必修课 曾　伟　编著	曾伟与师傅大愿法师的对话,佛学与管理实践的碰撞,管理禅的修行之道	用佛学最高智慧看透管理
	比日本工厂更高效1:管理提升无极限 刘承元　著	指出制造型企业管理的六大积弊;颠覆流行的错误认知;掌握精益管理的精髓	每一个企业都有自己不同的问题,管理没有一剑封喉的秘笈,要从现场、现物、现实出发
	比日本工厂更高效2:超强经营力 刘承元　著	企业要获得持续盈利,就要开源和节流,即实现销售最大化,费用最小化	掌握提升工厂效率的全新方法
	比日本工厂更高效3:精益改善力的成功实践 刘承元　著	工厂全面改善系统有其独特的目的取向特征,着眼于企业经营体质(持续竞争力)的建设与提升	用持续改善力来飞速提升工厂的效率,高效率能够带来意想不到的高效益
	3A顾问精益实践1:IE与效率提升 党新民　苏迎斌　蓝旭日　著	系统的阐述了IE技术的来龙去脉以及操作方法	使员工与企业持续获利
	3A顾问精益实践2:JIT与精益改善 肖志军　党新民　著	只在需要的时候,按需要的量,生产所需的产品	提升工厂效率
	化工企业工艺安全管理实操 黄　娜　编著	化工企业工艺安全管理全指导	帮助企业树立安全意识,强化安全管理方法
	手把手教你做专业的生产经理 黄　娜　著	物流、信息流、资金流,让生产经理管理有抓手	从菜鸟到能把控全局
员工素质提升	**TTT培训师精进三部曲(上):深度改善现场培训效果** 廖信琳　著	现场把控不用慌,这里有妙招一用就灵	课程现场无论遇到什么样的情况都能游刃有余
	TTT培训师精进三部曲(中):构建最有价值的课程内容 廖信琳　著	这样做课程内容,学员有收获培训师也有收获	优质的课程内容是树立个人品牌的保证
	TTT培训师精进三部曲(下):职业功力沉淀与修为提升 廖信琳　著	从内而外提升自己,职业的道路一帆风顺	走上职业TTT内训师的康庄大道
	培训师,如何让你的事业长青:自我管理的10项法则 廖信琳　著	建立了一套完整的培训师自我管理体系,为培训师的职业成长与发展提供有益的指引	培训师如何在自己的职业道路上越走越高,事业长青,一直有所收获与成长?本书将给你答案
	管理咨询师的第一本书:百万年薪　千万身价 熊亚柱　著	从问题出发,发现问题、分析问题、解决问题,让两眼一抹黑的新人快速成长	管理咨询师初入职场,让这本书开启百万年薪之路

续表

员工素质提升	**手把手教你做专业督导:专卖店、连锁店** 熊亚柱　著	从督导的职能、作用,在工作中需要的专业技能、方法,都提供了详细的解读和训练办法,同时附有大量的表单工具	无论是店铺需要统一培训,还是个人想成为优秀的督导,有这一本就够了
	跟老板"偷师"学创业 吴江萍　余晓雷　著	边学边干,边观察边成长,你也可以当老板	不同于其他类型的创业书,让你在工作中积累创业经验,一举成功
	销售轨迹:一位快消品营销总监的拼搏之路 秦国伟　著	本书讲述了一个普通销售员打拼成为跨国企业营销总监的真实奋斗历程	激励人心,给广大销售员以力量和鼓舞
	在组织中绽放自我:从专业化到职业化 朱仁健　王祥伍　著	个人如何融入组织,组织如何助力个人成长	帮助企业员工快速认同并投入到组织中去,为企业发展贡献力量
	企业员工弟子规:用心做小事,成就大事业 贾同领　著	从传统文化《弟子规》中学习企业中为人处事的办法,从自身做起	点滴小事,修养自身,从自身的改善得到事业的提升
	手把手教你做顶尖企业内训师:TTT 培训师宝典 熊亚柱　著	从课程研发到现场把控、个人提升都有涉及,易读易懂,内容丰富全面	想要做企业内训师的员工有福了,本书教你如何抓住关键,从入门到精通
	28 天速成文案高手 秦　士　安　丽　著	解构优秀品牌和出彩文案背后的逻辑,28 天循序渐进成为文案高手	让优质文案变成"智慧工厂"般的工序管理与稳定出品
	让投诉顾客满意离开:客户投诉应对与管理 孟广桥　著	立足于投诉处理的实践,剖析了不同投诉者投诉的特点和应对措施,并提供各种技巧方法、赢得客户信赖所需培养的品质修炼、处理投诉应掌握的法律法规等工具	是投诉处理人员适应岗位职能需要、提升工作技能的良师益友,是企业变诉为金、培养业务骨干的法宝
营销类:把客户需求融入企业各环节,提供"客户认为"有价值的东西			
	书名.作者	**内容/特色**	**读者价值**
营销模式	**精品营销战略** 杜建君　著	以精品理念为核心的精益战略和营销策略	用精品思维赢得高端市场
	变局下的营销模式升级 程绍珊　叶　宁　著	客户驱动模式、技术驱动模式、资源驱动模式	很多行业的营销模式被颠覆,调整的思路有了!
	动销操盘:节奏掌控与社群时代新战法 朱志明　著	在社群时代把握好产品生产销售的节奏,解析动销的症结,寻找动销的规律与方法	都是易读易懂的干货!对动销方法的全面解析和操盘
	弱势品牌如何做营销 李政权　著	中小企业虽有品牌但没名气,营销照样能做的有声有色	没有丰富的实操经验,写不出这么具体、详实的案例和步骤,很有启发
	老板如何管营销 史贤龙　著	高段位营销 16 招,好学好用	老板能看,营销人也能看
	洞察人性的营销战术:沈坤教你 28 式 沈　坤　著	28 个匪夷所思的营销怪招令人拍案叫绝,涉及商业竞争的方方面面,大部分战术可以直接应用到企业营销中	各种谋略得益于作者的横向思维方式,将其操作过的案例结合其中,提供的战术对读者有参考价值
	动销:产品是如何畅销起来的 吴江萍　余晓雷　著	真真切切告诉你,产品究竟怎么才能卖出去	击中痛点,提供方法,你值得拥有
	1000 铁杆女粉丝 张兵武　著	连接是女性与生俱来的特质。能善用连接的营销人员,就像拿到打开女性荷包的钥匙	重新认识女性的传播力量
	360°谈营销:一位营销咨询师 20 年实战洞察 王清华　古怀亮　著	各个角度,全方位,多视点剖营销	思路单一,此书帮你破

续表

营销模式	营销按钮:扣动一触即发的力量 老　苗　著	提供各种奇形怪状的营销武器	一定会带给你不一样的思维震撼
	孙子兵法营销战 刘文新　著	逐句解读孙子兵法,以及在营销方面的感悟	帮助营销人用智慧打营销仗
销售	资深大客户经理:策略准,执行狠 叶敦明　著	从业务开发、发起攻势、关系培育、职业成长四个方面,详述了大客户营销的精髓	满满的全是干货
	大客户销售这样说这样做 陆和平　著	大客户销售十大模块68个典型销售场景应对策略和话术,直接拿来就用	从“为什么要这么干”到“干什么、怎么干”
	成为资深的销售经理:B2B、工业品 陆和平　著	围绕“销售管理的六个关键控制点”一一展开,提供销售管理的专业、高效方法	方法和技术接地气,拿来就用,从销售员成长为经理不再犯难
	销售是门专业活:B2B、工业品 陆和平　著	销售流程就应该跟着客户的采购流程和关注点的变化向前推进,将一个完整的销售过程分成十个阶段,提供具体方法	销售不是请客吃饭拉关系,是个专业的活计!方法在手,走遍天下不愁
	向高层销售:与决策者有效打交道 贺兵一　著	一套完整有效的销售策略	有工具,有方法,有案例,通俗易懂
	学话术　卖产品 张小虎　著	分析常见的顾客异议,将优秀的话术模块化	让普通导购员也能成为销售精英
组织和团队	升级你的营销组织 程绍珊　吴越舟　著	用“有机性”的营销组织替代“营销能人”,营销团队变成“铁营盘”	营销队伍最难管,程老师不愧是营销第1操盘手,步骤方法都很成熟
	用数字解放营销人 黄润霖　著	通过量化帮助营销人员提高工作效率	作者很用心,很好的常备工具书
	成为优秀的快消品区域经理(升级版) 伯建新　著	用“怎么办”分析区域经理的工作关键点,增加30%全新内容,更贴近环境变化	可以作为区域经理的“速成催化器”
	成为资深的销售经理:B2B、工业品 陆和平　著	围绕“销售管理的六个关键控制点”一一展开,提供销售管理的专业、高效方法	方法和技术接地气,拿来就用,从销售员成长为经理不再犯难
	一位销售经理的工作心得 蒋　军　著	一线营销管理人员想提升业绩却无从下手时,可以看看这本书	一线的真实感悟
	快消品营销:一位销售经理的工作心得2 蒋　军　著	快消品、食品饮料营销的经验之谈,重点突出	来源于实战的精华总结
	销售轨迹:一位快消品营销总监的拼搏之路 秦国伟　著	本书讲述了一个普通销售员打拼成为跨国企业营销总监的真实奋斗历程	激励人心,给广大销售员以力量和鼓舞
	用营销计划锁定胜局:用数字解放营销人2 黄润霖　著	全方位教你怎么做好营销计划,好学好用真简单	照搬套用就行,做营销计划再也不头痛
	快消品营销人的第一本书:从入门到精通 刘　雷　伯建新　著	快消行业必读书,从入门到专业	深入细致,易学易懂
产品	产品开发管理方法·流程·工具:从作坊式到规范化 任彭枞　著	产品研发管理体系全指导	既有工具,又能开拓思路
	新产品开发管理,就用IPD(升级版) 郭富才　著	10年IPD研发管理咨询总结,国内首部IPD专业著作	一本书掌握IPD管理精髓

续表

产品	**这样打造大单品：案例 策略 方法** 迪智成咨询团队 著	囊括十三个不同行业、企业的实际案例，从不同角度详细剖析、总结了这些品牌厂家打造大单品的成功经验或者失败教训	厘清大单品打造的策划与路径，得出持续经营的思路与方法
	研发体系改进之道 靖 爽 陈年根 马鸣明 著	提出一套系统性的方法与工具	指引企业少走弯路，提高成功率
	资深项目经理这样做新产品开发管理 秦海林 著	以 IPD 为思想，系统讲解新产品开管理的细节	提供管理思路和实用工具
	产品炼金术Ⅰ：如何打造畅销产品 史贤龙 著	满足不同阶段、不同体量、不同行业企业对产品的完整需求	必须具备的思维和方法，避免在产品问题上走弯路
	产品炼金术Ⅱ：如何用产品驱动企业成长 史贤龙 著	做好产品、关注产品的品质，就是企业成功的第一步	必须具备的思维和方法，避免在产品问题上走弯路
品牌	**中小企业如何建品牌** 梁小平 著	中小企业建品牌的入门读本，通俗、易懂	对建品牌有了一个整体框架
	采纳方法：破解本土营销 8 大难题 朱玉童 编著	全面、系统、案例丰富、图文并茂	希望在品牌营销方面有所突破的人，应该看看
	中国品牌营销十三战法 朱玉童 编著	采纳 20 年来的品牌策划方法，同时配有大量的案例	众包方式写作，丰富案例给人启发，极具价值
	今后这样做品牌：移动互联时代的品牌营销策略 蒋 军 著	与移动互联紧密结合，告诉你老方法还能不能用，新方法怎么用	今后这样做品牌就对了
	中小企业如何打造区域强势品牌 吴 之 著	帮助区域的中小企业打造自身品牌，如何在强壮自身的基础上往外拓展	梳理误区，系统思考品牌问题，切实符合中小区域品牌的自身特点进行阐述
渠道通路	**深度分销：掌控渠道价值链** 施 炜 著	制造商通过掌控渠道价值链，将管理触角延伸至零售层面及顾客现场，对市场根部精耕细作，从而挖掘需求，构筑区域市场尤其是三四级市场的竞争壁垒	深度分销是中国企业对世界营销的独特贡献。实践证明，互联网时代深度分销仍有生命力
	快消品营销与渠道管理 谭长春 著	将快消品标杆企业渠道管理的经验和方法分享出来	可口可乐、华润的一些具体的渠道管理经验，实战
	传统行业如何用网络拿订单 张 进 著	给老板看的第一本网络营销书	适合不懂网络技术的经营决策者看
	采纳方法：化解渠道冲突 朱玉童 编著	系统剖析渠道冲突，21 个渠道冲突案例、情景式讲解，37 篇讲义	系统、全面
	学话术 卖产品 张小虎 著	分析常见的顾客异议，将优秀的话术模块化	让普通导购员也能成为销售精英
	向高层销售：与决策者有效打交道 贺兵一 著	一套完整有效的销售策略	有工具，有方法，有案例，通俗易懂
	通路精耕操作全解：快消品 20 年实战精华 周 俊 陈小龙 著	通路精耕的详细全解，每一步的具体操作方法和表单全部无保留提供	康师傅二十年的经验和精华，实践证明的最有效方法，教你如何主宰通路

管理者读的文史哲・生活

书名．作者		内容/特色	读者价值
思想·文化	**德鲁克管理思想解读** 罗 珉 著	用独特视角和研究方法，对德鲁克的管理理论进行了深度解读与剖析	不仅是摘引和粗浅分析，还是作者多年深入研究的成果，非常可贵
	德鲁克与他的论敌们：马斯洛、戴明、彼得斯 罗 珉 著	几位大师之间的论战和思想碰撞令人受益匪浅	对大师们的观点和著作进行了大量的理论加工，去伪存真、去粗存精，同时有自己独特的体系深度

续表

思想·文化	**德鲁克管理学** 张远凤　著	本书以德鲁克管理思想的发展为线索,从一个侧面展示了20世纪管理学的发展历程	通俗易懂,脉络清晰
	王阳明"万物一体"论:从"身-体"的立场看(修订版) 陈立胜　著	以身体哲学分析王阳明思想中的"仁"与"乐"	进一步了解传统文化,了解王阳明的思想
	自我与世界:以问题为中心的现象学运动研究 陈立胜　著	以问题为中心,对现象学运动中的"意向性""自我""他人""身体"及"世界"各核心议题之思想史背景与内在发展理路进行深入细致的分析	深入了解现象学中的几个主要问题
	作为身体哲学的中国古代哲学 张再林　著	上篇为中国古代身体哲学理论体系奠基性部分,下篇对由"上篇"所开出的中国身体哲学理论体系的进一步的阐发和拓展	了解什么是真正原生态意义上的中国哲学,把中国传统哲学与西方传统哲学加以严格区别
	中西哲学的歧异与会通 张再林　著	本书以一种现代解释学的方法,对中国传统哲学内在本质尝试一种全新的和全方位的解读	发掘出掩埋在古老传统形式下的现代特质和活的生命,在此基础上揭示中西哲学"你中有我,我中有你"之旨
	治论:中国古代管理思想 张再林　著	本书主要从儒、法墨三家阐述中国古代管理思想	看人本主义的管理理论如何不留斧痕地克服似乎无法调解的存在于人类社会行为与社会组织中的种种两难和对立
	车过麻城　再晤李贽 张再林　著	系统全面而又简明扼要地展示了李贽独到的学术眼力和超拔的理论建树	帮助读者重新认识李贽的思想
	中国古代政治制度(修订版)上:皇帝制度与中央政府 刘文瑞　著	全面论证了古代皇帝制度的形成和演变的历程	有助于读者从政治制度角度了解中国国情的历史渊源
	中国古代政治制度(修订版)下:地方体制与官僚制度 刘文瑞　著	全面论证了古代地方政府的发展演变过程	有助于读者从政治制度角度了解中国国情的历史渊源
	中国思想文化十八讲(修订版) 张茂泽　著	中国古代的宗教思想文化,如对祖先崇拜、儒家天命观、中国古代关于"神"的讨论等	宗教文化和人生信仰或信念紧密相联,在文化转型时期学习和研究中国宗教文化就有特别的现实意义
	史幼波《大学》讲记 史幼波　著	用儒释道的观点阐释大学的深刻思想	一本书读懂传统文化经典
	史幼波《周子通书》《太极图说》讲记 史幼波　著	把形而上的宇宙、天地,与形而下的社会、人生、经济、文化等融合在一起	将儒家的一整套学修系统融合起来
	史幼波《中庸》讲记(上下册) 史幼波　著	全面、深入浅出地揭示儒家中庸文化的真谛	儒释道三家思想融会贯通
	梁涛讲《孟子》之万章篇 梁　涛　著	《万章》主要记录孟子与万章的对话,涉及孝道、亲情、友情、出仕为官等	作者的解读能帮助读者更好地理解孟子及儒学
	两晋南北朝十二讲(修订版) 李文才　著	作为一本普及性读物,作者尊重史实,运用"历史心理学"的叙事方法,分12个专题对两晋南北朝的历史进行阐述	让读者轻松了解两晋南北朝的历史
	每个中国人身上的春秋基因 史贤龙　著	春秋368年(公元前770-公元前403年),每一个中国人都可以在这段时期的历史中找到自己的祖先,看到真实发生的事件,同时也看到自己	长情商、识人心
	与《老子》一起思考:德篇 **与《老子》一起思考:道篇** 史贤龙　著	打通文史,回归哲慧,纵贯古今,放眼中外,妙语迭出,在当今的老子读本中别具一格	深读有深读的回味,浅尝有浅尝的机敏,可给读者不同的启发